教育部 重庆市高等院校特色专业建设重点规划项目·教育学（小学教育学系列）
主编 朱德全 副主编 王牧华 唐智松 李 静 张家琼

小学课程设计与评价

XIAOXUE KECHENG SHEJI YU PINGJIA

主 编 罗生全 李本友

西南大学人文社会科学研究重大项目（14XDSK2008）成果

西南大学出版社
SWUP 国家一级出版社 全国百佳图书出版单位

图书在版编目(CIP)数据

小学课程设计与评价 / 罗生全，李本友主编. —— 重庆 ：西南师范大学出版社，2016.12

ISBN 978-7-5621-8329-7

Ⅰ. ①小… Ⅱ. ①罗… ②李… Ⅲ. ①课程设计—小学—高等学校—教材②课程评估—小学—高等学校—教材 Ⅳ. ①G622.3

中国版本图书馆 CIP 数据核字(2016)第 259942 号

小学课程设计与评价

罗生全　李本友　主编

责任编辑： 鲁　艺
书籍设计： 尚品视觉 CASTALY　周　娟　尹　恒
排　　版： 张　祥
出版发行： 西南大学出版社（原西南师范大学出版社）
地址：重庆市北碚区天生路 2 号
邮编：400715　市场营销部电话：023-68868624
经　　销： 新华书店
印　　刷： 重庆新生代彩印技术有限公司
成品尺寸： 185 mm×260 mm
印　　张： 12
字　　数： 274 千字
版　　次： 2017 年 8 月　第 1 版
印　　次： 2023 年 12 月　第 2 次印刷
书　　号： ISBN 978-7-5621-8329-7

定　　价： 42.00 元

序 言

课程与教学论学科在我国发展日益强盛,此方面的研究也不断受到国内学者的普遍重视。同时,为了将科研成果应用于教学实践领域,一大批课程与教学论方面的高质量教材也相继问世。2011 年,教育部颁布《教师教育课程标准(试行)》,分阶段制定了教师教育课程建设的标准与方向。小学教师教育课程建设被放到尤其重要的位置。而课程教材建设可谓是教师课程建设的重中之重,它既是教学思想、教学内容、教学观念的集中体现,同时又是贯彻教育方针、实现培养目标的重要形式和必要途径。课程教材建设体现了教师教育的水平,直接影响着教师教育的质量。因此,如何编写出高质量的适合小学教师教育的课程教材是当前工作的重中之重。

小学开启一个人的启蒙教育,是正式教育的开始阶段,是奠定其终身发展重要基础的地方。目前,小学课程越来越受到研究者的广泛关注。因此,为了贯彻落实教育规划纲要,深化教师教育改革,全面提高教师培养质量,建设高素质专业化教师队伍,我们根据教师教育培养目标的要求以及这门课程自身的特点,本着改革创新的精神,对小学课程进行审视与研究,在梳理丰富课程理论与实践经验的基础上,组织编写了这本具有极强实践指导价值的《小学课程设计与评价》一书。本书分章节对小学课程设计与评价过程中需要注意与学习的内容进行了具体、详实、深入的讲解与阐述,给读者以引导。

本书主要分为九个章节。第一章,绪论部分,详细阐述了小学课程的内涵、发展历史、研究对象等,以期让读者对课程有更为全面的了解,从而为课程设计与评价的学习与实践操作奠定坚实的理论基础。第二章,小学课程的意义。讨论了小学课程的概念、价值、主要类型。第三章为小学课程的设计取向。主要讲述了小学课程设计的基本含义及小学课程设计取向的价值内涵及其特征。着重介绍了小学课程设计的三种取向:知识中心取向、学习者中心取向、问题中心取向。第四章,小学课程设计的模式。首先介绍了小学课程设计的内涵,随后详细阐述了具体的模式,如目标模式、过程模式、情境模式、自然模式等。小学课程设计模式就是课程理论与小学课程设计实践的中介和桥梁,是关于小学课程设计的价值取向及设计程序、操作方式所构成的方法论体系,亦是对课程设计思路的一种概括性和简约性描述,有助于教育工作者把握整个小学课程领域的实践活动。第五章,小学课程的目标设计。首先从整体上阐述了课程目标的内涵、内容、类型。在此基础上具体阐述了小学课程目标选择的依据和程序。以此帮助教师明确课程设计的方向、课程内容的选择、课程组织的依据、课程实施的依据与课程评价的标准。第六章,小学课程的内容设计。主要讲述了小学课程内容的选择原则、选择过程、组织原则和组织方法,以期为教师的课程设计提供切实的指导策略。第七章,小学课堂教学主体。本章重点阐述了以下几方面:教学主体理论、小学教师的角色、素养及专业发展、小学生身心发展特点和小学生学校教育、师生交往的内涵特点和小学师生交往的特殊性、教学中师生冲突的形式特征及原因、小学师生共识达成的路径。目的是对小学教师、小学学生的角色予以把握,明晰师生交往特征以及师生冲突,以期实现师生交往共识。第八章,小学课堂教学设计。阐述了小学课程教学的基本过程、基本结构、基本模式。以期帮助教师从系统理论出发、从全局出发、从促进学生全面发展出发,把握课堂教学设计的理论、原则和方法,熟悉和掌握一系列的课堂教学设计的模式、操作程序和现代教育技术手段。第九章,小学课程评价。主要论述了小学课程评价的定义与功能、主体与评价对象、原则、模式、方法,旨在帮助教师明确小学课程评价的基本问题,开展有效的课程评价。

在编写过程中,我们多方查阅国内外相关资料,听取阅读对象的意见和建议,反复讨论与修改,力图使本教材达到理论性与实践性的统一,这也是本书编写的最大特点所在。具体而言,在理论研究方面,我们着重探讨了课程评价与设计的九个方面的基本问题:小学课程的发展、小学课程的意义、小学课程设计取向、小学课程设计的模式、小学课程目标设计、小学课程内容设计、小学课程教学主体、小学课堂教学设计、小学课程评价。这九个方面几乎涵盖了小学课程设计与评价的所有内容,保证了教材的系统性与完整性。这部教材在内容组织上力图反映课程论学科的新进展,体现21世纪课程评价的时代精神,力求思想性、科学性、先进性的统一。随着《教师教育课程标准(试行)》的实行,整个教师教育发生了巨大的变化,也对教师教育提出了更高的要求。从课程与教学论的发展来看,未来的教师应该掌握必备的教育知识,在研究和帮助学生健康成长的过程中、在研究自身经验和改进教育教学行为的过程中、在持续学习和不断完善自身素质的过程中实现专业发展。课程评价作为连接课程理论与课程实践的桥梁部分,如何适应这一发展,是我们编写时必须注意的原则。因此本教材着力于课程评价与设计的理论的介绍与传播,将着眼点从宏大的课程理论聚焦到具体的课程评价与设计方面的知识。在实践应用方面,为了增强本书的实用性,首先,我们在各章内容之前设置了"本章重点",引导上小学教育专业的学生在开始每章内容学习之前主动对相关知识进行思考,激发学习兴趣。其次,在各章内容之后设置了"复习与思考",试图增强本书自身的研究功能,促使学生在对所学知识进行总结的基础上,形成自己的认识,及时对相关知识与理论进行回顾与反思。最后,为了使广大教师能够读懂本书,我们在编写方式上避免采用一贯的"思辨式"深入阐述,而是注重语言简洁与生动,在保证理论科学性的同时尽量降低阅读难度,使艰涩、生晦的理论变得通俗易懂。本教材是以提高教学质量,培养具有创新精神和创新能力的教师为目的,在不改变现有教学体制与教学核心内容的情况下,增加教材的趣味性、启发性、真实性。一定程度上弥补了传统教材森严和乏味的局限性,充分调动学生学习的积极性和创造性,激发学生学习的内在动力和热情,加强知识与实践的联系,使学生感到学有所得,学有所用。

作为新课改背景下的小学课程设计与评价的探究,本书旨在为小学教师专业学生及其他教育工作者提供一种具有实用价值的素材,为进一步完善课程研究提供借鉴。这给我们的编写工作提出了更高的要求。为此,我们以集体协作的方式完成了本书。全书由罗生全提出写作思路及提纲,并由多位作者合作完成,具体分工如下。第一章:罗生全、郎园园;第二章:罗生全、陆芳芳;第三章:罗生全、喻玮;第四章:罗生全、刘莹;第五章:罗生全、韩雪;第六章:罗生全、周庆双;第七章:罗生全、喻玮;第八章:罗生全、喻玮。第九章:罗生全、刘飒。最后罗生全、李本友负责全书的修改和统稿,郎园园负责校对。

由于本教材的创新性,编写过程中缺乏参考,这给我们的编写工作提出了更高的要求。参加本书编写与修订的各位人员,以高度的职业精神和负责任的态度精心参与本书的编写过程。同时本书的出版得到了西南师范大学出版社的鼎力协助,对修订工作给予了关注和指导。借此机会向为本书提供帮助的各位人员表示衷心的感谢。

高质量的适应小学教育专业的教材的编写是一件颇具挑战的工作,虽然在编写过程中我们汲取各方力量,取精华,去糟粕,尽力将最好的教材呈现在读者们的面前,但是由于人力、物力、财力的局限,书中的纰漏仍是难以避免。因此,热忱希望每一位使用本书的读者能够认真批评指正,提出宝贵意见,便于我们不断完善与修订此书,使之趋于完美,编者将不胜感激。我们期待这本书能够得到社会的尤其是小学教师与小学教育专业学生的关注,希望大家和我们一起致力于小学课程评价的研究,推进小学课程的不断发展,为我国的小学教育事业的持续发展贡献绵薄之力。

目 录

第一章
绪论

◆本章重点

①划分课程论形成与发展阶段的标准

②课程论形成与发展的阶段

③课程论形成与发展阶段主要的代表人物及其著作的名称

④课程论的研究方法

⑤课程论的研究对象

⑥以往研究对课程论与教学论关系的论述

⑦本书所阐述的课程论与教学论关系

小学课程论是关于小学课程活动与事业的系统思考。课程论在漫长的发展历程中不断成熟，并逐步形成自己独特的研究对象，也进一步巩固了自身的地位。一方面，课程论产生于教育实践，另一方面，理论上对课程论的研究又在进一步丰富实践中的课程与教学。因此，对小学课程论的学习有助于我们更进一步地认知与处理教学实践中遇到的问题。为了全面、深刻理解课程论的知识体系，对这一学科形成基本的认识，我们有必要了解课程论的学科化过程、学科对象以及它在整个教育研究中的地位。

|第一节|

课程论的发展

课程论发展的历史是我们进行这一学科学习的“首要之义”。通过对课程论发展历史脉络的梳理,我们以在头脑中形成对课程论的基本认识。这不仅是学习历史的过程,更是从历史中吸取精华,“站在巨人肩膀”创新课程理论与实践的过程。任何学科的发展都会经历一系列的历史人物与事件,这些人物与事件既构成了学科的发展历史,又在一定程度上推动了学科的进程。因此本书根据课程论发展中标志性的人物与事件对课程论学科化发展进行梳理,具体划分为萌芽期、预备期、形成期和繁荣期。

一、课程论学科化研究的萌芽期

课程学科形成的时期并不久远,但构成课程学科的基础却有悠久的历史。广义的课程思想可以回溯到古代,课程始于人类教育活动的起源,主要指对人类早期“生产活动”“社会活动”“教育活动”的认识和探寻。但那时的课程研究还没有形成一个专门的研究领域,处于蛰伏时期。但古代的课程思想对后代的课程思想产生了深远的影响,奠定了课程论学科化的基础。

(一)中国古代课程论及其思想

1.孔子及“六艺”

孔子(公元前551年—公元前479年),名丘,字仲尼,春秋时期鲁国陬邑(今山东曲阜)人。孔子是春秋末期著名的思想家、政治家、教育家,为儒家学派的创始人,开创了私人讲学的风气。在课程方面,孔子将周代官方的旨在培养武士的“六艺”①进行系统整理,确定了“礼”“乐”“射”“御”“书”“数”构成的古代培养君子的课程体系。“礼”包含祭祀、丧葬、军事、日常行为习惯等内容;“乐”包含音乐、舞蹈、诗歌等内容;“射”就是射箭技术;“御”是驾车技术;“书”是识字、书写等;“数”包含数学等自然科学技术。“六艺”全面反映了当时的传统文化,排除了殷周以来的天命鬼神的思想,丰富和发展了古代的教育内容。

以“六艺”为主要内容的课程体系,注重礼乐教育,且文武兼具、智能兼求,并且在课程实施方面根据学生年龄大小和课程深浅循序进行,有小艺和大艺之分。“书”“数”为小艺,系初级课程;“礼”“乐”“射”“御”为大艺,系高级课程。“六艺”课程既是孔子要求的儒家学生必须掌握的基本技能,同时也代表了我国古代系统的课程体系与思想,对后代课程的设置和教育内容产生了深远的影响。

---

①《周礼·保氏》中记载:“养国子以道,乃教之六艺:一曰五礼,二曰六乐,三曰五射,四曰五驭,五曰六书,六曰九数。”

2.《学记》

《学记》是中国古代也是世界上最早的一篇专门论述教育和教学问题的论著。它是中国古代一部典章制度专著《礼记》(《小戴礼记》)中的一篇，写于战国晚期，相传为西汉戴圣编撰。《学记》文字言简意赅，语辞生动，系统而全面地阐明了教育的目的及作用，教育和教学的制度、原则和方法，教师的地位和作用，教育过程中的师生关系以及同学之间的关系。它同时也蕴藏着丰富的课程论思想，其中详细阐述了课程设置与分年的课程内容与课程安排：“比年入学，中年考校。一年视离经辨志，三年视敬业乐群，五年视博习亲师，七年视论学取友，谓之小成。九年知类通达，强立而不反，谓之大成。”每年新生入学之后，隔一年有一次考试；入学第一年考查断句阅读的能力，辨别其发展志向；第三年考查是否专心于学业，能否融入群体、乐于合作；第五年考查是否博览群书、尊敬师长；第七年考查对学问的见解和选择朋友的取向，如果考查合格，就叫作“小成”；第九年考查是否知识畅达，如能触类旁通，遇事不惑，不违背师训，这就叫作“大成”。同时《学记》强调课内与课外相结合，课本学习和实际训练相结合，既要扩大知识领域，又要培养高尚的道德情操和良好的生活习惯。《学记》中蕴藏的课程思想对后代的课程设置具有重要意义。

唐宋时期是中国古代课程发展的繁荣时期，在课程设置方面，以四书五经为核心的儒家课程设置进一步得到巩固和继承。同时兼顾佛教和道家，逐步打破了汉代独尊儒术的局面，比较成熟和专业化的课程也逐步确立起来，设立了如“六学二馆”(国子学、太学、四门学、律学、书学、算学和弘文馆、崇文馆)，并有专业的教材，如算学中的《九章》《海岛》《五曹》，书学中的《石经》《说文》《字林》，还有医科的《本草》《脉经》，针科的《素问》《黄帝针经》等。同时，在入学资格、入学手续、修业期限、考试评价、行政管理等方面都做了较为详细的规定。

中国古代的课程论表现出明显的政治取向，以儒家为主的课程体系，使人们得到教化，顺服于国家的统治，是政治化的产物，它的最终目的是培养封建社会的统治者或为统治者服务的人。这也注定中国古代课程论的发展必然是由内而外的，是不充分的。

(二)古代西方的课程论及其思想

1.古希腊时期的课程

古代西方教育课程设置的基本体系是由古希腊教育中的斯巴达教育和雅典教育构成的。

斯巴达作为农业奴隶制国家，其教育以培养勇敢善战的勇士为目的，因此课程设置主要是军事体育训练，训练内容以忍耐劳苦、忍受鞭打、体育、秘密服役为主，训练极其严格，只重军事目的，不顾及人的全面发展。同时斯巴达的课程设置中也包含道德训练的内容，其目的就是使青少年服从长官。而实行民主政治的雅典在教育上与斯巴达存在着明显的不同，雅典教育的目的不仅是把年轻人培养成为军人，而且是多才多艺、能言善辩、善于工商事务的政治家和商人。因此雅典在课程设置上以“和谐”为中心，并根据年龄阶段设立不同的学校。与此同时，公元前5世纪至前4世纪活跃在古希腊各邦的一批职业教师、演说家、作家被统称为智者派。智者派广招门徒，收取高额学费，向年轻人传授雄辩教育的核心，即文法、修辞、辩证法这三门课程，被称为“前三艺”。它们与在希腊各种学校里普遍实行的算术、几何、天文、音乐“四艺”结合，被统称为“七艺”，影响了整个欧洲上千年。

2. 古罗马时期的课程

古罗马共和后期逐步形成较为系统的课程体系，面向平民子弟的小学的课程设置包括读、写、算、常识，面向贵族和富家弟子的中学课程设置以文学、语法、写作、史地为主，排斥体育，目的是为高一级修辞演说教育做准备。高等学校课程包括修辞学、哲学(辩证学)、法律(民法)、希腊语、数学、天文学、音乐和罗马史等，以培养演说家、雄辩家为主要目的。罗马帝国时期出现了专科性质的学校，设有专门的法律、建筑等课程。

3. 中世纪时期的课程

西欧中世纪早期教会学校是主要的教育机构，其教育主要是为神学服务，目的是培养僧侣人员。因此其课程以读写知识为基础，以便学习宗教教义，同时包括文法、修辞、辩证法、算术、几何、天文、音乐等所谓的七艺学科。骑士教育是中世纪特殊的家庭教育，课程主要包括骑马、投枪、击创、行猎、游泳、下棋、吟诗，被称为“骑士七技”。骑士教育的目的是培养维护封建制度的武夫，因此在课程方面轻视文化知识的学习，注重技能方面的学习。

4. 文艺复兴时期的课程

文艺复兴极力摆脱宗教的束缚，鼓励个性的解放，提倡“人权”，反对“神权”，因此以拉丁语、希腊语为核心的人文课程受到关注，并且开设了一些全新的课程，如历史、地理、自然等。同时，出现了一批人文主义的教育家，如彼特拉克、薄伽丘、维多利诺等，他们提出人的身心全面发展的目标，提倡儿童的个性教育、重视体育等。这虽然与当时的教育实践存在着一定的差距，但是他们先进的思想为之后课程理论与实践的发展奠定了基础。

在古代的中国和西方，有关课程的理论大多夹杂于思想家、政治家和教育家的著作中，几乎没有专门的课程著作或论述，尚没有形成专门、系统的课程研究，课程研究处于萌芽状态。但是这个时期的课程理论与实践也为以后课程的发展积累了宝贵的经验，为课程理论研究的学科化奠定了基础。

二、课程论学科化研究的雏形时期

课程论学科化雏形时期指的是 17 世纪到 1917 年，这个时期课程的学科化研究开始，主要表现在涌现了一些重要的教育思想家，他们在其著作中对课程进行了一些阐述，并成为课程论学科化发展的直接动力。

1. 夸美纽斯及其课程思想

夸美纽斯是 17 世纪捷克著名的教育理论家和教育实践家。他在泛智主义思想指导下构建了系统的课程体系。“我们希望有一种智慧的学校，而且是全面智慧的学校，即泛智学校，也就是泛智工场。在那里，人人许可受教育，在那里可以学习当前和将来生活上所需要的一切学科，并且学得十分完善。”[①]“泛智”的课程应该包括三种类型：第一类，主

①[捷]夸美纽斯. 大教学论[M]. 北京：人民教育出版社，1984：55.

要课程，包含智慧、辩才、正直行为和笃信宗教的本质、核心和内容，即语言、哲学和神学等课程；第二类，次要课程，是为主要课程服务的辅助性课程，是为更好掌握课程而设计的，主要包括历史课程和各种练习课程；第三类课程，指各种游戏、娱乐和戏剧表演等课程，主要帮助身体的灵活活动以促使头脑清醒。他主张把"泛智"的教育内容按照圆周式的排列方式分配到各级学校的教育中去，在母育学校里"必须把一个人在人生的路途中所应具备的一切知识的种子播植到他身上"①。他所设想的具体课程包括玄学、历史学、辩证法、修辞学、文法、诗词、音乐、天文学、算术、物理学、光学、地理学、经济学、政治学、道德学、宗教学、医学等二十多个项目。"夸美纽斯并非主张在母育学校中真正开设这些学科，他只是强调涉及儿童生活和学习的多方面内容，要求教育者站到科学的高度，善于引导，为儿童日后接受泛智教育打下良好的基础。"②

2. 赫尔巴特及其课程理论

赫尔巴特是德国教育学家、心理学家、哲学家。他的课程理论最突出的特点是创造出了一套完整的课程内容体系，并使这些内容处于一种相互连接之中，强调了知识的系统性。赫尔巴特认为教学的最终目的虽然存在于"德行"这个概念之中，但是为了达到这个最终目的，教学必须特别包含相近的目的，这个相近的目的可以表达为"多方面的兴趣"。为此，赫尔巴特以"多方面的兴趣"为核心，将兴趣分为六种类型，以此设计相应的教学科目。①经验的兴趣：了解事物"是什么"的兴趣，学校需要设置博物、物理、化学、地理等学科。②同情的兴趣：需要设置古典语、现代汉语、本国语等学科。③思辨的兴趣：思考事物"为什么"的兴趣，需要设置数学逻辑学、文法、自然哲学等学科。④社会的兴趣：在人际交往中建立广泛的兴趣，需要设置历史学、政治学、法律等学科。⑤审美的兴趣：对各种事物、自然界、艺术品、"善行"的体验和美的评价的兴趣，需要设置文学、音乐、绘画等学科。⑥宗教的兴趣：认识人与自然关系的兴趣，需要设置神学学科。赫尔巴特所设计的课程体系将古典的人文学科、宗教学科与新兴的自然科学学科有机结合在一起，使课程内容体现出系统性。

3. 斯宾塞及其课程理论

斯宾塞是英国教育家、功利主义哲学家、社会学家。他的课程论思想主要体现在1861首次出版的《教育论：智育、德育和体育》中，这是由他发表的四篇教育论文汇编而成的。在其中，他提出了课程论的经典问题：什么知识最有价值？他从人生的意义和价值的角度对这一问题进行了思考。他认为对于人来说，"能够'正确地约束在一切环境之下，一切方面的行为'，过'完满的生活'，是最重要的课题。教育的作用就是使人们为过'完满生活'做好准备"③，对人生最有意义的事情就是学会怎样生活。

他把人类活动划分为五种类型，并按照这些活动对人的重要程度，依此排列成为：①直接保全自己的活动；②间接保全自己的活动；③抚养教育子女的活动；④社会政治活

---

①[捷]夸美纽斯. 大教学论[M]. 北京：人民教育出版社，1984：224.

②滕大春. 外国教育通史(第三卷)[M]. 济南：山东教育出版社，2005：293.

③汪霞. 小学课程与教学论[M]. 上海：华东师范大学出版社，2011：13.

动；⑤闲暇爱好和感情的活动。[①] 而对于这五种活动都能有价值的知识就是科学知识。因此他以科学知识为核心建立了一套课程体系，主要包括五种课程门类：①生理学和解剖学，是为了直接保全自己的活动，为了保持和维护个人生命和健康做准备，并使他们保持精力旺盛和具有饱满情绪的知识；②语言、文学、算学、逻辑学、几何学、力学、物理学、化学、天文学、地质学、生物学、社会学等与生产以及商业活动有直接关系的知识，可以使人们提高生产等活动的效率，以赚取最大的利润而间接保全自己的活动；③心理学和教育学（包括一部分生理学原理），是为了抚育子女，更好履行父母职责做准备；④历史学、社会学，可以了解过去和现在的国家的生活，了解社会义务，是为了成为合格社会成员做准备；⑤自然、文学和艺术，是为了在闲暇时间满足爱好和娱乐休闲做准备。斯宾塞的课程理论的提出，课程体系的建立需要紧紧围绕“科学知识”，正如所描述的那样，“科学知识最有价值”“最有价值和最美的学科，就要统治一切”，因此，他的课程思想带有浓厚的科学主义取向。

一系列教育思想家和蕴含课程思想著作的出现，彰显着课程问题开始进入人们的研究视野，并逐步得到重视。但是“课程”始终没有作为一个专门的研究领域，对于课程理论的论述更倾向于经验总结，缺乏系统的理论研究。但这一时期的课程研究为课程论学科专门化奠定了思想基础。

三、课程论学科化独立时期

伴随着课程研究的日趋成熟，课程理论开始走上了自身发展的轨道，并形成独立的体系。一般认为课程形成独立研究领域的标志是1918年美国著名教育学者博比特的著作《课程》的出版。该专著确立了现代课程研究的基本范围和取向，被认为是教育史上首部专门论述课程问题的著作。这本书的出版开启了课程理论学科化研究的大门。

1. 博比特及其课程思想

博比特继1918年出版《课程》后，又于1924出版了《怎样编制课程》一书，至此，博比特的课程理论进一步完善。在博比特看来，教育是为成人生活做准备的，是促进儿童的生活与经验发展的过程，是为获得理想成人而对学生不断加工改造的过程。[②] 在此基础上博比特对课程的本质进行了具体阐述：“人们从事（成人）事务所需要的能力、态度、习性、鉴赏力和知识形式将会显现出来成为课程目标，这些目标众多、明确且详尽，而课程就是儿童及青年实现这些目标必须具备的一系列经验。”[③]博比特的另一贡献在于，他借鉴泰罗科学管理设计中的“任务分析法”，将其应用到课程领域，创造了“活动分析法”。活动分析法把课程开发的具体过程分为五个步骤：①分析人类经验，把广泛的人类经验划分成一些主要的领域——语言活动、健康活动、公民活动、一般社交活动、休闲娱乐活动、维持个人心理健康的活动、宗教活动、家庭活动、非职业性的实际活动、个人的职业活动十个领域，目的是了解学校教育经验与其他教育经验的联系与区别，为完美的成人生

---

①[英]斯宾塞. 教育论[M]. 胡毅译. 北京：人民教育出版社，1962：8.

②张华，钟启泉. 课程与教学论[M]. 上海：上海教育出版社，2000：3－4.

③Bobbitt. F. The Curriculum[M]. New York：Houghton Mifflin，1918：42.

活做准备;②分析任务,即把上一阶段所获得的人类经验的主要部分进一步分解为更加具体的活动;③获得目标,即具体、清晰、详细地陈述完成人的各种活动所需要的能力,这些能力就是课程目标,由知识、技能、习惯、价值、态度、鉴赏力等多种成分组成;④选择目标,即从上一步所获得的众多目标中,选择那些复杂的、无法在儿童的社会生活中自然获得的能力作为学校教育的目标,因为博比特认为并非所有的目标都适合学校课程,"学校课程的目标应着眼于那些在社会生活中无法自然获得,而必须由学校教育才能获得的经验"①;⑤制订教育计划,即设计出达到这些目标所需要的活动、经验和机会,并制订详细的计划,由此构成课程。

2. 查特斯及其课程观

查特斯是课程论学科化时期另一位非常重要的课程论专家,他与博比特处于同一时代,其课程理论与博比特存在诸多相似之处。他的课程思想主要体现在1923年出版的《课程编制》一书中,他认为课程开发是一种序列性的活动,并将课程开发规划为七个步骤:①通过社会背景中的人类活动获取课程目标;②把课程目标分析为理想和活动,并进一步分析各个单元的水平和层次,确定课程内容;③把被分析的理想和活动按照重要性进行排序;④重点强调对儿童具有较大价值的理想和活动;⑤对上述理想和活动进行筛选,剔除那些在校外能学得更好的理想与活动,确定能在学校执行和实施的项目;⑥收集处理这些理想与活动的最佳实践措施;⑦根据儿童的心理特征安排这些理想与活动。②

博比特与查特斯的课程观以科学主义为倾向,强调目标具体化、标准化、手段技术化、精确化的研究范式,开启了课程论独立化、学科化发展的道路。

3. 全美教育学研究会第26期《年鉴》的编写出版

1927年,全美教育学研究会编出两卷本《年鉴》:《课程编制:过去与现在》和《课程编制的基础》。它们详细而系统地探讨了当时课程研究的诸多方面,进一步推动了课程研究领域和实践领域的专门化。《课程编制:过去与现在》对传统教育中的分科课程、机械学习、强迫训练、心智训练说等提出了尖锐的批判,认为当时中小学的课程设置不能满足社会的发展和儿童的心理,有必要建立一支骨干队伍研究每个城市和州的课程,以推动课程改革。另外,还对学校进步教育的实践与计划进行了总结,认为这是进入20世纪以来最有革新意义的教育方案。《课程编制的基础》则描述了当时课程编制技术的进展,包括课程编制的本质与方法,强调了课程编制对于课程改革的迫切性和必要性,并进一步勾勒出理想课程的特征:①集中于人类生活的现实事务;②处理国家、地方和社区的现实问题;③让学生对政治制度进行批判性思考;④形成和发展一种开放的态度;⑤考虑学生的兴趣和需要;⑥处理现代生活和社会文化史方面的问题;⑦考虑选择和解决问题的能力;⑧课程组织强调问题和实践等。在《课程编制的基础》中,还要求教师和课程专家应当协同工作,组织各个学科领域的内容和材料,建构理想的中小学课程体系。

---

①张华,钟启泉.课程与教学论[M].上海:上海教育出版社,2000:5.

②Charters. W. Curriculum Construction[M]. New York:Macmillan,1923:103-106.

4."进步教育协会"开展的"八年研究"

20世纪30年代,美国出现经济大萧条,失业率急剧上升,大批找不到工作的青年纷纷重新回到学校。然而,这些学生将来并不打算升入大学接受高等教育,所以当时有浓厚升学色彩的课程并不能适应他们的学习。当校长和教师意识到这一点时,希望对当时的普通高中的课程与教学计划进行重建,以保障高中课程能同时满足升学和就业的两种愿望。于是当时的"进步主义协会"承担了这个两难任务,组织了"学校和学院协调委员会",目的是考察中学与大学相互合作与衔接的途径。委员会经过两年的工作,联络了30所高中和300所大学与学院之后,开始了旨在改革课程体制的长达八年(1934—1942年)的实验研究,被称为"八年研究",它的最终目的是帮助学生适应社会生活。

"八年研究"出版的成果为"美国教育的冒险"丛书,其中包括:艾肯的《八年研究史》、贾尔斯等的《课程研究》、钱伯林等的《他们在大学里成功吗?》和《三十所学校的故事》、史密斯等的《学生进步的评估与记录》以及《三十所学校实验记述》。

泰勒将"八年研究"的成果归纳为以下四个方面①。

第一,人们广泛地接受这样一个观念:学校可以编制能引起大多数学生兴趣的、有助于满足一些学生需要的,同时又为学生在学院里获得成功提供必要准备的教育计划。

第二,学院和大学认识到,在没有达到特定学科要求的中学毕业生当中,可以找到许多在大学期间取得成功的学生。

第三,在职研讨班得到发展。这种研讨班是在研究期间发明的,目的是为教师编制教学计划和教材、掌握新知识和新技能提供帮助。这种方式现在已被公认是许多领域对专业人员进行教育的有效手段。

第四,人们普遍接受用教育评价来代替测验。"八年研究"提醒教育工作者,教师在教一门课时,通常都寻求达到若干个教育目标,但凭一个测验分数是不能客观地概括教学结果的。通过使用问卷、观察、产品样本和测验,都可以评定学生在每个主要目标上的进展情况。

"八年研究"阐释了许多中等教育的基本问题,是一项意义深远的进步教育改革实验,是现代课程改革的先驱。美国课程史专家丹尼尔·坦纳和劳雷尔·坦纳在《课程开发:理论与实践》一书中将"八年研究"描述为"在美国开展的最重要最全面的课程实验"②。"八年研究"不仅对美国课程领域产生了深远影响,而且影响范围波及全球,许多课程理论学者与改革家在思考教育改革时无不回顾"八年研究"的一些做法。

四、课程论学科化研究的发展时期

1949年—1970年,课程领域的学科化运动取得了里程碑式的发展,主要表现为泰勒《课程与教学原理》的出版与后人对泰勒原理的补充与发展。

---

①[美]拉尔夫·泰勒.课程与教学的基本原理[M].施良方译.瞿葆奎校.北京:人民教育出版社,1994:151.

②Daniel Tanner,Laurel Tanner. Curriculum Development: Theory into Practice[M]. New York: Macmillan,1975:319.

拉尔夫·泰勒是美国著名的教育学家、课程理论专家、评论专家，是课程研究领域最具影响力的人物之一。他在1934年出版的《成绩测验的编制》确立了“评价原理”，在1949年出版的《课程与教学的基本原理》确立了“课程基本原理”，因此被称为“当代教育评价之父”“现代课程理论之父”。泰勒课程理论的形成具有深厚的理论与实践基础。泰勒在“八年研究”中担任实验的测量评价小组负责人，提出了课程开发的程序和原理，即“泰勒原理”。“泰勒原理”源自泰勒在1944年出版的《课程与教学的基本原理》。在书中，泰勒开宗明义地指出开发任何课程和教学计划都必须回答四个基本问题：①

(1)学校应该达到哪些教育目标？

(2)提供什么样的教育经验最有可能达到这些目标？

(3)怎样有效地组织这些教育经验？

(4)我们如何确定这些目标正在得以实现？

这四个问题构成了现代课程最有影响力的理论框架，进一步被归纳为“确定教育目标”“选择学习经验”“组织学习经验”“评价学习计划”，这就是“泰勒原理”的基本内容。泰勒将评价引入课程开发，对课程开发与实践做出了巨大的历史贡献。评价是对现行教育计划是否实现预定教育目标的检测与判断，并以评价获得的结果对下一步教育计划的实施提供针对性的建议，从而修正或完善课程与教学。评价既是上一次教育计划的终点，也是下一次教育计划的起点，也正因为评价的存在，课程开发形成了一个循环往复的动态过程。

对于四个问题，泰勒并未给出直接的答案，而是对实际状况进行分析，着重提出问题解决的方法和思路。也正因此，以目标问题为核心的“泰勒原理”影响深远，在课程研究领域产生巨大影响，被视为“课程研究的范式”。其《课程与教学的基本原理》一书截至1975年，已重印33次之多，并被译为多种文字，对世界课程论的发展产生了重要影响，被誉为课程领域的“圣经”。但从另一方面来说，正因课程研究范式被确定，课程开发过程拥有了统一且具体的模式，课程开发过程中的再生与创造变得微乎其微。正如学者所言：“课程领域很幸运，因为有了拉尔夫·泰勒。课程领域很悲哀，因为拉尔夫·泰勒久久不能被超越。”②在泰勒《课程与教学的基本原理》出版后的二三十年间，课程领域学者所做的仅仅是按着泰勒的路径进行课程研究，致力于“泰勒原理”的补充与发展。

“一部分学者致力于对泰勒课程开发的目标模式进行完善。”③如泰勒的助手和学生塔巴将课程开发的四个步骤扩展为八个步骤：诊断需求、陈述目标、选择内容、组织内容、选择学习经验、组织学习经验、确定评价的对象与方法、检查平衡性和顺序性。惠勒认为泰勒的目标模式是直线式的，不利于反馈信息应用到下一步的课程计划的修订与课程的编制，因此他将泰勒的直线模式修改为圆圈模式，并在选择学习经验的下一步增加选择学习内容这一步骤。坦纳夫妇也对泰纳目标模式的直线排列提出异议，他们认为四个问题间是相互依赖的，显然直线排列并未体现这种依赖关系，他们将泰勒模式修改成一种以教育哲学为基础的立体模式。

---

①Tyler. R. Basic Principles of Curriculum and Instruction[M]. Chicago. IL: The University of Chicago Press, 1949: 1.

②张华，钟启泉. 课程与教学论[M]. 上海：上海教育出版社，2000：15.

③张华，钟启泉. 课程与教学论[M]. 上海：上海教育出版社，2000：112－114.

另一部分学者则倾向于对“泰勒原理”的四个具体问题进行扩充。如美国著名心理学家布鲁姆注重对教育目标分类进行研究，将教育目标划分为三个主要领域：认知领域、情感领域和动作技能领域，然后按照从简单到复杂的关系将各个领域分成若干个层次或亚领域，并采用学生的外显行为来陈述目标。

五、课程理论学科化研究的繁盛

“泰勒原理”对课程理论界产生的影响是重大的，以至于在很长一段时间内，学者的研究视野始终限制在他的目标模式之中。但这种情况在20世纪70年代发生了变化，新的课程理论研究势力凸显，课程理论的学科化研究开始走向繁荣，呈现“百家争鸣”的局面。首先表现在新的课程研究范式的产生。

1. 人本主义课程范式

20世纪60年代，美国发起了一场影响广泛的“学科结构运动”，重点强调学问的重要性，将知识的学习摆在学校教育的首位。这与当时的社会环境是分不开的。1957年10月4日，苏联成功发射了第一颗人造卫星，这件事震惊了美国，被认为是科技领域的“珍珠港事件”。美国将军事与科技落后的结果归因于教育的落后。1958年美国颁布《国防教育法》，加大了政府对教育的资金投入，用于推行全国范围的课程改革。1959年9月召集了约35位科学家、学者、教育家在马萨诸塞的伍兹霍尔集会，讨论怎样改进中小学的自然科学教育。会议主席、美国著名心理学家杰罗姆·S.布鲁纳做了题为《教育过程》的总结报告，被作为学科机构运动的纲领性文件。布鲁纳主张，不论教什么学科，务必使学生理解学科的基本结构，任何一门学科必然存在一系列的基本结构。所谓的“基本结构”就是指各门学科中具有广泛而有力适应性的基本概念、基本公式、基本原理、基本法则的体系。学科基本结构具有四方面的教育价值：①简约化的知识有助于学生理解；②有助于识记，特别是有意义的识记；③能够实现知识技能的迁移；④可以缩小高级知识与低级知识之间的差距，对成绩差的学生更有利。但是这些耗费巨大人力、物力、财力开发的课程纷纷废止，甚至没有被学校采用过。虽然这次课程改革广受诟病，但人们在对其进行批判的基础上，诞生了人本主义课程研究范式。

人本主义课程研究范式产生于20世纪70年代，始于人们对现行教育的审视与批判之上。课程学者普遍认为现行的学校教育脱离了人们最初对学校的期待，传统的学校教育成了限制人发展的最大障碍。人本主义课程理论以人本主义心理学为基础，关注的角度不再是学习结果或学习过程，而是学习的起因，即学生的情感、信念和意图等。强调人格的完整，使每个人得到充分的完善，使个体具有独立自主的人格，将人的发展和对人的关怀作为课程研究的导向和最终归宿。“他们把课程看作是满足学生成长和个性整合需要的自由解放的过程，主张学校课程要为学生提供一种促使他们去学习的情景。这种学习会成为个人经验的一部分，令他们终生不忘”。[①] 人本主义课程理论的主要内容包括：①强调培养完整的人、个性解放的人或自我实现的人的课程目标；②强调“适切性”的课程内容选择原则，课程内容的选择适合学生的生活、要求和兴趣；③强调“整合”的课程结构，教材结构组织逻辑要与学生的心理结构相吻合，注重情感领域与认知领域的整合，相

---

①钟启泉.课程论(十二校联编)[M].北京：教育科学出版社，2007：13.

关学科在经验指导下的综合；④课程实施的方法包括“价值澄清”“合成教育”创造活动法、人际交往训练法等；⑤强调“多元”的课程评价方法，包括陈述性报告、学习档案法、契约评价法、自我评价法等。同时注重学生的积极参与，评价的宗旨是“促进”。

2. 实践课程范式

轰轰烈烈的“学科结构运动”在20世纪60年代宣告失败，但它为我们带来了另一种课程研究范式：实践课程范式。美国著名课程理论专家、课程结构运动的代表人物之一施瓦布对“学科结构运动”的失败进行反思，主要包括对泰勒课程开发模式的普适性价值与学问中心课程实施的实践性价值的思考。由此得出结论：脱离教师、脱离实际的课程开发模式注定是失败的，课程领域急切需要一种新的课程开发模式。于是施瓦布于1970年、1971年、1973年、1983年分别公开发表了《实践：课程的语言》《实践：折中的艺术》《实践3：课程的转化》《实践4：课程教授要做的事情》。施瓦布这四篇以“实践”为核心的论文完成了课程领域范式的转换，一个植根于实践的课程开发理论——实践课程开发理论被建立了起来。

基于学问中心课程失败的反思，施瓦布认为传统的课程开发是理论性质的，一定程度上脱离了美国社会的实践，这样的课程研究范式不会对美国教育做出实质性的贡献，因此他主张课程领域走向其他课程运作方式：①走向实践的方式；②准实践的方式；③折中的方式。实践性课程包括教师、学生、教材和环境四个要素，其中教师和学生是课程的主体与创造者，学生是课程的中心。由课程政策文件、课本和其他教学资料组成的教材是课程的有机构成部分，学习环境则是“实践性课程”另一个不可或缺的重要部分。这四个部分不是机械叠加的，而是彼此之间产生交互作用，构成一个有机的生态系统，维系着班级或教育情境的生态平衡。

施瓦布认为开发实践性课程的方法应该是“审议”。“课程审议”是指课程开发的主体对具体教育实践情境中的问题反复讨论权衡，以获得一致性的理解与解释，最终做出恰当的、一致的课程变革的决定及相应的策略。课程审议的主体是由校长、社区代表、教师、学生、教材专家、课程专家、心理学家和社会学家等组成的“课程集体”。施瓦布还提出了课程审议的艺术：①实践的艺术，主要涉及观察艺术、问题形成艺术和问题解决艺术，它们主要针对个体感知的个别的、具体的、特定的、整体的情境而言。观察的艺术有利于发现考察的对象存在的问题；问题形成艺术在前一阶段的基础上进一步诊断问题，并表述出来；问题解决艺术在于形成可供选择的问题解决方案，并进行选择和采取行动，[①]具体包括“观察的艺术”和“问题形成的艺术”。②准实践的艺术，是实践的艺术的延伸，常见的情境总是由多个相互关联的、多样的个别情景构成的准实践，其问题的界定比较灵活而广泛，且表达具有流动性，因而除了运用实践的艺术以外，还需要在决策过程中允许多方代表的参与以获取问题的解决方案等[②]。③折中的艺术，是使理论适用于课程实践，从而为课程开发提供决策参考的艺术，即根据具体的教育情境的特殊性，对课程理论进行选择与修改使之成为真正能指导课程实践的理论。

---

①靳玉乐．课程论[M]．北京：人民教育出版社，2012：24.

②靳玉乐．课程论[M]．北京：人民教育出版社，2012：24.

实践课程模式在一定程度上超越了“泰勒原理”，其对课程领域的意义是显而易见的。首先，实践课程模式将实践作为课程开发的终极目的，课程开发的目的是回归实践，是课程集体针对具体教育情境对课程计划进行审议，使之适应教育情境的过程。其次，实践课程模式强调教师与学生主体性作用的发挥，他们不再是被控制的对象，而成了与教材、环境相互作用来生成“课程”。

3. 概念重建主义课程范式

20 世纪 70 年代，美国社会和文化发生着巨大变化，这一变化反映在课程领域就是课程学者开始对传统的课程开发范式进行反思，得出的一致结论就是：“泰勒原理”所倡导的技术理性的课程开发范式及其理论依据是行为主义的、机械的，其概念和工具都不能适应正在变化着的美国社会和文化。于是，课程领域的概念重建运动开始了，新的课程开发范式也应运而生。概念重建课程范式致力于探讨制约课程的社会背景，反对非政治、非历史的技术观点，把课程编制看作更加开放和自由的过程，并受政治等意识形态的制约。① 这也意味着，课程研究的范式由“泰勒原理”所追寻的“如何有效开发课程”的“课程开发范式”转向了“怎样理解课程”的“课程理解”范式。

派纳在《课程理论化：概念重建主义者》中提出了课程领域的三种研究势力：①传统主义者，以泰勒为代表，课程风格专注于课程开发、设计、实施和评价的具体任务，关注的是“怎么做”的问题；②概念经验主义者，专注于经验性的“现象”和对行为的描述与控制；③概念重建主义者，其所进行的课程研究是期望透过人文科学（如历史、哲学和文学批评等）来理解课程，从而建立起历史、哲学和文学的主导模式。

20 世纪 70 年代，概念重建主义者的主要任务在于对传统的课程研究范式进行批判，他们认为传统的课程理论至少存在三种缺陷②：①传统课程理论秉持实证主义科学观，追求课程理论的“客观性”，这样有违课程理论的学科性质，使课程理论沦为控制工具；②传统课程理论受“技术理性”的支配，课程研究的目的是提供课程开发的“处方”——普适性的程序和规则，这就使课程理论成为“反理论的”“反历史的”；③尽管传统课程理论标榜“价值中立”，它却因此陷入一套保守的、使其政治方向神秘化的价值观念中，实际上是维持了现行的社会控制体系。从第二个十年开始，其主要任务在于完善自身的方法论即理论框架。

概念重建主义课程范式打破了传统的课程开发模式，运用多种学科方法与思维方式进行课程研究，丰富了课程研究的视角。另一方面，概念重建主义课程范式追求课程主体的自由与解放，注重教师和学生的主体价值，在这方面，概念重建主义范式超越了实践课程范式，真正将教师和学生作为了课程的主体。

---

①靳玉乐. 课程论[M]. 北京：人民教育出版社，2012：25.

②张华，钟启泉. 课程与教学论[M]. 上海教育出版社，2000：25.

|第二节|
小学课程论的对象

小学课程论的对象是我们进行小学课程论研究首先要面对也是必须面对的问题。因为研究对象是研究的出发点，我们通过对对象的研究发现小学课程在制订与实施中遇到的问题，并以此作为研究的起点。同时研究对象也是研究的归宿，对研究问题的定位与解决的最终目的是为了促进小学课程的发展，因此最终的指向也是小学课程论的研究对象。“工欲善其事，必先利其器”，我们在确定小学课程论对象之前，有必要明确认识课程论对象的方法。

一、认识小学课程论对象的方法

社会学家英格尔斯提出了三种认识学科对象的方法①：一是历史的途径，即通过分析某门学科的经典著作来看该学科作为一门知识最关心或感兴趣的是什么，也就是关注创始人说了些什么；二是经验主义的途径，即通过分析该学科的当代著作来看这门学科最关心的是些什么问题，也就是关注该学科的当代学者正在做些什么；三是分析的途径，即将一个大的论题划分为相对较小的论题，并将这些相对较小的论题分别划归为不同的学科，也就是关注理性的指示是什么。英格尔斯的认识方法为我们认识小学课程论对象提供了有意义的借鉴和指导。对于小学课程与教学论的对象来说，我们可以综合运用以上三种方法。

英国学者古德莱德的观点更加着眼于课程论的研究现象或史料，他在具体考察课程研究领域的已有史料和研究进展的基础上，在1979年就提出了课程研究领域存在的三种现象：

“一是实质性的，指的是目标、学科内容、材料等课程的基本范畴。要探究的是它们的实质和价值。二是政治——社会方面的，探究工作包括所有这些人类过程。在这些人类过程中，一些利益逐渐超越了其他利益，以致出现了这样一些而不是别的方法和结果。三是技术专业性的，课程研究要考察一组或个别工程的过程、后勤过程以及评价过程。通过这些过程，课程得以改进、编制或置换。”②

古德莱德所列出的课程领域为我们系统、全面地认识与考察学科对象提供了范例。

二、小学课程论对象的系统考察

关于课程论的对象，已有的研究主要包括以下几方面。

(1)课程论的对象是学校课程，课程的内容就是指的学校教育内容，因此课程论的对象就是要研究课程编制的理论和方法，主要回答“为什么教”“教什么”“怎样选择要教的

---

①靳玉乐.课程论[M].北京：人民教育出版社，2012：28.

②江山野.简明国际教育百科全书[M].北京：教育科学出版社，1991：58.

东西”“怎样组织最有效”“选择什么样的标准和原则”“谁来选择和编订”“怎样评价”①，对这些问题进行回答的过程也就是厘清课程论研究对象的过程，即“研究课程编订的理论和方法”“分析教育目标”“确定教学内容”“选择恰当的教材”“适当地排列教材”“探讨课程编订的规律”“根据科学研究的结果参与课程的编订”“编制教育测量的工具”。②

(2)课程论的研究对象是课程现象，即将课程论的研究对象直接指向课程本身，是人们在课程实践过程中所观察到的各种课程现象。详细说来课程现象是“人们在课程与教学实践中特别是教师和学生在其有目的的行动中所呈现出来的表现”③。这些课程现象是人们“认识、理解和把握课程与教学活动中的各种关系的直接切入点，是其内在关系的外部显现”④。

(3)课程论的研究对象是课程问题。有学者将教育学称作是“以‘教育问题’为研究对象的科学”，因此很多学者认为课程的研究对象是课程问题，认为课程问题是课程研究者需要探明和解决的课程实际矛盾和理论疑难，是课程研究的作用对象，是课程研究得以进行和发展的前提。“课程论实质上是以课程问题为研究对象，来实现和完成认识课程现象、揭示课程规律和引领课程实践的目的和任务的。”⑤

(4)课程论的研究对象是课程规律。有学者认为研究课程论现象、问题的最终目的就是为了揭示课程论的规律，因此将认识课程论的基本规律作为课程论研究的基本任务之一。这些基本规律指的是课程问题“较高层次的内在规律”⑥。“解决课程与教学问题就要遵循和利用客观规律，同时研究的过程还可以对课程与教学中的现象进行概括、提炼，进而总结出新的规律。”

(5)课程论的研究对象是课程的内在联系。有学者通过对课程论对象的系统考察，认为课程论的研究对象是课程内在联系，主要包含以下三个有机部分⑦：一是课程与外部的社会系统和条件之间的内在联系；二是课程内部诸要素及其要素间的内在联系；三是课程运作过程中各具体因素及其各因素间的内在联系。这三方面所涉及的具体事务及其联系共同构成了课程论完整的研究对象，如图 1-1 所示。

---

①陈侠.课程论[M].北京：人民教育出版社，1989：17.

②陈侠.课程论[M].北京：人民教育出版社，1989：17.

③周兴国，段兆兵.课程与教学论[M].合肥：中国科学技术大学出版社，2012：10－11.

④周兴国，段兆兵.课程与教学论[M].合肥：中国科学技术大学出版社，2012：10－11.

⑤黄甫全.大课程论初探——兼论课程(论)与教学(论)的关系[J].课程·教材·教法，2000(5)：1－7.

⑥陈旭远.课程与教学论[M].北京：高等教育出版社，2012：2.

⑦靳玉乐.课程论[M].北京：人民教育出版社，2012：29.

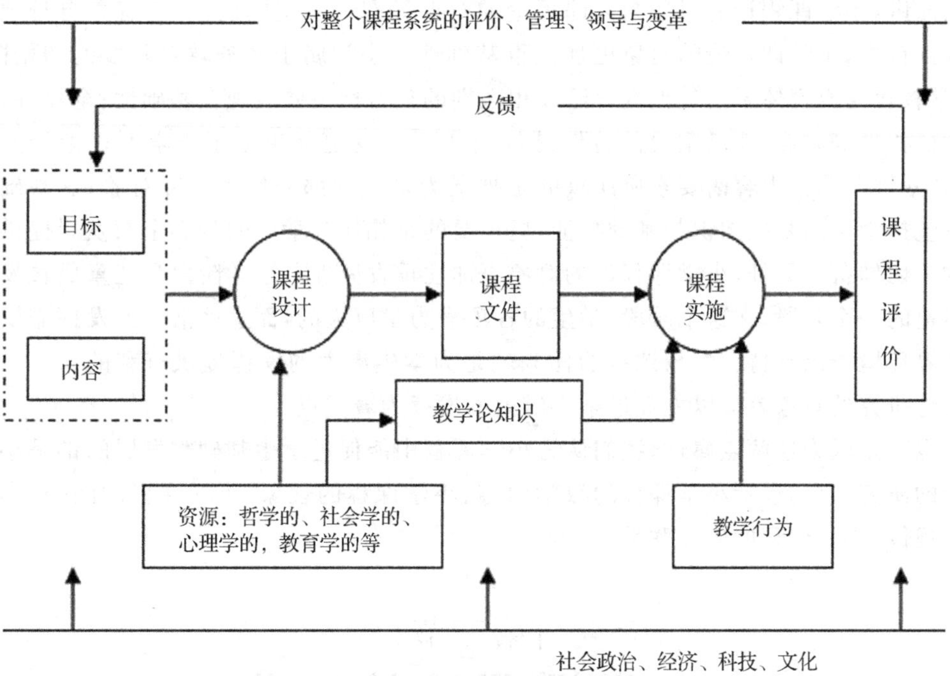

图 1-1 课程论研究对象的系统模式

学者对“课程论研究对象的系统模式”做出进一步解释，认为课程论对象的生成经历了潜在、实在、反思三个发展阶段。① 在潜在阶段，课程论对象并不为研究者所觉知，只是作为一系列自然发生的课程行为系统，自在地、客观地存在于教育实践中。在实在阶段，课程论对象逐步被研究者所意识到，开始以研究对象的角色进入研究者大脑中。就课程论本身来说，主要的研究对象包括课程目标、课程内容、课程设计、课程实施、课程评价等。同时课程论与外部的联系也是作为课程论研究对象包含在研究者的研究范畴之中，主要包括课程与社会政治、课程与经济、课程与科技、课程与文化等范畴的内在联系。在反思阶段，课程论的研究对象主要变换为对实在阶段所做研究的反思、追问，并以问题或命题的形式予以描述的观念系统。具体来讲，包括对课程本身、课程与外部联系的反思。值得注意的是，课程论研究对象形成的三个阶段是连续的、有机构成的三个阶段，任何一个阶段脱离了其他两个阶段都不能称之为课程论研究对象。

从以上关于课程论研究对象的观点看来，课程论的研究对象众说纷纭，没有一致的结论。但是通过对课程论的梳理，我们可以确定的是课程论的研究对象是生成的、开放的、发展的、立体的、动态的。这为我们认识小学课程论的对象提供了一定的借鉴和启示。

小学阶段是学生进入学校，开始接受正规教育的最初阶段，是基础教育的基础。从概念上讲，小学课程论的对象属于大课程论的对象，小学课程论的对象与大课程论的对象不存在本质上的区别。大课程论的研究对象定是包括小学课程论的对象。但是从另

① 靳玉乐. 课程论[M]. 北京：人民教育出版社，2012：29.

一层面讲，小学课程论的对象与大课程论的对象又有着一定的区别，并有着自身独特的属性。首先，小学课程论的对象更加注重基础性。小学属于义务教育阶段的初始阶段，“小学教育与教育体系内其他教育阶段相区别的独特性主要表现在基础性、全民性、义务性和公益性等方面，而最主要的特性是基础性”①。这也就决定了小学课程论研究的指向是“基础”，课程内容诸要素所注重的是把最为基础的部分作为研究对象，这基础部分不仅包括学生的基础知识与基础技能，更重要的是如何为学生的身心全面发展提供所需要的一切储备。另外，小学课程论的对象更加注重发展性。小学阶段是儿童成长发展最为迅速的一个阶段，在这个阶段，学生的各项潜力是巨大的，而这些潜力的发挥需要一定的外界环境予以支持。学校课程的任务就是为学生潜力的发挥提供有利的条件。小学课程论研究的对象就应以能促进学生潜力的发挥为着重点。

也正是因为这两点属性，我们认为小学课程中能促进学生基础与发展的都是小学课程论的研究对象，包括小学课程的教学内容、小学课程的现象、小学课程的问题、小学课程的规律、小学课程的内在联系。

|第三节|

小学课程论的地位

课程论作为一门独立的学科已是国内外课程研究领域不争的事实，但就课程论本身来说，关于课程论的地位仍然存在一定的争议，主要表现在课程论与教学论的关系上。因此，我们有必要澄清课程论与教学论的关系。

课程与教学的关系是中外教育理论探讨的重要议题。人们对课程与教学关系的认识大致分为三种：独立观、包含观、整合观。

一、独立观

独立观认为课程论与教学论是两门彼此独立的学科，各自独居其位，互不交叉。布鲁纳认为课程与教学是分离的实体，他们之间是相互并立的、同等重要的教育领域。比彻姆认为课程论与教学论是教育学的两个并立的下位学科。蔡斯坚决主张将课程和教学分离研究，他的观点是将课程视为一个广义的概念，教学则是一个特殊的现象或子系统，在某种程度上，教学是课程的延续。② 我国学者也认为两者是“相互独立和相互分离”的。表现在具体的教育实践中就是实践主体的独立：课程开发与教材编写是学科专家的事，在课堂教学是教师的事；行使顺序的独立：课程是发生在教学之前的，设置课程目标、计划与内容。教学发生在课程之后，是忠实执行课程计划，按照规定的计划进行内容与方法的传授。

---

①汪霞．小学课程与教学论[M]．上海：华东师范大学出版社，2011：24．

②张华．课程与教学整合论[J]．教育研究，2000(2)：52－58．

二、包含观

课程与教学论的包含观指的是课程论与教学论一方包含另一方。详细说来，分为以下两种。

课程论包含教学论，被称为“大课程观”。这种观点认为“课程是一个广泛的概念，是学校教育中的一个大系统，而教学则是一个特殊的现象和子系统，远没有课程那样重要，它常常作为一个复杂多变的因素在不同的时间或地点接入课程连续体中”。[①] 著名课程论学者塔巴认为课程与教学是有区别的，课程的范围大于教学，课程的重要性也高于教学。哈利·布朗迪和蔡斯也认为课程是个更广义的概念，认为课程是母系统，教学是子系统。[②] 毕恩等人曾指出课程领域、课程规划、课程编制、教学设计与情境教学之间有逐级包含的关系，形成了一组范围逐渐缩小的同心圆。[③] 我国学者倾向于构建“大课程论”的体系，认为“课程本质上是一种教育进程，课程作为教育进程包含了教学进程”[④]。

教学论包含课程论，被称为“大教学观”，认为课程论是教学论的一个重要组成部分。这一观点在教育历史上流传已久。夸美纽斯在《大教学论》一书中系统论述了教育目的、学校性质和结构、教育原则与方法，并将课程教材内容与组织等问题包含进去，建立了最初的“大教学论”的体系，“教学论包含课程论，课程论是教学论一部分”的观念便由此延续下来。这种观点在苏联教育界得到了广泛认可，在苏联的教育家中几乎没有对课程进行专门论述的著作，仅仅将课程作为教育内容在教学论的书中做探讨。而新中国建立初期，由于我国的教育学多是借鉴苏联的经验，长期以来，我国教育学者也普遍将课程论作为教学论的一部分加以探讨。如在王策三的《教学论稿》、李秉德的《教学论》中认为课程论是教学论的一个组成部分。

三、整合观

伴随着对课程论与教学论研究的深入，越来越多的学者认为课程论与教学论的关系不是简单的独立或包含，不论是哪一方的包含都不足以解释课程论与教学论的关系，越来越多的学者倾向于认为课程论与教学论是密不可分的，不能孤立任何一方进行研究。两个学科的存在没有主次之分，对教育的发展同样重要。他们不是相互分离的，而是一个问题的不同侧面，从本质上讲本身就是无法割裂的。杜威首先表达了这样的观点，他认为课程与教学分离是传统教育的弊端之一，而根源在于认识论上的二元对立，因此提出“连续性原则”来消解二元对立，将课程与教学整合为一的思想。继杜威之后，施良方指出“课程理论与教学理论之间必然存在着各种联系和交叉重叠部分，课程理论必然会考虑到课程实施问题，而教学理论则肯定会涉及与教学方法相关的教学内容问题”[⑤]。

---

①钟启泉．课程论(十二校联编)[M]．北京：教育科学出版社，2007：3.

②张传燧．和而不同——课程与教学整合的实践呼唤与理论审思[J]．课程教学研究，2012(2)：15－19.

③李子健，尹弘飚．反思课程与教学的关系：从理论到实践[J]．全球教育展望，2005(1)：50－55.

④黄甫全．大课程论初探——兼论课程(论)与教学(论)的关系[J]．课程·教材·教法，2000(5)：1－7.

⑤李子健，尹弘飚．反思课程与教学的关系：从理论到实践[J]．全球教育展望，2005(1)：50－55.

美国当代课程学者韦迪认为，课程与教学本来就是一件教育事情，可用一个复合术语“课程教学”来表示，其含义在于“教学是一种课程过程，而课程是一种教学事件”[①]。

纵观学者的研究，关于课程与教学论的关系的研究涌现出多元的观点，为我们进一步分析与澄清课程与教学论的关系提供了借鉴。不难看出，虽然学者的观点存在一定程度上的争议，但在两个方面基本达成一致：[②]课程论与教学论在学科化发展中不断走向耦合，而又非简单重叠；课程论与教学论在学科化发展中既相互区别，却又非界限分明。总体来讲，课程论与教学论在逐步的研究与发展中既是有区别的联系，又是有联系的区别。这也就提醒我们课程研究者在对课程论问题进行研究时，切不可孤立地就课程研究课程，而应该多角度考量，在课程论与教学的相互渗透中，达到对课程论的全面且立体的研究。

本章小结

本章主要探讨了课程论的发展历史以及小学课程论的主要对象和地位。第一部分是关于课程论的学科发展史，主要分析了课程论研究的萌芽期、雏形期、学科独立化时期、研究的发展时期以及研究的繁盛期；第二部分系统考察了小学课程的对象并介绍了认识小学课程论对象的方法；第三部分从独立观、包含观和整合观三个层面阐述了小学课程论的地位。

复习与思考

1. 课程论的发展经历了哪几个阶段？
2. 小学课程论的对象是什么？
3. 你认为小学课程论的地位是什么？

---

①张传燧．和而不同——课程与教学整合的实践呼唤与理论审思[J]．课程教学研究，2012(2)：15－19.

②靳玉乐．课程论[M]．北京：人民教育出版社，2012：35－36.

第二章
小学课程的意义

◆本章重点

①小学课程的概念

②小学课程的价值

③小学课程的主要类型

本章从课程的概念入手，透析小学课程的功能和类型，以此理解小学课程的意义。课程与教材、学科、教学大纲、生活经验有着直接密切的关系，衍生出“课程即是教材”“课程即是学科”“课程即是经验”等课程概念。小学课程对社会促进社会和个人发展有着重要的作用，在社会人才的培养、选择、分流和传递文化经验方面，承担着不容忽视的社会责任，也在帮助小学生认识世界提供整体性、综合性的经验方面有着重要意义。整体上理解课程概念，需要基于不同的分类标准与维度，依据不同的划分方式明晰不同的课程类型，课程类型的划分需要以小学生健全发展为根本价值归属，并为课程设计与设施提供基础。

|第一节|

小学课程的概念

课程是教育的核心，新中国成立以来，在中国教育界发生的最为轰轰烈烈的教育事件莫过于课程改革。但是学界对具体的改革次数却存在明显的异议①，产生异议的主要原因之一是对“课程”这一概念本身内涵的理解存在显著的差异。造成这种差异的原因一方面与课程这一概念产生的源头有关，另一方面则与许多学者主张自己倾向的课程定义，特别是近期刚产生的术语有关，这在一定程度上强调了有关课程的各种意义和内涵竞相迸发。为了更加清晰地理解“小学课程”的概念，在此我们需要首先对“课程”有相关的理解。

“课程”的定义来自拉丁语词根最常用的“racecourse”。对学生来说，学校课程是用来赛跑的跑道，要通过一系列的障碍才能取得胜利。从公元前 4 世纪起哲学家柏拉图与亚里士多德就已经深刻地影响西方文明的学校，也开始以历史的角度用希腊文明古典时期的科目描述课程。特别是斯宾塞在 1861 年出版的《教育论》中全面使用“curriculum”一词来表达学生的学习科目和学校教育活动后，就奠定了“课程”一词的特定含义和使用范围。在 20 世纪，“课程”这个词包括了比古典时期更宽广的解释。而今天，学校文件、报纸报道、委员会的报告和许多学术材料、任何有关已有科目和规定皆视为“学校课程”。

在 20 世纪 70 年代 Pinar. W. F 生成了不同的术语，认为“currere”——课程在拉丁语中是动词不定式，因为他想强调运行(或经验)。他随后阐述了这一术语，并强调自传方式在自学中的价值。一个有用的出发点，当研究“什么是课程”考虑三个层次(即“计划的课程”“制订课程”“经验课程”)时，这是一个有利的出发点。该计划的课程都是关于“什么知识最有价值”——这一重要目标。②

在课程计划(例如一个历史教学大纲)和它是如何实现(制订)之间可能会发生争论。经验的课程指在课堂上实际发生了什么。课程经验不再局限于课堂，学生有权通过信息技术获得知识，这使得“正式”的学校知识与实际知识之间的鸿沟越来越大。有学者指出在学校课程中的一个主要问题是如何“建立社区意识和在不能以任何方式限制知识和单方面强力控制的前提下形成共同的价值观”。

在一些学者注重制定课程的同时，有更多的学者越来越强调“活”的课程，而不是“死”的课程。他们认为当师生共同参与有意义的课堂活动时，才是“活”的课程。曾有学者用浪漫的比喻描述课程的规律。Decker F. Walker 和 Jonas F. Soltis 在《Thinking About Education》中主张“我们应以浪漫的方式参与所有学科，在呈现中感知兴奋，以其自身的吸引力唤醒行动，团体中收获喜悦。”

---

①谢翌，马云鹏，张治平. 新中国真的发生了八次课程改革吗？[J]教育研究，2013(2)：125.

②Pinar. W. F，Reynolds. W. M.，Slattery. P，Taubman. P. M. Understanding Curriculum[M]. New York，Peter Lang，1995.

Tomlinson 和 Germundson 在《Teaching as jazz》中用教授与创造爵士乐来阐明课程的规律。对于课程编制者来说，编制课程就像教师的音乐，“蓝调表示意图和切分，颤音表示惊讶，以爵士乐的灵魂创造课程——课程触及年轻学习者的内心”。

相对于西方国家，“课程”一词在中国出现得较早，唐代孔颖达在《五经正义》中对《诗经 · 小雅 · 巧言》中的“奕奕寝庙，君子作之”一句所做注疏是“以教护课程，必君子监之，乃得依法制也”①。这是我国目前有记载的文献中首次使用“课程”一词。南宋时期，朱熹在其《朱子全书 · 论学》中也有“宽着期限，紧着课程”“小立课程，大作工夫”等有关“课程”这一词的表述。他所使用的“课程”一词主要是表示学习的范围、时限以及进程等意思。② 现在我国有关课程的意义深受西方国家影响，有关“课程”的意义已经与唐代孔颖达在《五经正义》中所表述的意蕴存在较大的差异，而朱熹将课程理解为“学习的范围、进程”，则与我国现阶段一部分人对课程概念的理解较为接近。

从这些纷繁复杂的观点中不难看出，长期以来学界关于“课程”内涵的争论一直存在。正因如此，我们将分别从课程即是教材、学科以及经验的维度进一步来剖析课程，寻求对课程内涵的进一步理解。

一、课程即是教材

夸美纽斯早在 17 世纪“百科全书式”的课程理念通过“把一切事物教给一切人”的宣言将广泛、全面的知识视为促进智慧发展的课程内容。教材内容的安排适应自然世界和儿童天性的普遍原则，“自始至终，要按学生的年龄及其已有的知识循序渐进地进行教导”③。其中“教材”确切地说是指“教学材料”。随着发展的继续，课程规划和课程标准成为国家放权后的底线，亦是编制教材出发的依据。教材即是课程标准的具体化，通常以文本的形式呈现。它将课程标准在知识范围、深浅程度、实施进程等方面做出的规定具体化，不同版本在不同理念的支持下各显特色。近年来，尽管教材一直是课程内容的重要承载方式，但是其随着内外在因素的变迁与更替亦有多种变式，即出现了通过其他辅助形式来具体展现课程标准。

“课程即是教材”这种观点易占据人们的头脑，即便是距离教育实践最近的一线教育工作者也很难逃脱这种另类概念的控制，容易直接将“课程”与“教材”等同。这种将课程的多样性理解为教材这样单一的形式，忽略了交往中的其他内容，造成人们经验性的错误。人们的遗忘、理解误差和既有直觉经验的根深蒂固不会因为对课程内涵的浅尝而有明显改观，需要在进一步激烈的冲突中引发转变契机，从而立足于时代背景和深层概念的角度重新审视小学课程内涵中“课程即是教材”的观点。

尽管夸美纽斯早在 17 世纪“百科全书式”的课程理念为“课程即是教材”奠定了基础，对后世的影响亦是至深，但是仅仅将课程作为教材无疑是将课程的内涵理解为静态的规划，未将其动态的运行过程纳入课程中。这样，目光容易局限于可视的行为上，忽视

---

①资料来源：辞源，商务印书馆 1983 年版，第 2904 页。

②靳玉乐. 潜在课程论[M]. 南昌：江西教育出版社，1996：18.

③[捷]夸美纽斯. 大教学论[M]. 傅任敢译. 北京：教育科学出版社，1999：65.

了学习者在此过程中实际的学习体验，即注重知识的获得而非是课程对学习者学习风格与健全人格的养成。但与此同时，不能忽视“课程即是教材”——将经过历史沉淀的经典教学材料呈现给学习者这一卓越贡献。这一理念强化了课程对其内容的挑剔，及其对主流文化的引领作用。

二、课程即是学科

古巴比伦的初级学校、古埃及的宫廷学校是外国古代儿童在小学阶段学习的突出代表，类似于古印度历史《吠陀》一样的古籍也成为他们学习的主要课程内容。斯巴达与雅典所处的古希腊等时期的办学形式亦在世界初等教育史上留下了厚重的一笔。其中“七艺”作为课程的主要学科受到后世的广泛关注。而斯宾塞“什么知识最有价值”的设问则将系统文化知识作为课程内涵毫不掩饰地加以宣扬。美国更是在实践中彰显“课程即是学科”，规定 21 世纪需要对进入初中的小学高年级学生每年进行阅读与数学测试。英国的课程改革丰富了这一实践，并于 1988 年制定国家课程，涵盖 3 门核心课程和 7 门基础课程，且包括了学生各科成绩的具体内容与目标。

在中国，据甲骨文和有关文献记载，奴隶社会时期商代已经有“左学”作为小学的称谓方式，西周“六艺”中的“书”与“数”是主要针对类似现今小学阶段的儿童的课程设置。若以隋唐作为封建社会早期与后期的分化临界点，封建社会早期的学制阶段划分还比较模糊。而封建社会后期较为明细的学制体系基本形成且课程编制也取得了诸如《蒙童须知》《百家姓》等特色显著的小学教材，同时作为蒙学的民间举办形式的私塾为小学课程拓展了具体实施途径与学习者范围。

现在，这种观点在《中国大百科全书·教育》中仍然可以寻找到其踪迹。它以学科分类作为基础，强调向学习者传授系统的学科知识，是由若干科目组成的课程。这样的课程使得其培养下的学习者进入社会时更易于符合社会的“硬性指标”。实际上，这种观点在国内外皆具有相当悠久的历史渊源。原始社会尚未形成实际意义上的教育程度划分，低下的社会生产力与人们的生活和生产息息相关，儿童的主要课程内容与相关活动多与生存方式紧密相连。

我们从梳理的过程中可以看出对课程内涵做出该种理解的缺陷：忽视了学习者知识之外意志品质、和谐师生关系等非智力因素的学习获得。但是早期的课程理念为“课程即是学科”奠定了基础，这种理念将强烈、系统而理性的目的追求带给人们，形成了独具特色的人类智慧，所以其对人类自身的发展具有极其重要的作用，这也是它拥有如此长久生命力的原因所在。

三、课程即是经验

杜威是在教育领域谈及“课程即是经验”的代表。他看到间接经验的缺憾，主张通过切身的直接经验所得的才是学习者学习到的课程。“经验包含一个主动的因素和一个被动的因素，这两个因素以特有形式结合着。只有注意到这一点，才能了解经验的性质。在主动的方面，经验就是尝试——这个意义，用‘实验’这个术语来表达就更清楚了。在被动的方面,经验就是承受结果。我们对事物有所作为,然后它回过来对我们有所影响,这就是一种特殊的结合。经验的这两个方面的联结,可以测定经验的效果和价值。单纯活动,并不构成经验。这样的活动只是分散的、有离心作用的、消耗性的活动。作为尝试的经验包含变化,但是,除非变化是有意识地和变化所产生的一系列结果联系起来,否则它不过是无意义的转变。当一个活动继续深入到承受的结果,当行动所造成的变化回过来反映在我们自身发生的变化中时,这样的变动就具有意义,我们就学到了一点东西。"[①]这一理念的辐射程度不但绵长,而且反复被人们讨论。一些人认为杜威忽视了基于完整逻辑的知识体系,甚至认为经验会因思维定式而导致错误,但是细读杜威的著作不难发现,"经验"一词在杜威的教育与哲学语境下拥有多层意蕴。"课程即是经验"从一个实践点出发描绘"课程"内涵。此外,杜威在"课程即是经验"的思想下对课程内涵做出的理解主要适用于小学教育。

1949 年,泰勒的《课程与教学的基本原理》问世。尽管"泰勒原理着眼于人的'技术兴趣'的培养",但是其中对世界课程改革产生深远影响的课程原理阐述对象不是部分人理所当然认为的"知识",而是建立在杜威经验观的基础之上的"经验"。[②] 似乎在泰勒原理中,经验被理解为相较于知识更为基础的形态。故此,我们可以将泰勒的课程基本原理视为从"课程即是经验"的角度理解课程内涵。泰勒通过哲学准绳论证课程的正当性和心理学标准证明课程的可行性这两条作为课程设计的初步工具。有关泰勒课程基本原理的内容将在下面的章节进一步阐述。

从两位的观点中可以看到,我们不能过分地忽略"经验替代课程",不能随波逐流于烦琐经验的积累而无视系统知识的升华,更不能在斤斤计较教条主义的同时使课程陷入经验主义的泥潭,而应将课程置于发展变化之中加以审视。但是我们不能否认,杜威与泰勒作为最具有代表性的人物,其观点在探讨课程时非常耀眼。以两位为代表阐述"课程即是经验"观点的合理性在于将课程的内涵直接转向学习者,将课程赋予更为浓重的人文关怀气息。期间有众多学者的不同表述,但是究其一点——"课程即是经验"皆是对课程潜在文化意识的强调。

◆学术争议

上海小学语文教材修订引争议:"删除古诗"还是"删除文化"?[③]

近日,"上海小学一年级第一册新版语文课本删除原有 8 篇古诗"一事在网上引起很大反响。支持者肯定其减负意义,质疑者则担忧:拿古诗"开刀",是否不利于小学生传承中华传统文化?

记者了解到,从 2014 年 9 月新学期开始,上海小学一年级语文课本被"瘦身":除删除原教材最后单元的 5 篇课文外,《画》《草》《登鹳雀楼》等 8 首古诗也将退出;同时,一年

---

①[美]杜威.民主主义与教育[M].王承绪译.北京:人民教育出版社,1990:148.

②张华,石伟平,马庆发.课程流派研究[M].济南:山东教育出版社,2000:230－231.

③资料来源:http://learning.sohu.com/20140828/n403846360.shtml.

级识字量从原来要求的353个减少到296个，写字量从296个减至118个。

“改革的总目标是减负。”上海市教委副主任贾炜表示，此次对小学一年级语文教材“瘦身”，是为切实减轻学生的学习负担，也让学习更符合一年级学生的认知规律，回应家长和社会的期望。

教材“瘦身”受到大多数受访一线教师的认同。有教师表示，课本中的古诗词，孩子们大都在家里或幼儿园就学习过，小学老师没了硬性规定，反倒可以用更适合孩子认知规律的听读方式，让他们真正浸润到古诗的熏陶中。

“按照修订后的教材，老师可以做到3天教授2篇新课，空下来的时间能帮助学生打牢拼音和识字基础，或引导他们进行有益的课外阅读。”上海黄浦区武宁路小学语文老师陈静说。

上海市教委教研室语文教研员薛峰表示，此次教材的修订经过了大量的先期调研。“对上海17个区县867人次小学语文教师的调查显示，41%的教师认为其中部分课文较长，学生学习有困难；37%的教师认为识字量偏多，应适度减少，因此对部分课文篇目做出了调整。”

至于古诗诵读部分，薛峰解释，只是改变了教学方式，不再以书面的形式呈现在教材中，而是通过课前两分钟、语文拓展课和学科活动等时间，以学生听录音磁带或跟着教师示范诵读的方式进行。“课本中减少古诗量，并不意味着我们削弱对传统文化的重视和传承，而是为了减轻孩子们不必要的认读和记忆负担，老师和学生也都能有更多自由发挥的空间。”

尽管有家长坦言，学校或家庭在教孩子学诗过程中，确实存在让孩子教条式背诵、默写全文的现象，孩子未必能理解“诗意”，但不少家长仍质疑“减负就非得拿古诗‘开刀’”？

上海浦东新区机关干部、“宝宝念诗”微信公众账号发起人韩可胜认为，诗歌是韵文，即使当顺口溜，也比一些课本中保留的现当代文章更容易记，也更让人终身受益。“上千年检验下来的韵文，要比编造出来的假童话或假的励志故事好得多，绝不能遗忘中华文化中最宝贵的东西。”

网民“佛铃花”说：“诗歌是传统文化集大成者，小时候即使不懂古诗，但读起来朗朗上口，趁着年纪小记忆好，多背些古诗真的能多受点熏陶。”

还有家长表示，虽然家长在家也会教孩子背诵古诗，但学校正规教育对孩子的启蒙意义更大，不可轻易退出课堂。

教材改革应给家长、学生更多发言权。无论是此次上海语文教材修订，还是2014年6月语文出版社将歌曲《天路》《蜗牛》纳入教材，几乎每一次语文教材的变革都会引发社会热议。减负目标之下，怎样对课文进行取舍？华东师范大学课程与教学系副教授董蓓菲表示：“课程修订不是简单地加加减减，课文遴选首先应符合各年龄段学生的认知规律和思维特征，能否做到顺天性而教，取得更好的教学效果，才是衡量改革成效的指标。”

上海金山区海棠小学校长钱欢欣认为，对于低年级学生来说，教学应从其生活体验和认知特点出发，直面语言、直面心灵，让课堂变得更加生动、包容、欢愉。她还建议，在教材修订过程中，应给一线教师、学生和家长更多话语权。“比如，可让学生选出自己‘最喜欢'和'最不喜欢'的课文，学校应该呵护孩子学习上的快乐。"

据了解，为更好地推进小学语文教材的改革，落实全面"零起点"教学，目前，上海市教委已组织团队，将在2014年下半年，对整套小学语文教材作全面的评估，征集一线教师对教材的意见，为整套教材的修订提供依据。同时，还要求学校通过"开放日"活动、家长会等方式，促进家校互动，及时地调整学校的相关工作。

有关课程的研究已有相当久远的历史可考证，课程的发展亦是个十分漫长的过程。从古希腊的柏拉图、古罗马的昆体良，到捷克的夸美纽斯、瑞士的裴斯泰洛齐、德国的赫尔巴特、英国的斯宾塞都曾做过有关"课程"这一主题的研究。他们在自己所处的时代分别建立起不同的课程体系。

人类文明早期的古代社会的课程与劳动相结合，以生产与生活经验为主，以人文学科为主。紧随其后的古典课程是指从古代社会的课程之后直至文艺复兴之前的课程。这段时间的课程在课程理念上注重哲学思辨，在结构上注重知识的整体性，尚未出现清晰的学科细化，同时注重统治阶级的利益，课程往往与社会生产相脱离。中国西周时期的"礼、乐、射、御、书、数"与古希腊时期的"文法、修辞、辩证法、算术、几何、天文、音乐"等古典课程代表具有上述特征。这一方面是由于学科发展状态仍是较为呆滞，课程倾向模糊的整体，它作为一人发展所需要；另一方面是因为这一时期的课程多以古代圣贤与君主的训诫为内容，有利于统治者培养为统治阶级服务的人才，表现出强烈的古典人文学科特点。

课程的近代化进程经历了"张扬人性"的文艺复兴运动、"倡导天职观"的新教改革运动和"科技与实用"占主导的工业革命运动三大阶段。第一步人们从对中世纪宗教式课程进行深刻的批判、张扬人的尊严、确立人的主体性等问题的思考之中促使课程体系之中开始看到了"人"；第二步在批判人逃避现实的基础上，鞭策人们通过改造世界实现美好归宿的愿望，课程中倡导人的创造性，职业技术教育等思想也随之涌现出；第三步科学技术推动了世界发展和课程改革，科技课程与实用性课程逐步占据重要地位。近现代社会的课程随着资本主义的发展，逐渐向科学技术课程倾斜，人们将视线放在了劳动教育与职业教育课程之上。尤其是美国19世纪后期资本主义发展迅速，美国公立学校运动把小学普及推向一个高度，中学也达到了大众化水平。学校教育的规模扩张，为建立相对完整的课程体系提供了重要的实践舞台。

现代社会的课程在"有限的课程容量与无限增长的知识"这一矛盾基础之上出现了学科课程的结构化与综合化。同时这一时期的课程凸显以下特点：活动课程、潜在课程对学生发展起作用；学科课程与人文课程的协调，即关注学科世界与生活世界的整合；学校课程愈加适应不同学生的需要，课程有了一定的弹性等特点。在这一发展阶段出现了有代表性的三件事。

第一是以杜威为代表的进步主义大力倡导的现代教育运动的推进，从根本上动摇了赫尔巴特于19世纪建立起来的"传统课程理论"，推动了课程领域的现代转型。这一事件被誉为是课程发展史的里程碑。自此，课程发展开始走出教师中心、课堂教学中心、系统书本知识中心的传统"三中心"，转向以儿童发展中心、个人直接经验中心和活动中心的方向发展。第二是1918年博比特的《课程》一书出版。这本著作围绕“效率”问题，建议以当代社会的重大问题为中心来组织课程。这本专著的正式问世标志课程成为一个独特的研究领域。随着课程理论的迅速发展，有关课程的研究逐渐形成了众多课程流派，其中对我国有较大影响的是理性主义的课程理论、经验主义的课程理论和建构主义的课程理论。第三是20世纪40年代泰勒的专著《课程与教学的基本原理》成为现代课程理论的基石，亦是现代课程研究领域最有影响力的理论框架。

根据以上对课程内涵概念的解读，你认为上海小学语文教材修订是“删除古诗”还是“删除文化”？

|第二节|
小学课程的功能

《基础教育课程改革纲要(试行)》提出了“改变课程过于重视知识传授的倾向，强调形成积极主动的学习态度，使获得基础知识与基本技能的过程同时成为学会学习和形成正确价值观的过程。改变课程结构过于强调学科本位、科目过多和缺乏整合的现状，整体设置九年一贯的课程门类和课时比例，并设置综合课程，以适应不同地区和学生发展的需求，体现课程结构的均衡性、综合性和选择性。改变课程内容‘难、繁、偏、旧’和过于注重书本知识的现状，加强课程内容与学生生活以及现代社会和科技发展的联系，关注学生的学习兴趣和经验，精选终身学习必备的基础知识和技能。改变课程实施过于强调接受学习、死记硬背、机械训练的现状，倡导学生主动参与、乐于探究、勤于动手，培养学生搜集和处理信息的能力、获取新知识的能力、分析和解决问题的能力以及交流与合作的能力。改变课程评价过分强调甄别与选拔的功能，发挥评价促进学生发展、教师提高和改进教学实践的功能。改变课程管理过于集中的状况，实行国家、地方、学校三级课程管理，增强课程对地方、学校及学生的适应性。”这表明了国家教育主管部门对实现课程功能转变的态度，同时也为基础教育课程功能指明了方向。下面将从社会功能与个体功能两个方面来简要探讨小学课程的功能。

一、社会功能

小学课程的社会功能主要表现在社会人才的培养、选择、分流和传递文化经验两方面。小学课程对社会人才的培养、选择、分流功能主要是指课程在促进个体社会化，在实现各类人才的选拔和人力资源的合理配置方面所起到的影响作用。帕森斯在《作为社会系统的学校班级》一文中以班级作为分析对象，表明班级具有使学生社会化的功能，同时也有着角色分配功能——人才选拔、分配。帕森斯认为，学校的课程承担着这样的功能：根据选拔的标准亦即根据学业成绩使学生的地位产生分化，进而将这种分化了的地位体系予以合理化。有学者根据帕森斯的这一理论将“课程”界定为“通过创造出关于人才分配标准的社会共识，为间接地维护社会秩序做出贡献的社会机制”[①]。而德里本根据帕森斯的相关理论，考察了“学校中在授受什么”的问题，揭示了学校课程作为人才分配的标准和手段这一特质。这样的理论强调了课程在协助整个社会人才的培养、选择、分流方面所起的社会统合作用，从而维系社会成为一个协调一致的有机整体。

社会的价值观念与行为准则以及一定的社会意识形态皆需要通过学校的课程向广大受众传播，尤其是在如今的义务教育普及程度足以让更多的公民受到文化熏陶的时期。社会行为准则的遵守与文明社会建设需要社会成员具有高度的社会责任感和公民意识，这是一个稳定社会与国家的基本前提。小学课程成为国家对全国小学进行检查与监督的主要依据之一，同时也是衡量一所学校教学质量和国家政策落实程度的准则之一，更易于观察公民当下所处的状态。小学课程为培养合格的社会成员与公民打下基础，小学生在学校的过程中习得社会对他们的基本要求，从而促使其行为符合社会规范。小学课程和其他阶段的课程一样，同样承载着一定量的人类文化。小学课程的内容中包含了基础的人类文化知识和经验，如人之所以称为“人”的道理、基本的社会行为规范、传统的文化礼仪与生活的风尚等皆是小学课程文化的基本内容。通过小学课程的实施，小学生掌握这些基本文化知识和经验是在一定程度上实现了人类基本文化的传承。这样的小学课程是在发挥文化的传递功能。在传递文化的同时，小学课程并没有全盘复制既有人类文化的内容，而是按照其所处社会不同时期的要求对人类文化知识和经验进行适合社会进一步发展的筛选，并对文化中的诸多内容进行“扬弃”式的处理。与此同时，小学课程更加紧扣时代主题，适当纳入最新的文明成果，为自身的发展不断注入新鲜血液，增强自身生命力。所以，在小学课程的实施过程之中人类文化的传递不是简单沿袭，而是在进行着不断地选择、继承和创新。小学课程在文化传递的过程中培养未来合格公民的共同价值观念和基本行为规范方面的作用是最为基础的，旨在形成全体社会成员基本认同感和整体归宿意识，养成社会成员的整合行为习惯，进一步丰富人类文化的内容与形式。例如，韩国教育部为了加强中小学生独岛主权意识，将发行200万本名为《正确了解独岛》的教材，并在全国的中小学中推广开来。下面是中国日报网呈现有关消息的内容[②]。

人民网8月27日讯 据韩国国际广播电台报道，韩国教育部27日表示，为了支持各级学校对学生系统地进行独岛（韩日争议岛屿，日本称“竹岛”）相关教育，已发刊200万部名为《正确了解独岛》的教材，发放给韩国的小学、初中和高中。

报道称，这一教材分为小学用、初中用和高中用三种，由东北亚历史财团编写，具体受教对象是韩国小学六年级、初中三年级和高中一年级学生。

报道援引韩教育部介绍称，这本教材以2011年编写的相关教材为基础，根据韩国修订的《独岛教育内容体系》和《独岛统合宣传标准方针》进行修改和补充，反映了最新的研究成果。

---

①靳玉乐，黄清．课程研究方法论[M]．重庆：西南师范大学出版社，2000：173．

②资料来源：http://www.chinadaily.com.cn/hqgj/jryw/2014－08－27/content_12272839.html．

二、个体功能

20世纪60年代罗杰斯将"来访者中心疗法"迁移至教育领域,"以学习者为中心"的思想得到了迅速扩散。一方面,他认为外在于学者经验的知识是无意义的,只有与学习者经验同化的知识才能真正有用于学习者。同时,学习者是具有潜能的,只需让他们了解如何学习并使自己做出学习决策。因此,"学习促进者"通过为学习者提供各种学校能够获得的资源、氛围帮助其产生有意义的学习才是真正的学习。小学课程正是为小学生能够参与这种真正的学习提供了契机。他们在学校生活中经历多种类型课程,逐渐帮助自我获取生存与生活的方式。人类从原始状态为了生存而努力,逐渐演变到现代化社会为了追求更高的生活而奋斗,尽管对"所追求生活"的理解与定义不同,但是学校的课程学习无疑为幼小的学习者提供了进一步发展的隐形动力。

小学课程所具备的个体功能主要体现在小学课程为小学生认识世界提供整体性、综合性的经验。与大学等其他阶段的课程不同,由于小学生缺少深入分析事物的能力,只能在整体理解的基础之上逐步认识部分。因此自从有小学课程以来,尽管形势与内容会有不同程度的变化,但是为了符合学生认识事物的规律,小学课程注重整体性的特征基本保留。与此同时,小学生处于价值观发展的关键时期,对于社会的价值观念与行为规范的认识皆需要通过学校的课程来加以引导。小学课程帮助小学生形成普遍的社会素质,是促进小学生社会化的有力推手。查尔斯·霍顿·库利在《人类本性与社会秩序》中说道:"脱离了社会秩序就没有人的存在,人只能通过社会秩序来发展自己的个性。"为了孩子的社会化发展,小学课程将最为直接与集中的社会秩序通过显性方式呈现或隐性的形式潜在于小学课程的方方面面。再加上人们对人本关怀的重视,小学课程更加注重在尊重小学生发展的需要上整合社会所需要的知识,通过寓教于乐的方式完成学习任务。小学生直接经验的补充与改正,间接经验的扩大与证明以及一系列基本能力的获得,获得这些在现代社会所需的要素最直接的方式就是通过"小学课程"这一媒介来实现。

课程成为一切教育实施的核心。小学课程一方面是小学生由不成熟到成熟所必经的途径,另一方面课程是国家实现其教育理想的手段,完成其教育政策的工具。为了实现国民能够达到国家教育宗旨及学校教育目标的预期,课程是实现这些所必需的桥梁,这也是小学教育在国家教育系统中长期以来备受关注的原因。

◆资料补充

新学期小学生换新教材①

记者从扬州教育局获悉,新学期扬州市小学生将使用新教材,小学三至六年级使用难度降低的新版苏教版课本,五六年级英语教材增加童话、日记、书信等文体,同时增加语法教学板块。本周新版教材将陆续送至各学校。

---

①资料来源:http://edu.gmw.cn/newspaper/2014-08/28/content_100216896.htm.

小学语文暂无变化。

记者了解到，上海小学一年级语文新课本删去古诗，课文篇目的减少引起家长关注。江苏一年级语文课本从2015年秋季学期开始降低难度，但不删除古诗部分。汶河小学副校长余耀告诉记者："其实，目前使用的苏教版语文教材仍存在一些缺陷。"如选文不够经典，儿童文学作品太少，应用作文教学时序杂乱，区分度不够等。维扬实验小学副校长岳乃红告诉记者"基本没什么变化"，今年将沿用国家课程标准苏教版小学语文教材2011年修订版。苏教版小学语文教材相关编委表示，苏教版小学语文中对一、二年级教材的修订已通过教育部审查，但来不及在2014年秋使用。

新教材有哪些变化？

1. 内容变了

数学：难度降低，增加联系生活。2014年苏教版小学数学教材三至六年级都变了。竹西小学副校长李文富告诉记者，数学教材难度有所降低，增加了与生活的联系，但思维要求没变。如将二三年级的"可能性大小"整合到四年级上册，不再要求用分数来表示可能性，只要求说出可能性大小；删除五六年级新教材中"可能性大小"和统计中位数和众数内容。

英语：增加童话故事、语法板块。邗江教研室英语老师王志强告诉记者，2012年就已开始调整小学英语教材，"板块更加丰富，比如以前都是单一对话，现在有童话故事"。书信形式、日记形式等也首次出现，高年级增加语法板块。

2. 纸张变了

32开变16开，纸张更环保。竹西小学数学老师吴学骞告诉记者，2014年苏教版新版小学数学教材三至六年级都变了，书由32开变16开，使学生阅读更舒适。且从2014年秋季开始，凡列入《江苏省普通中小学教学用书目录》九年义务教育阶段的中小学教科书，将全部采用环保材料和工艺的绿色印刷。

|第三节|
小学课程的主要类型

基于不同的分类标准与维度，学者们对课程类型的不同认识产生了丰富的课程子项目。首先，有以学习理论为基础的西方课程分类①。该种分类通过"以刺激——反应学习理论为依据的课程类型"将课程分为行为主义课程和教育技术课程；通过"以自我知觉学习理论为依据的课程类型"将课程分为人本主义课程和社会改造主义课程；通过"以再认识学习理论为基础的课程类型"将课程分为解放课程和超越个人课程；通过"以社会学习理论为基础的课程类型"将课程分为社会适应课程和学术性学科课程。接着，根据课

---

①张迎．以学习理论为基础的西方课程分类[J]．外国教育研究，1995(3)：11.

程的基本动因将课程分为学科中心课程、学生中心课程和社会中心课程。除了基于学习与课程的价值指向之外，还可以根据具体阶段将课程划分为幼儿园课程、小学课程、初中课程、高中课程、大学课程、研究生课程等。此外还可以在具体阶段做出课程类型的划分。

在高等教育中存在依据专业层级中的位置将课程分为基础课、专业课等形式的分类。而小学阶段作为人一生中极具特殊性的阶段，小学阶段的课程类型与高等教育阶段的课程类型理应存在一定的差异。小学课程分类的实质是明确其外延，通过划分的标准、根据准确将母项——小学课程划分为若干子项。所以，依据划分的原则，一次划分只能采用一个标准、根据，且子项的外延之和应等于母项的外延。到目前为止，小学课程已有的课程分类及其类型依据不同标准可以做出如下的分类。

一、根据课程的组织核心来划分

(一)学科课程

学科课程又称分科课程，是依据教育目标和学习者的发展水平分别从各门学科中选择部分内容，组成各种不同的学科，按照学科的逻辑体系编写教科书，安排它的教学顺序、学习时数和期限的课程。学科课程历史悠久，我国西周的“六艺”(礼、乐、射、御、书、数)和古希腊的“七艺”(文法、修辞、辩证法、算术、几何、天文、音乐)皆是早期的学科课程。目前，世界上的许多国家都采用学科课程的方式来呈现课程。学科课程立足于知识体系和社会需要来设计课程，关注知识本位与社会本位，并围绕知识本身的逻辑体系来编制课程。也正是由于具备这些特点，该种课程有助于学习者获得系统连贯的文化科学知识和继承人类文化遗产，能够在较短时间内把各门学科的基本原理教给学生，使学生在相对较短的时间内系统地掌握和继承人类经过长期实践活动与科学探索所取得的丰厚经验和科学认识。它的主要缺点也是伴随着其特点而存在的，即过多考虑知识的逻辑和体系，难以照顾学生的需要和兴趣。同时，学科分得过细，不利于学生综合地把握事物之间的相互关联。

新中国成立不久，小学开始使用以《小学各科课程标准(草案)》为基本依据设计的小学教科书。随后，小学学科课程设置在逐步更新的过程中得到发展。接着，教育部于1963年颁布了《关于实行全日制中小学新教学计划(草案)的通知》等文件，明确了“语、数”为小学核心课程。在接下来的四十年中，小学学科课程的发展虽然偶有停滞，却迎来了今天日益完备的小学学科课程体系。《国家中长期教育改革和发展规划纲要(2010—2020年)》第四章中明确指出义务教育应“深化课程与教学方法改革，推行小班教学。配齐音乐、体育、美术等学科教师，开足开好规定课程”。

小学学科课程亦是小学分科课程，它依据教育目标和小学阶段学习者的年龄特征，分别有组织、有计划地安排各部分内容并规划学习课程时间及场地等因素，组织若干门学科。它强调各门学科课程自身的逻辑性，其中涉及的知识板块整体上显示出与相关板块的紧密衔接，更易于向学习者展示客观事物与现象之间的内在联系，与此相应的教材组织亦是强调板块间的内在逻辑。该种课程的实质是对知识的执着，尤其是学科系统的课程内容，其中既有出于对永恒学科的价值追求，又有出于对人类文化的共同要素的传承，更有出于对学科结构的深层理解。美国教育家赫钦斯提倡具有训练理智价值的传统永恒学科。基于该种理念，小学学科课程应将“3R”（读书、写字和算术）课程教给儿童。瑞士教育家裴斯泰洛奇基于对德育、智育等的思考，为在小学教育阶段的学科课程设置了具体的教学方法，其中包括算术、几何、历史、地理等学科。美国教育家布鲁纳基于瑞士心理学家皮亚杰的认知心理学，尝试从课程与教材的角度寻找教育改革途径，注重教授学习者各门学科的基本结构。

但是一方面随着对新技术更强烈的需求，科目设置不断丰富，课程体系整体呈现的状态是日益的臃肿。各学科之间的多次重复使得课业负担亦随之成为常提常新的顽疾，在经历了多次课程改革的状态下反而显示出“臃肿课程”的生命力。学科之间的界限孤立了知识之间原有的联系。与学科课程臃肿相矛盾的另一方面是：只有少数科目的课程是有限的，限制了小学阶段学习者的好奇意识和活跃的思维，使其整日埋头于繁杂交错的题海之中。学习兴趣与动机随着学习年限的延长逐渐减弱。对小学阶段的学习者来说，学科课程的该种矛盾直接导致其自由、自主选择学习方式的主权丧失，被迫服从学科课程安排的“教程”，忽视了课程内容至学习者形成自己的知识体系仍需要自身若干内部的自我转化步骤，一味地将“学习者被动接受课程内容”等同于“学习者形成知识”。

尽管小学学科课程存在片面追求儿童智力方面的开发等类似的缺陷，但是这种“小学学科课程”的课程类型无疑便于整合价值取向，推动了社会价值的实现。它注重小学课程的基础性，有助于保证基础教育质量。在课程计划等相关文件中，“小学学科课程”的相关理念随处可见（例如，在小学阶段鼓励有条件的学校开设外语课减少科目）。故此，可以看出其强调达到教育目的的存在意义足以使其长期在小学课程类型中占有一席之地。只是，它需要其他类型课程的帮助，以缓和其自身某些局部尖锐成分的碰撞。

（二）活动课程

活动课程又称经验课程、“儿童中心课程”，是指一系列的儿童自己组织的活动，即儿童通过活动来学习并获得经验，在解决问题的过程中锻炼自身的能力。活动课程的思想可以从卢梭的思想中得到显著的体现，杜威是这种课程的代表。在中国，陶行知先生倡导的“生活教育”“教、学、做合一”以及其他一些实验学校的实验，都与活动课程的相关理念有紧密的联系。活动课程从儿童的需要和个性出发设计课程，把儿童的心理发展顺序作为中心来编制课程，倡导儿童在活动中探索解决问题的方法，在尝试和错误中获得解决问题的能力。这样的课程关注课程与学生的兴趣、需要的切合，为了能够激发学生活动的积极性、主动性，注意教材的心理组织，从而促进学生的智力的发展，培养学生的能力。其存在的主要缺憾是学生获得的知识往往缺乏系统性和连贯性，在人类文化经验的传递过程中会有一定程度的阻碍。

1992 年，国家教委颁布了《九年义务教育全日制小学、初级中学课程计划（试行）》，并将活动课程这一课程类型归纳为六个子类型：晨会（夕会）、班团队活动、体育锻炼、科技文体活动、社会实践活动和校传统活动。我国正式将小学活动课程实践于课程安排，打破了传统课程体系单一学科课程的状况，正视小学阶段学习者的主动性及其个性发展。这是长期以来小学课程转变课程格局取得的实质性进展,其概念亦在时代发展中不断地充实。其中最典型的表述是"活动课程立足于经验",其仍突出表现为以学习者的直接经验为主要内容,以发展学习者的基本素质为指向。再纳入小学阶段学习者的特性,从中我们可以预见经验在小学阶段活动课程中的重要位置。小学活动课程将儿童的发展通过课程类型个性化,倡导小学阶段学习者的自主探索。这是一种将学习者置于课程设计出发点的课程类型,充分考虑学习者的特殊性。它吸取了卢梭的自然教育思想、福禄培尔的儿童天性自然发展等教育家的教育思想,直指传统学科课程给儿童发展带来的诸多弊端,倡导依据儿童的经验兴趣组织课程,促使儿童在获得必需经验的同时对已有知识经验进行完善,即将学习者的经验与需要以及活动置于课程组织的斟酌范畴。

同时,小学活动课程打破了学科的内在联系,容易导致小学活动课程陷入零散地积累生活经验,忽视知识的逻辑性与系统性,完全割裂的课程结构难以保障小学阶段的教育质量。其中20世纪70年代出于对公立学校教育质量的讨伐,美国"返回基础"教育运动打响。至此,小学阶段课程曾多次强调基础知识技能训练和基础学科课程的学习,加大了教育者在学校教育中对学习者的主导作用,加强了课程结构的统一性。在这一时期,美国的小学活动课程和小学学科课程在摇晃中发展。所以,有关小学活动课程在课程设计中"度"的把握是影响小学学科课程全力反弹取得领地的重要因素。

(三)综合课程

综合课程是"将具有内在逻辑或价值关联的原有分科课程内容以及其他形式的课程内容统整在一起的,旨在消除各类知识之间的界限,使学生形成关于世界的整体认识和全息观念,并养成深刻理解和灵活运用知识综合解决现实问题能力的一种课程模式"①。综合课程是指打破传统的学科课程的知识领域,组合两门以上学科领域而构成的一门学科,它是把有内在联系的不同学科、不同领域的内容或问题统整成一门新的学科。只要具有培养和发展学生综合能力、态度和情感的教育内容就是综合课程②。综合课程主要有三种形式:把有内在联系的学科内容融合在一起而形成一门新的学科的融合课程(如把动物学、植物学、微生物学、生理学、解剖学、遗传学融合为生物学);合并数门相邻学科的内容形成的综合课程的广域课程(如社会研究课综合了历史、地理、经济学、社会学、政治学、法学和人类学等有关学科内容);以问题为核心,将几门学科结合起来的核心课程(如以人类生存、环境保护、交通运输、社会组织与管理、娱乐和审美活动等人类的基本活动为主题设计的课程)。其中核心课程的具体做法是:在一定时期内,学生的学习有一个中心,所有的学习活动都围绕着这个中心进行,这个中心就是核心。所以,综合课程可以说是学科课程的一种改进类型,仍有学科课程的性质。其优点在于促进知识的综合化,促进课程内容的更新,密切教学与社会实践的联系,培养学生综合分析问题和解决问题的能力。其缺点主要是教科书的编写较为困难,只专不博的教师很难胜任综合课程的教学,教学也有一定的难度。

---

①有宝华.综合课程论[M].上海:上海教育出版社,2002:25.

②熊梅.综合课程的内涵特点及其生成模式[J].首都师范大学学报(社科版),2000(6):116-121.

英国教育家怀特海在其《教育的目的》一书中率先提出为了避免儿童在接受教育的过程中形成“呆滞的思想”，这样的“一个人仅仅见多识广，他不过是这个世界上最无用而令人讨厌的人”。为防止教育培养出这种“无用且令人讨厌的人”，怀特海提出不可教太多的科目和所教科目要透彻的两条基本戒律，因此对科目进行简化和改变科目分离状况被怀特海认为是课程设置的首要要求①。2001 年颁布的《基础教育课程改革纲要（试行）》，把“课程综合化”作为改革目标之一，明确提出：“改变课程结构过于强调学科本位、科目过多和缺乏整合的现状，整体设置九年一贯的课程门类和课时比例，并设置综合课程，以适应不同地区和学生发展的需求，体现课程结构的均衡性、综合性和选择性。”

我国教育部于 2001 年 11 月发布的《教育部小学课程设置标准》明确指出：“设置综合课程。一至二年级设品德与生活课，三至六年级设品德与社会课，旨在适应儿童生活范围逐步从家庭扩展到学校、社会，经验不断丰富以及社会性逐步发展；六至九年级设科学课，旨在从生活经验出发，让学生体验探究过程，学习科学方法，形成科学精神；一至九年级设艺术课，旨在丰富学生的艺术经验，发展感受美、创造美、鉴赏美的能力，提高审美情趣。增设综合实践活动，内容主要包括：信息技术教育、研究性学习、社区服务与社会实践以及劳动与技术教育等。使学生通过亲身实践，发展收集与处理信息的能力、综合运用知识解决问题的能力以及交流与合作的能力，增强社会责任感，并逐步形成创新精神与实践能力。”如此以文件的方式强调综合课程在小学的设置，足以说明小学综合课程在我国小学课程中的重要程度。实施综合课程亦成为现代科学向协同化和综合化发展的必然结果。

二、根据课程的存在方式及其地位作用不同来划分

（一）显性课程

显性课程是以课程标准、教材等显性的方式在学校中实际运行着的课程。显性课程是学校课程的主要形式，是学校或教师公开承认的部分，是教学的主要载体，也是传统教育中最为重视的部分。它对学生的发展具有直接的明显的影响，通常是通过课堂学习等正式学习的方式来进行的。一般的显性课程是由国家颁行的、列入教学计划之中的课程，包括分科课程、综合课程和列入教学计划中的部分活动课程。

（二）隐性课程

隐性课程又称“潜在课程”“隐蔽课程”。“隐性课程”一词最早是由美国的杰克逊在 1966 年提出的。隐性课程是指学生从学校组织的学习方式、教学方法和人际交往等之中获得的课程体验。构成学生这种非正式、非常规学习的各种因素有：学校的物质与文化环境、师生关系、课堂规则、教科书中的背景内容以及课堂奖惩方式等，这些因素能够对学生产生有效的影响。隐性课程通常不是国家颁行的，也未明确地列入教学计划之中，而是学校通过物质的、文化的和社会关系结构的教育环境和有意或无意地传递给学

---

①［英］怀特海. 教育的目的［M］. 徐汝舟译. 上海三联书店，2002：3.

生学术的或非学术的非公开性教育经验。通常隐性课程具有整体性、非公开性、依附性、潜隐性、差异性、愉悦性以及结果难以量化等特点①。早期在学校刚刚兴起之时，非常强调社会控制规则与规律。随着学校教育的发展，规则、规律等就成为众人默认的理所当然，没有必要总是纳入正规的教学计划，而把它们渗透在学校日常生活之中，这样的规则与规律也就变成了隐性课程的构成部分之一。

在1991年出版的《国际课程百科全书》中，范兰斯对隐性课程作了详尽的界说。她认为隐性课程是指那些在课程指导和学校政策中并不明确的学校教育实践和结果，即使如此，它仍然是学校经验中经常而有效的一部分。隐性课程也许被认为是不公开的、非预期的、隐含的或未被认识的；“潜在”的意图和程度随着作者关于这种现象的观念而变化，但一般来说，这个名词仍然是不精确的②。

对于处于小学阶段的孩子来说，小学课程的文化传递功能主要是通过隐性课程和显性课程两种途径来发挥的。其中显性课程包括日常的教学、游戏以及参观等教师通过预先制订的计划逐步展开的日常活动。而隐性课程既可以指由偶发事件所引起的教育活动，也可以指小学生无意识地接受的教育影响，这即隐性课程的作用。大量的人类文化是以潜在的方式传递给学生的。小学学校及其班集体环境、氛围，儿童读物、玩具，儿童影视，甚至小学生的社交活动本身无不隐含着大量的文化信息。他们通过隐性课程获得的社会文化的知识和经验对其社会化的作用是不可低估的。杰克逊在考察教室生活后指出：“潜在课程对儿童的社会化影响比正规课程有力”③。这从侧面说明了小学课程的文化传递作用

三、根据课程设计、开发、管理的不同主体来划分

(一)国家课程

国家课程是由教育部主管，“负责制定国家课程政策，决策重大课程改革；制定指导性课程计划；制定必修科目国家课程标准，审查并向全国推荐学科教材；指导检查地方课程管理工作；审批地方重大课程改革试验；制定升学考试制度，指导升学考试的实施，确定某些课程管理权限的下放”④。从广义上来说，国家课程指国家有关部门制定和颁布的各种课程政策，如教育部制定、颁布的课程管理与开发政策、课程方案，各类课程的比例和范围，教材编写、审查和选用制度等。从狭义上来说，国家课程是指国家委托有关部门或机构制定的基础教育的必修课程或称核心课程的课程标准或大纲⑤。国家课程作为一级课程，侧重于学习者的基本素质要求，强调课程内容的一致性，体现出较强的统一规定性和强制性。

---

①靳玉乐.潜在课程论[M].南昌:江西教育出版社,1996:33—37.

②靳玉乐.潜在课程论[M].南昌:江西教育出版社,1996:23.

③Jackson. P. W. Life in Classroom[M]. New York:Holt Rinehart and Winston:1968.

④王而冶.课程体系三级管理的意义、功能及其运作规范[J].课程·教材·教法,2000(5).

⑤许洁英.国家课程、地方课程和校本课程的含义、目的及地位[J].教育研究,2008(8):32.

(二)地方课程

地方课程是“根据国家有关规定和本省(自治区、直辖市)实际,确定本省执行的课程计划和必修科目课程标准;确定本省课程改革方案,报国家教育部批准;审批县以上教育行政部门组织编写的选修教材、乡土教材;审查省编教材(包括经批准编写的、在相应行政辖区内使用的教材);指导市(地)、县教委选用教材;指导、检查各地课程管理工作,确定中考实施办法,指导考试工作确定某些课程管理权限下发”①。地方课程也有广义和狭义之分,广义的地方课程是指在某一地方实施和管理的课程,既包括地方对本地国家课程的管理和实施,也包括地方自主开发的只在本地实施的课程;而狭义的地方课程专指地方自主开发、实施的课程。在一般情况下,人们所谈的地方课程都是狭义的地方课程②。地方课程具有区域性、本土性的特点,通常在一定区域范围内开设。

由国家课程与地方课程分类中的矛盾关系,转向于国家课程与地方课程的分类中为学校课程留下生存空间。在缩减国家硬性规定的同时为因地制宜、因校制宜留下了选择的余地。统一的国家课程与相对适宜地方特色的地方课程相结合使得课程实施更接地气,同时在中国这样民族与地区具备多样性的国家更加能够满足不同学习者多维度的要求。

(三)校本课程

校本课程也有广义和狭义之分。广义的校本课程指的是学校所实施的全部课程,既包括学校所实施的国家课程、地方课程,也包括学校自己开发的课程。而狭义的校本课程专指校本课程,即学校在实施好国家课程和地方课程的前提下,自己开发的适合本校实际的、具有学校自身特点的课程。目前,人们习惯将学校自己开发的课程称之为校本课程,以区别于广义的学校课程③。校本课程作为发展学习者兴趣与形成学习者特长的基本途径,它是学校根据自身的教育理念充分利用各种课程资源为学习者开发的多样化课程,体现了学校的办学特色,是提高教育质量的重要环节。

四、根据学习者关注课程出于被迫或自由意志的不同动因划分

(一)保育型课程

保育型课程作为保证学习者物质的存在方式,提供其生活与生长必备的信息、知识及经验,保证学习者作为一类物种得以延续。这种看似最底层的课程类型却也是最基本的课程类型,是其他课程类型得以施展的基石。

(二)延伸型课程

延伸型课程是积极作用于学习者精神、人格健全发展的一类课程。它通过对学习者的文化熏染,将学习者置于广阔的未知世界。是从根本无心于有关课程的思考→有所耳

---

①王而治.课程体系三级管理的意义、功能及其运作规范[J].课程·教材·教法,2000(5).
②许洁英.国家课程、地方课程和校本课程的含义、目的及地位[J].教育研究,2008(8):32.
③许洁英.国家课程、地方课程和校本课程的含义、目的及地位[J].教育研究,2008(8):32.

闻→迫于外界压力而介入任务关注课程，或是积极寻找课程中的兴趣点沉浸课程之中→反省课程，发现其中的问题，并给予积极关注→最终能够基于问题寻找可能解决问题的新型课程。不过需要倍加留意的是：学习者在每一课程承接端口皆有可能失去对课程的信心。

（三）动态型的课程

动态型的课程是作为人的社会性在与他者交往中产生的计划外课程。它产生于实时交往过程中的不可控因素，是学习者由最初的零度自主选择意识到自我意识觉醒的动态体现。

从自身多年处于的学习者的角度审视课程分类时，我们发现随着学习者自主选择意识的不断增强，其关注课程是出于被迫或自由意志的不同动因促使了这种课程划分类型的产生。各种课程类型在学习者终身学习过程中发挥不同导向的作用，同时它们在每一阶段的存在占有比例的差异。

除了上文所提及的一个主要分类、两个常用分类标准和一个从学习者自我意识变化产生的课程类型划分以外，还存在：(1)根据课程运行的维度将课程分为理想课程、官方课程、校方课程、所教课程、所学课程和所得课程①。该种分类将课程的社会性与个体经验的不同提到课程运行过程的议案中，从前至后的或是从后至前的逻辑顺序亦是在不同学者的价值支撑下显示出其特征。思考的出发点折射出基于不同课程主体、课程类型背后的价值理念，直接代表社会、学习者或课程自身学科发展的利益；(2)根据学生学习选择的自由度的不同，课程可以分为必修课程和选修课程。必须学习的课程为学习者在国家统一制度下对教育公平地追寻在一个基本线上提供基准保障，同时为主流价值观的感染建设运转平台，成为国家对教育实施作用与控制的有力途径。选修课程在彰显学习者在课程选择中的个体自主权利的同时，给予其可能发展的方向与生存活力的追求；(3)依据学科将课程分为语文、数学、政治、化学、地理、生物、综合实践等具体课程形式等等。

在了解诸多课程类型之后，我们发现小学课程类型应该有其独到之处。儿童在小学阶段具有主动发展的特性，更难能可贵的是其可塑性强。所以根据儿童性格特征等方面的因素，在适宜的课程类型下帮助其健全发展是小学课程分类的落脚点。

◆资料补充

德国小学课程发展现状②

德国小学课程基本情况

德国于1990年10月3日统一后，制定《1990年学制基本结构》，要求儿童满6岁入学，基础学校修业4年（有的州为6年）。常设德语、数学、音乐、手工、美术（艺术）、体育、促进课、物象教学（常识、自然与常识）等。每周上课时数从一年级的24课时增加到四年级的27课时。每个班平均20人，约1∶20的师生人数。学生在第四学年结束时准备进

①黄甫全.课程与教学论[M].北京：高等教育出版社，2002：83－87.

②冯增俊，潘立，张璇等.当代小学课程发展[M].广州：广东高等教育出版社，2006：99－101.

入三种不同类型的学校，即初级中学、实科中学和完全中学或一体化综合学校。孩子进入哪一类学校，一般由家长意愿和学校按学生平均分数和教育鉴定提出的建议为准。

20 世纪 90 年代初，德国统一，苏联、东欧剧变，欧洲一体化进程加快，经济全球化趋势明显，德国面临严峻的挑战。战后德国经济发展依赖机械制造、化工等传统工业，而对电子、信息产业和生物工程等新兴领域投入不足。后受亚洲、拉美和俄罗斯金融危机影响，工业生产下滑，失业问题给经济和教育带来隐忧。

教育对象发生变化。德国社会发生的变化使教师处于束手无策的境地。一是独生子女增多，50％的学生无兄弟姐妹；二是离婚率高，约 200 万学生生活在单亲家庭中；三是娱乐电器占领学生生活领域，在 9 至 10 岁儿童中，34％的儿童单独拥有电视机，62.5％有单放机，1/5 的人每周为此耗费 40 小时。教师对此毫无思想或心理准备。巴符州统计 90％的教师对教育学生感到困难；汉堡州 90％的教师无法坚持到退休。

教学方法和内容逐渐过时。德国的教育目标是要学生研究"纯科学"，培养科学尖子，由此形成了完全自成体系、几乎与外界隔绝的教育制度。从小学开始，学生学习目的是为升中学，继而升大学，再进行科学研究；教育经费由国家提供，教育内容完全由国家、科学家和教师确定。

本章小结

本章主要介绍了小学课程的意义。第一节从教材、学科和经验三个方面阐述了小学课程的概念；第二节介绍了小学课程的功能，主要包括社会功能和个体功能；第三节主要介绍了小学课程的类型，从不同的角度看小学课程有不同的类型。

复习与思考

1. 在你看来，小学课程的内涵是什么？
2. 小学课程有什么功能？
3. 如何看待小学课程的社会功能？
4. 小学课程的类型有哪些？

第三章
小学课程设计的取向

◆**本章重点**

①小学课程设计的基本含义

②小学课程设计取向的价值内涵及其特征

③小学课程设计的知识中心课程取向

④小学课程设计的学习者中心课程取向

⑤小学课程设计的社会中心课程取向

课程设计是课程研制和教学过程中最富创造性的活动与课题。课程设计实质上是人们根据一定的价值取向，按照一定的课程理念，以特定的方式组织安排课程的各种要素或成分，从而形成特殊课程结构的过程及其产物。换言之，课程设计是基于对课程资源的选择、课程要素的优化组合，以及目标和内容或学习经验的选择确定，旨在确定课程的组织形式和组织结构。课程设计形成的产品是课程方案。

|第一节|

小学课程设计取向的价值内涵

课程设计取向是课程设计在价值层面的决策，对整个课程设计活动起定向和统摄作用。课程设计取向是指课程设计人员依据社会的需要与个体认知对课程价值所选定和追求的方向。现代课程设计特别是最优化的课程设计，不仅要求从实际出发，而且必须追求课程的最大价值，取得课程设计的最佳效果。课程设计取向是课程设计的价值尺度和检验标准，是科学设计课程的依据和动力。在小学课程设计实践中，必须明确小学课程设计的价值取向，此乃开展小学课程设计的基础和前提。

一、小学课程设计需考虑的方向性因素

课程设计是一项复杂的系统性工程，既受到一定社会政治、经济、文化等的制约，又受到学习者、课程观等因素的影响。概言之，影响课程设计的因素包含两个层面：一是存在性事物，即对课程产生着影响的各种客观存在的事物，是纯粹的客观存在，不受人的主观意志和能动反映的影响。比如，儿童身心发展本身、社会现实状况本身以及教育活动本身，对课程产生着巨大的影响，它们本身就是处于纯粹的客观存在状态。二是人们对于存在性事物作为影响因素的认识和观念，这可能是系统化了的理论，比如教育心理学、格式塔心理学、教育理论等等；也可能是生活经验和工作经验的积累，比如，许多家长对孩子升学的教育需求、一些教育政策等等。① 目前国内外学者关于影响课程设计的因素问题，尚未达成一致共识。从小学课程设计的实际情境出发，综合国内外学者的研究，小学课程设计需要考虑的主要方向性因素有三点：一是知识或文化，二是社会，三是学生。

（一）知识或文化

知识或文化，在来源上决定课程内容的发展变化。在原始社会时期，正是人们在渔猎、采集果实、举行祭祀活动中积累了一定的知识经验后，这些知识经验进入教育活动而产生了课程。以后随着人类的知识经验的不断发展变化，学校课程的内容也不断地发展变化。课程材料是课程的一种物化形态，是课程传统和现行课程的一种特殊表现。其中的教学材料，特别是课本，是课程传统的载体，表征着课程是怎么样的。课程理论是对课程传统和现行课程的系统认识成果，它源自过去和现在，却指向未来，建构着人们的课程理想，决定着课程发展可能和应该到哪儿去。

（二）社会

社会在选择标准上决定课程内容的发展变化，在宏观上决定课程结构形式的发展变化。这类因素包括法律、政治、经济、宗教、课程政策和知识技术等。知识经验越来越丰富，不可能全部进入学校成为课程内容，人们不得不从中选择出一部分，分门别类作为学

① 黄甫全. 课程与教学论[M]. 北京：高等教育出版社，2003：73.

校的课程。选择及分门别类的标准，最初是通过社会习俗，以后主要是通过法规的形式制定的。这样，社会通过制定标准，来决定课程的内容、阶段、类别结构。

(三)学生

学生在微观上决定课程结构形式。这类包括发展心理、学习心理和性别研究。发展心理对课程的宏观结构产生决定性的影响作用，学习心理对微观的课程内容结构和课程形式结构产生决定性的影响作用。性别研究是过去所忽视了的，近来开始为人们所关注。女性研究首先对大学课程设置和中学课程设置产生了影响，进而开始对幼儿园和小学课程产生影响。课程效果主要是对学生的学习而言，课程效果实质是课程功能发挥问题，功能是由结构决定的。所以为了使课程效果实现最佳状态，儿童的身心发展规律和学习规律，是课程内容组织的客观依据。这样，学生的身心发展需要和学习需要，就直接地决定着课程内容中知识点与知识点相互作用的微观结构。

知识、社会和学生总是综合地影响小学课程设计，其中任何一个因素的发展变化，均会导致其他两个因素的变化，从而促进课程内容、形式、结构等的整体演进。为正确理解和把握三因素在小学课程设计中的作用机制，我们需深刻领悟以下三点内容。(1)社会因素起主导作用不等于以社会为中心，也不等于社会决定论，因为影响课程设计的社会、知识、学生三因素是一个整体，而知识、学生两因素都有制约课程的独特作用。(2)社会因素起主导作用不是绝对的，而是相对的。当课程设计严重忽视学生因素的制约作用时，就需着重反映学生因素对课程设计的客观要求。(3)要妥善处理好三大关系：第一，人的发展与社会发展的关系。学校课程的内容是要把社会历史积累下来的智慧成果传给下一代，使其成为社会发展所需要的人。因此，课程设计必须坚持人的发展与社会发展的统一。个人的发展不能离开社会的发展，在考虑社会发展时也不能无视个人发展，割裂二者的关系就可能偏向学生中心或社会中心。第二，逻辑结构与心理结构的关系。逻辑结构是指学科本身的结构，心理结构则是指适合学生学习的结构。课程设计必须在坚持科学性的前提下，使课程的逻辑结构与学生的心理结构统一起来，以便消除学科中心与学生中心各自的不足。第三，知识结构与社会结构的关系。人类长期积累的文化遗产是系统化、结构化的知识结晶，而不同社会对知识结构的选择有不同的旨趣，在课程设计中有学科中心与社会中心的分歧，消除的途径之一就是把知识的结构与社会的结构统一起来，使二者兼顾。①

◆学术争鸣

坦纳夫妇通过总结20世纪中前期学者对影响课程设计因素的相关研究(见表3-1)，发现学生、社会需求及系统的学科体系是影响课程设计的三个基本因素。②

---

①汪霞.课程理论与课程改革[M].合肥：安徽教育出版社，2007：165.

②Daniel. Tanner，Laurel. Tanner. Curriculum Development：Theory into Practice[M]. New York：Macmillan，1975.

表 3-1 课程设计的影响因素

学者	影响课程设计的因素		
杜威(1902)	学习者(发展的未成年的个体)	社会(来自成人社会的社会目标与经验)	反思性的、系统的、与生活相关的知识(学科内容)
英格里斯(1910)	学习者(的特性)	社会(的需求)	知识与方法(知识应用到生活实践)
拉格(1927)	学习者(特征与兴趣)	成人生活(的需要)	课程(选择与组织)
博得(1931)	学习者(的兴趣)	实践者(立场)	逻辑的系统的学科内容
塔巴(1945)	学习者(研究)	社会(研究)	学科内容(研究)
泰勒(1949)	学习者(的研究)	学校外的社会生活(研究)	学科专家(建议来自学科领域,但不是为了培养学科专家)

克拉克总结了影响课程设计决策的10种因素:公众、政治领袖、教材出版商、考试中介、传媒、大专院校人员、教育专业团体、中央部门、教师团体、个别教师。

王策三考察了影响课程设计的内部因素:内部因素包括课程的历史传统、教学论特别是课程论观点、课程自身发展的相对独立的规律。

钟启泉提出影响课程设计的根本因素是政治因素、经济因素和国际因素,而把知识观、学生观、课程观作为影响课程设计的认识因素。

陈侠提出了影响课程设计的8种因素:社会生产的需求、科学技术的进步、教育宗旨的规定、培养目标的要求、哲学思想的影响、社会文化的系统、儿童身心的发展以及学校类型和制度。

二、小学课程设计的特征

课程设计要随着社会的发展、时代的变化做出相应的调整,在课程设计取向、课程目标、内容等方面都要有所变化,以适应新时代对学校教育提出的要求。新一轮课程改革是对以往课程改革的继承与发展,既吸收了以往课程改革的成功经验,又在课程取向、目标、结构等方面有诸多的创新。新一轮课程改革基于对学生个人发展与社会进步之间关系的辩证认识,在课程的设计取向上以学生的发展为本,以创新精神和实践能力的培养为重点。这种认识并不是矫枉过正地把课程设计取向从社会本位推到学生本位,而是认为只有个性与能力得到充分发展的人才能更好地为社会做贡献,更有效地推动社会发展,从而实现学生发展与社会进步两种需要的根本统一。因此可以说新一轮的课程改革代表着我国课程设计的发展方向。在新课程改革背景下,小学课程设计亦呈现出一些新的特征。

(一)增强课程的适应性

我国以往的小学课程设计采取的是集中统一的模式,课程以国家为主体进行设计,无论城市乡村,开设的都是同样的课程,讲授的是同样的内容,在课程结构上,学科课程一统天下。这样忽视了我国不同地区之间存在的差异，也忽视了不同学生之间客观存在的差异，容易造成学生片面的发展。这些都是课程设计要加以解决的问题。为解决这些问题，我国在20世纪80年代的课程改革中便开始试行“一纲多本”的教材开发策略，90年代又对课程管理模式进行了尝试。新一轮课程改革继承了以往这些研究的成果，把课程结构的调整作为课程改革的具体目标之一。采取的主要措施有以下两点。

1. 优化课程设置。除学科课程之外，自小学三年级开始至高中，增设综合实践活动课并以之作为必修课。初中“应努力创造条件开设选修课”，高中“要设置丰富多样的选修课程”，从而建立了学科课程、活动课程、必修课程、选修课程合理并存的课程结构。

2. 明确实行国家、地方、学校三级课程管理体制，纵向的课程结构上以国家课程为主，给予地方课程、学校课程适度的空间，以增强课程对地域、学校差异的适应性。

（二）体现基础性与探究性

在当今信息时代的条件下，知识数量飞速增长，知识更新的周期大大缩短，学生步入社会后在校学习的知识迅速老化。基础教育无力再扮演将未来工作所需的所有知识传授给学生的角色，而必须在终身教育的背景下重新定位。其所应承担的任务一方面要由“授之以鱼”转变为“授之以渔”，使学生通过学校教育学会学习；另一方面要把各学科中最基本的概念、原则、原理教给学生，使他们获得继续学习的宽广而扎实的基础。这一要求反映在课程内容的设计上，就是要精选终身学习必备的基础知识和技能，突出课程内容的基础性、范例性，使学生在有限的学校教育时间内学习最具生成性的内容；此外还必须在学生的学习方式上改变以往那种强调接受学习、死记硬背、机械训练的学习方式，进行学生主动参与的、以问题解决为主的探究性学习，以激发和保护学生的好奇心和学习兴趣，培养学生在已有基础上终身学习的能力。

（三）注重学生发展，贴近生活实际

我国历次课程改革都把培养全面发展的人作为总的目标和指导方针，但由于课程设计取向、考试制度等方面存在的问题，造成实际的课程目标上重认知轻情意、重结果轻过程，导致学生事实上的片面发展。为克服这一弊端，此次课程改革在已有经验的基础上，在总的课程目标下设立三方面的分目标，具体规定了对学生知识与技能、过程与方法、情感态度与价值观的要求，使学生不仅掌握终身学习必备的学科基础知识、基本技能，而且了解、体验、掌握如何提出问题、分析问题、解决问题的方法与过程，同时形成健康向上、科学合理的情感态度与价值观。实现这一目标的关键就是要摆脱我国以往课程脱离学生的生活实际，忽视学生已有经验的弊端，加强课程内容与学生实际生活的联系，关注学生的学习兴趣和经验，使课程真正回归生活世界，让学习成为学生喜欢的一种充满生命力的生活方式。

（四）加强课程的综合化

课程综合化是当前国际课程改革的重要趋势之一，20世纪80年代中期在我国逐渐引起了重视，相关研究也开始展开。除了理论上的探讨外，实践中也进行了大量的探索和尝试，如浙江省和上海市进行的较大规模的综合课程试验。这些试验虽然在课程设计等方面还存在许多不足，但在某些方面已经显示出了它的优势，如有效地激发学生的兴

趣，帮助学生在所学各学科之间建立联系，对学生问题解决能力的培养效果更佳等。因此，新一轮课程改革在以往成功经验的基础上，把课程综合化推向深入，将综合课程置于课程结构的重要地位。小学阶段以综合课程为主，设置品德与生活（低年级）、品德与社会（高年级）、体育与健康、艺术等课程；初中阶段设置分科与综合相结合的课程，其中综合课程方案中包括历史与社会、科学、艺术、体育与健康等课程，并且鼓励各地选择综合课程方案；在小学三年级至高中新设置的必修课——综合实践活动，也属于一种跨学科的综合课程。这些综合课程在设计上相对于我国以往的综合课程，在整合的广度和强度上都有所突破，并且整合得更加自然。值得注意的是，即使在分科方案的设计上，各学科也注重了与相关学科的相关内容的整合，这是对在我国长期实行分科课程的条件下逐步渗透课程综合化思想所进行的必要探索。

三、小学课程设计的主要取向选择

课程设计指课程的实质性结构、课程基本要素的性质，以及这些要素的组织形式或安排。如何安排课程的组织形式或结构？通常需要考虑两个层面：一是基本的价值选择，二是方法技术。基本的价值选择包括三个方面——学科、学生、社会，这就是课程设计的三大基础。方法技术涉及对课程各要素的安排，即课程的组织结构问题，其中包括横向的组织和纵向的组织。

按照课程设计价值取向的不同，在课程的研究和发展过程中，小学课程设计有三种基本的取向——知识中心课程取向、学习者中心课程取向、问题中心课程取向。下面我们分别探讨这三种设计以及每种设计中课程要素的组织。①

（一）知识中心课程取向

知识中心课程设计的理论假设是，学校教育的目的在于把人类千百年来积累下来的文化科学知识传递给下一代，而这些文化科学知识的精华就包含在学校设置的各门学科里。为此，知识中心设计强调从科学门类及分科知识体系出发，以知识为中心设计课程。

（二）学习者中心课程取向

学习者中心课程设计强调学生的个性发展，关注学生的兴趣、需要和目的，使课程适应学习者，而非学习者适应课程。它没有预定的详细计划，而是在教育教学活动中由教师和学生共同设计课程，重视发挥学生的主体作用。它的目的不在于要求每一个学生接受所有学科规定的内容，而在于强调每一个学习者能够得到个体的充分自由的发展。即学校活动是以学生的需要和兴趣为基础的，学生的学习动机是内在的，学习目的和学习任务也不是由外部强加的，因此学生有可能主动地探究和获取学习内容。

（三）社会中心课程取向

社会中心课程取向在某种意义上是知识中心课程设计和学习者中心课程设计的改进。知识中心课程设计抓住了学科的内容而忽视了学习者的活动，学习者中心课程设计注重了学习者的活动又忽视了学科的内容。如何能够寻找一条把学科内容和学习者所处的情境相互渗透的设计形式，使学习者既学到学科内容，又增长解决实际问题的本领，

---

①李方．课程与教学论[M]．南京：南京大学出版社，2005：153－156．

社会中心课程设计试图进行这方面的尝试。社会中心课程设计的重点是关于个人和社会生存的问题，既强调内容又强调学习者的发展。课程的水平组织由所学习问题领域的范围和分类来确定。内容是以问题的相关性为基础来加以选择的，在很大程度上以学生的需要、关切和能力为基础。

|第二节|

知识中心课程取向

知识中心课程取向也被称为学科中心课程取向，以斯宾塞、赫尔巴特、布鲁纳为代表，主张学校课程设计应该以学科的分类为基础，关注学科知识本身，以学科教学为核心，以掌握学科的基本知识、基本规律和相应的技能为目标，重点探讨学校教育应该选择什么知识、如何组织知识等问题。

一、知识中心课程取向的代表流派

知识中心课程取向的基础是理性主义，强调把知识的来源与选择、组织与学习作为课程设计的中心问题，主要探询知识的逻辑分类、阶段划分以及生成途径等问题。学科中心课程设计其实不过是理性主义在教育领域的应用而已，其中代表流派当属要素主义课程取向和永恒主义课程取向。

（一）要素主义课程取向

要素主义课程取向，也被称为"本质主义课程取向""精粹主义课程取向""精华主义课程取向"等，兴盛于20世纪30年代的美国，以巴格莱、贝斯特为代表，强调文化的价值具有永恒性和客观性，关注课程的内容应该是人类文化的"共同要素"，提出课程设置原则中首先要考虑国家和民族的利益，学校课程应该给学生提供分化的、有组织的经验，授予学习者社会所必需的"共同知识"和"共同价值"，促进学习者掌握社会所要求的"起码的知识、技能和态度"。这种课程取向强调知识是最有价值的学习经验，学科课程是最有效率的知识组织方式。

要素主义课程取向者认为，课程的目的在于理智和道德训练，促进社会进步与民主，让公民在理智和道德训练中保存人类文化遗产。课程的内容是"人类共同文化要素"，传授人类种族传递下来的共同经验和文化精神，其中"共同的文化要素"包括共同思想、共同理解和共同准则等，涉及学习习惯和基本技能、观念和概念等知识、理想或情感化的准则以及理论观念和顿悟等四个方面。该取向关注学科课程和教材的逻辑组织，强调学校教育应该设计一套稳定而系统的课程，提供分化了的、有组织的知识，让每一门学科都有特定的组织方式，让学习者在学科知识的学习中达到智力训练的目的。该取向注重教师权威下的接受式学习，强调理智训练和系统学习时严格训练和艰苦钻研的过程，其中巴格达认为"成年人对未成年人所负教导和管束的责任，对于人类的未成熟期和必需的依赖期具有生物学的意义"。该取向还强调制定严格的学业成绩评价标准，反对进步主义教育完全放弃以严格的学业成绩标准作为升学的条件，让全体学生"按照预定时间表"升学，坚持以严格的学业成绩标准作为课程评价的核心。

(二)永恒主义课程取向

永恒主义课程取向,也称为“古典主义课程取向”“古典人文主义课程取向”,产生并兴盛于20世纪30年代的美国,影响遍及英法等欧洲国家,以赫钦斯和阿德勒为代表,其实质是为永恒不变的东西,为宇宙、人性、知识和真善美的不变作辩解,认为教育内容或课程涉及的第一个根本问题就是:为了实现教育目的,什么知识最有价值或如何选择学科,那就是具有理智训练价值的传统的“永恒学科”。并进一步阐明了名著课程和教材所具有的优越性,认为学习名著比学习一般教材更能对学习者的智力提出挑战,更能促进学生智慧和理智的发展。

永恒主义课程取向者强调个人的完善是理性、道德和精神等诸多方面充分的发展,深信理性原则,认为“认识要经历从全然无知到经验和意识的水平,再到理性和精神的水平”,认为课程的目的在于促进学生理性的发展,将培养人的理性作为教育教学的最高目的。课程的内容是“永恒学科”,注重教育内容的永恒价值,把文化遗产放在一个很重要的位置,认为“永恒”是教育的基本原则,课程是社会文化的综合,是人类知识精华的浓缩,尤其是古希腊和古罗马的经典著作当属学校课程的名著教材,是“永恒学科”的典范。该取向关注教师指导下的学生主动学习,认为教育教学不能一味迁就学生的愿望和兴趣,学生应该有责任感和义务感,在教师指导下学习,服从教师的管教,但是这种严格管教并不等同于教师的灌输法,而是主张在教师指导下师生合作学习,推崇苏格拉底的问答法和读书法。

二、知识中心课程取向的特征

知识中心课程取向的理论基础是理性主义,该取向把知识的来源与选择、组织与学习作为课程设计的中心问题,主要探寻知识的内在逻辑分类、阶段划分以及生成途径等问题。值得注意的是,知识中心课程取向是理性主义在教育领域的应用。知识中心课程取向的目的重在学习每一学科的重要知识,以促进学生的智力和理性思维发展,进而开拓人类的文化遗产。其学习内容注重选取每一学科的知识精华,以学科的结构作为课程内容组织的基础,在教与学的方法上注重教师的解说和教导式的教学法,在教学评估上强调评估学生的学科知识,一般采用常模参照。关于知识中心课程取向的特征,主要从以下三方面来论述。

(一)强调课程目标

课程目标是教育目的的具体反映。从教育目的来看,知识中心课程取向是在特定的社会发展背景下为保持国家和社会的稳定和发展,提高教育质量而服务的。相对于教育目的,知识中心课程取向提出的课程目标表面上看来是以学生发展为取向的,而实质上仍然是以社会需要为价值取向的。他们是要通过对学生的理智训练和发展智力,使学生成为社会稳定所需要的、能理智生活和控制天性冲动的理智人、理性人和促进社会科技发展的精英。要素主义者提出课程目标就是实现个人理智和道德的训练,理智的美德是由理智能力的训练而获得的习惯。永恒主义者提出课程目标就是培养学生的理智,使学生成为“有理性”的公民去参加未来的社会生活。所以说,知识中心课程取向的目标尽管在具体内容、方式和表达上存在差异,但是其精神实质上是一致的。

(二)强调知识的系统传授

知识中心课程取向认为,教育的最基本功能就是知识的传递,就是让下一代掌握人类长期以来形成的优秀文化遗产。为了实现这一功能,就是靠课程、教材这一知识的载体来取得的。无论是要素主义者还是永恒主义者都主张课程要发挥知识传递的价值。其中,要素主义者特别重视种族经验和社会文化遗产,认为只有知识才能保证人们成为能够掌握自己与环境的秩序的"理性的主人",并发现自己的目标和达到这个目标的手段,从而能够完善自己。布拉梅尔德指出,要素主义的课程是"以民主的文化中共同和最低的知识、技能、态度为基础的丰富而连续的课程"①。永恒主义主张设置"永恒的学科",所谓永恒的学科就是历代哲学家、思想家的伟大著作,它们适用于知识的每个部门。他们提出了从小学到大学的一整套学校课程计划,目的就是为了让学生掌握完整系统的古典文化知识,从而成为具有"理性精神"的人,能够维护现存社会的稳定。

(三)强调以知识的学科逻辑体系来组织编排课程

为了把学生的各种学习有效地联系在一起,使学习产生累积效应,知识中心课程取向主张按学科的逻辑顺序来组织课程内容,强调把课程内容的重点放在逻辑的分段和顺序上,强调学科的固有的内在逻辑顺序的排列。因为每门学科各部分内容之间都有其内在的逻辑关系,某一部分内容总是既以另一部分内容为基础,同时又作为其他部分的基础。一门学科本身就是一个概念体系。按照学科的知识体系来编排课程内容,有利于学生掌握系统完整的学科知识、概念和原理,有利于对学生进行智力的训练,有利于培养学生的"理性精神",有利于学生的逐步发展和提高。要素主义者主张教材的编写要按照学科固有的逻辑顺序循序渐进地编排,主张学校课程应该给学生提供分化了的、有组织的知识系统,这样最经济、最实用、最有效能。永恒主义者提出一整套学校课程计划,直接反映出了其课程编制思想是以知识的逻辑系统来进行的,认为学习者应在小学开设读、写、算,以及古典著作中的个别部分,在中等教育阶段让学生学习一些古典语言、文法、修辞和部分名著,在大学阶段就是系统地学习古典名著。

三、知识中心课程取向的表现形式

知识中心课程取向存在三种最基本的表现形式:科目设计、学科设计和大范围设计。科目设计即把课程内容分为众多科目,并赋予一定的价值等级,区分出不同科目对各类学生的适合程度;学科设计即将学校所开设的课程内容对应于数学、自然科学、社会科学和人文学科的分类,并沿用这些学科的概念和逻辑体系作为课程内容的框架;大范围设计即把两门以上有关的科目合并成单一的大范围教程,为学生提供相互关联的广泛知识领域的综合观点。

(一)科目设计

科目设计的实质在于其组织的内在性质,通常以最有逻辑、最经济、最有用、最真实以及最易消化的形式来阐述知识,以便培养最大限度地掌握知识的人口的科目设计的范

---

①崔相录.20世纪西方教育哲学[M].哈尔滨:黑龙江教育出版社,1989:34.

围，要由需要进入课程的一系列科目所决定，也受每门科目中的内容的制约。不少学者坚信，科目设计是使儿童、青少年熟知文化遗产要素的最系统、最有效的课程组织形式。其优势在于：第一，大多数教师（尤其是中学教师）具有专门的师范教育经历，这使他们倾向于科目设计；第二，教科书和其他教学材料一般按科目来组织，因而要学习的材料可清楚地展开；第三，科目设计受到传统的支持，即父母倾向于支持他们熟悉的课程，因而感到了科目"在学术上忠实可靠"；第四，科目设计的内在性质和组织形式便于管理。

当然，科目设计也有弊端。第一，科目设计在性质上倾向于割裂知识，从而割裂了学生的理解力。第二，它脱离现实世界所关心的事件以及发生的事件。第三，它没有恰当考虑学生的需要、兴趣和经验。由于掌握科目知识是科目设计的中心目的，只有那些其经验和兴趣与呈现的科目相吻合的学生才有利于从这一课程中获得意义。第四，科目设计的目标范围狭窄，并导致了被动学习。这一设计的最初形式极其强调事实和细节的消极记忆，忽略思维习惯和记忆习惯的养成。

（二）学科设计

学科设计，以教育内容中占主导地位的科学技术知识的内在组织形式为根本依据。然而，它与科目设计却有着重要区别。科目设计对于用来确立科目究竟是什么的原则不明显，诸如数学、家政、驾驶培训等多个领域都可接纳为"科目"；而学科设计则决意使标准专门化，因此把知识体系确立为学科。强调学科使得内容方面的学科人员，即物理学家、生物学家和历史学家等等，积极参与了课程建设。虽然学科设计的倡导者，把完全熟悉知识学科视为人本主义自由教育的基础，但他们强调理解学科的要素，而不像科目设计那样，只是占有材料和信息。他们鼓励学生明确学科的基本逻辑或结构，即学科的关键概念、观点和原理的种种关系，理解学科独特的探究方式。

尽管学科设计努力克服科目课程所具有的理智被动性，并尽力占有事实，但由于它内在的组织形式，仍然受到各方面的激烈批评。第一，它给学生呈现的是破碎的课程，而没有提供使知识一体化的手段。它期望学生在学校学习学科的纲要，而对如何形成某种连贯的观点问题置之不理。第二，它没有论述学校教育同生活的关系。例如，一个人可能对物理、历史或文学造诣颇深，却不大领悟社会中的犯罪和贫穷等问题。第三，它没有充分考虑学生的兴趣和经验。第四，它没有为学和用有效地安排课程。虽然它在许多方面表现出改进了科目设计中人为化的线性逻辑，但它坚持学科结构是组织原则，没有考虑心理学研究已经表明了的存在着的各种学习方式。第五，学科设计的目标范围很有限，尽管要比科目设计的目标广泛些，但仍然是狭窄的学术和理智目标。

（三）大范围设计

我国当前九年义务教育课程中出现的综合文科（如历史与社会）、综合理科（如科学）课程，就属于大范围设计。大范围设计有两个主要优点：首先，因为建立在各门科目基础上，所以规定科目要有顺序地、有系统地表述文化遗产。这个优点与科目课程共有，但是，它整合了各门科目，使学习者能够看明白科目中各种要素之间的关系。其次，大范围设计比科目课程更体现了重组科目领域，以此整合课程。

课程的广度与深度是课程设计中必须考虑的永恒问题。大范围课程设计在保证学生学习的广度与深度方面遭到了一些学者的质疑。大范围课程设计的反对者宣称，由于它为学生提供的只是各门科目中分散而肤浅的信息，因而缺乏深度。一些学者还针对大范围设计不能保证大范围之间的整合性问题，批评它在某种意义上也是破碎割裂的。因此，它脱离现实世界，无力培养学生的经验和兴趣，无法恰当地说明学习时的心理结构。最后，大范围设计的目标倾向于强调内容覆盖面以及信息获得，不太注重提供机会来实现认知或情感方面的目标，尽管它在这些方面要比科目设计做得好些。

|第三节|

学习者中心课程取向

学习者中心课程取向是以人为中心的哲学思想的产物，它从根本上突破了学科课程的局限，促进了教育由传统向现代的转变，体现出一定社会和文化的时代精神，强调以学生个人的需要和兴趣组织课程与教学，而不是按照学科知识内在的逻辑体系施教，强调学生的个性发展，关注学生的兴趣、需要和目的，使课程适应学习者，而非学习者适应课程。

一、学习者中心课程取向的代表流派

学习者中心课程取向的思想，最早可以追溯到18世纪法国的启蒙思想家卢梭在其著作《爱弥儿》中提出的儿童中心主义。明确提出学习者中心课程取向的当属美国教育家约翰·杜威，他提出的经验主义课程理论从哲学观、心理观和社会观上，通过系统的理论研究和实践探索论证了学习者中心课程取向。

杜威在其《儿童与课程》一书中认为，经验主义课程取向强调儿童与知识、社会相关联的课程设计，以学科为中心的传统课程取向是不足取的，应代之以儿童的活动为中心的课程取向，并在其著作中剖析了儿童与知识之间的差异。他认为，儿童的世界是个人化的，儿童的生活连贯一致且实际和富有情感，而课程知识涉及的是非个人化的无限宽广的时空，是专门化、精确化、分工化、抽象的逻辑分类和排列。课程必须与儿童的生活相沟通，应该以儿童为出发点、以儿童为中心、以儿童为目的，任何脱离儿童生活经验的，破坏儿童自己生活统一性和完整性的知识都不易于儿童接受。杜威通过“经验”将儿童与知识统一起来，让儿童在活动中充分地自由表现，教师的使命就是满足儿童的需要，并为儿童的表现创设情境。杜威的经验主义课程取向强调“主动作业”与“问题解决”的学习方式。所谓“作业”指复演社会生活中进行的工作，对社会生活中的典型职业进行分析、归纳和提炼后获得的各种活动方式，包括游戏、竞技、户外旅行、园艺、烹饪、印刷、纺织、油漆、绘画、唱歌、阅读、讲故事和书写等，而主动作业可以分为游戏和工作两方面。另外杜威提出了问题解决五步骤：问题的情景、确定问题所在、提出解决问题的种种假设、推断哪个假设能解决问题、验证这个假设。最后，杜威指出经验主义课程取向强调内

在价值与工具价值相统一的课程评价。所谓内在价值就是欣赏的价值，指学生能在真实的生活情境中了解到事实、观念、原则和问题的重要意义；而工具价值就是比较价值，指对特定情境目标的需要和满足的程度，通过比较和判断可以得出工具价值。

二、学习者中心课程取向的特征及其要求

学习者中心课程取向是相对于学科中心课程而言的，它力主组织课程的核心不应是知识内在的逻辑体系，而是学生的心理发展逻辑、学生的兴趣、动机需要和目的，知识来源于经验，学习者通过自己的活动所获得的关于自然和社会的知识是最有价值的，任何可以增加和改造他们经验的活动都可以成为课程的内容。因此，学习者应当亲身体验和获取对他们有用的知识，而不应吸收成人为其规定好了的教材。这样才能不断推进学习者对自我、社会和自然之间内在联系的整体认识与体验。

（一）学习者中心课程取向在课程目标上强调学生潜力和兴趣的发展

学习者中心课程取向在课程目标上关注有关学习者的需要、兴趣等方面，这是课程目标选择的重要考量维度。学习者中心课程取向在课程目标上之所以强调学习者的需要，一是因为只有与学习者需要相符合的"目标"才能被学习者接受和同化，并能对他们的行为、态度和个性等产生影响。二是学习者的生活环境，包括家庭和社区中的日常环境，通常都为学习者提供了相当大一部分教育方面的发展资源，课程没有必要重复校外已经充分提供的教育经验。三是心理学理论告诉我们，由于需要的存在，尤其是内在需要，将会使学习者产生努力学习的心向和动力。学习者中心课程取向认为，兴趣总是标志着在行动、欲望、努力和思想上自我与客体融为一体，具有活动的、发展的性质；把兴趣作为生长中的能力的信号和特征来看待，强调兴趣伴随儿童经验生长的发展的特性；兴趣是基于学习者本能，源于学习者生活，内含学习者理智和努力的。当然，学习者中心课程取向强调课程目标关注学生的潜力和兴趣，也认同课程目标的选择还应该注意学习者身心发展的阶段性、顺序性、连续性和整体性对课程内容选择的要求，此外，还必须兼顾他们的年龄阶段顺序和思维发展顺序，以及知识技能的逻辑顺序与教学活动展开的先后顺序。

（二）学习者中心课程取向在课程内容上强调学生的生活世界

以发展学生潜力和兴趣的课程目标和综合知识运用的课程结构在课程内容上强调学习者的经验。学习者中心课程取向认为，决定学习的质和量的是学习者的生活世界而不是教材。学习者之所以参与学习，是因为教育环境中某些特征吸引了他，学习就是对这些特征做出反应。学生的生活世界不同于一门课所涉及的内容，而是指学生与外部环境的作用。教师的职责是要建构适合于学生能力与兴趣的各种教育情境，为每个学生提供有意义的经验。当学习者能够突破外界强加的东西，对其所接触到的内容进行解读、内化，并在外化的过程中用自己已有的认知结构、情感特征和经验去解读和表征时，这样，即使坐在同一课堂上的两个学习者，也会有两种不同的生活世界。

（三）学习者中心课程取向的要求

学习者中心课程取向正是以学生的需要和兴趣为基础，着重强调发展个人的潜力和兴趣，充分满足个性差异的需要；在课程结构上，某种程度上排除了学科割裂的倾向，强调综合知识的运用；课程内容贴近学生的生活世界，激发学生的学习兴趣，提高学生处理

问题的能力，使他们更具适应生活的本领。但其在重视学生个体发展的同时，忽视了教育的社会目标，且这种设计不利于帮助学生建立逻辑缜密的知识体系和掌握必备的技能。但学习者中心课程取向克服学科中心设计的不足，在促进学生能力、情感发展方面相较于学科中心设计是一大进步。

当然，学习者中心课程取向在课程目标上强调学习者潜力和兴趣的发展，在课程内容上强调学生的生活世界必然会增加课程与教学的编制与开发的难度。因为教师无法全面清楚地观察和了解每一个学习者的真实体验和心理特点，难以感知和把握影响其心理的特定环境及其他因素。因此，把发展学习者兴趣和潜力作为课程目标和把学习者的经验作为课程内容必须树立以下几个基本观念：首先，学习者是学习主体。每一个学习者，都有其独立的人格尊严，都有主宰自己命运的权利。课程不只是要让学习者学到知识技能，而是要为学习者提供一种促使他们自己去学习的情境，成为一种满足学习者人生成长和个性整合的自由解放过程。其次，学习者创造着社会生活经验。学习者不仅接受社会生活经验，而且通过日常生活、班级活动、师生交往等，生成着个人知识和同伴文化。丰富的社会生活经验熔铸了学习者的精神与智慧，在社会生活中形成了独特的、成人无法取代的价值。最后，学习者是课程的开发者。当学习者的主体地位确立之后，他们就不再是别人为他准备好课程的被动接受者，而是与教师和其他学习者一道创造、开发自己的课程。

三、学习者中心课程取向的基本形式

学习者中心课程取向强调学生的个性发展，关注学生的兴趣、需要和目的，是课程适应学习者而不是学习者适应课程。它没有预定的详细计划，而是在教育教学活动中由教师和学生共同设计课程，注重发挥学生的主体作用。学习者中心课程取向也有许多变式，但是成熟的比较少，这里只简单介绍活动—经验设计。

(一)活动—经验设计的主要特征

活动—经验设计，具有兴趣为本、师生合作和问题解决三个主要特征。第一，课程的结构要由学习者的需要和兴趣来决定。这意味着课程是学习者自己直接感觉到的需要和兴趣。因此，教师的首要任务是发现学生的兴趣是什么，并帮助学生为学习而选择最重要的兴趣。第二，在课程实施中形成课程结构。如果以学生自己的需要和兴趣决定课程结构的话，那么课程就不能以学科中心设计的方式来预先计划。只有当教师和学生一道确立追求的目标，规定查阅的资料，计划实施的活动，以及安排从事的评定程序时，课程结构才会形成。这种师生合作规划课程，是活动—经验设计的核心特征。第三，把重点放在所学习问题的解决过程上。学生在追求兴趣的过程中，会碰到某些必须加以克服的困难和障碍。这些困难构成真正的、学生渴望去挑战去接受的问题。学生只有在攻克这些难题、寻找解决它们的办法时，才实现了有价值的课程学习，其价值包括活动与经验的真实性、意义性、直接性、生动性以及相关性。

(二)活动—经验设计的主要优点

活动—经验设计具有迎合内在动机、适应个别差异和沟通校外社会的优点。第一，因为学校活动是以学生的需要和兴趣为基础的，动机是内在性的，不需要从外部引起。

事实、概念、技能和过程之所以能学会，是因为它们对于学生来说很重要，而不是因为考试或升学。第二，活动—经验设计注意学生的个别差异。如果班级小组的兴趣同某学生的兴趣相符，该生就可加入这个班级小组，否则可决定从事个人项目。第三，这一设计强调的问题解决活动，为学生提供了他们所需要的、能有效地应对校外生活的技能。

（三）活动—经验设计的主要弊端

然而，活动—经验设计也存在着缺乏生活准备、缺乏水平结构和缺乏连续性等弊端。第一，以学生感觉到的需要和兴趣为基础的课程，常常忽视了教育中关键性的社会目标，不可能保证为儿童未来生活做好充分的准备。第二，其内部缺乏确定的水平结构。只提倡活动课程要以儿童的兴趣为基础，并没有提供课程维度的范畴框架。第三，其内部缺乏连续性，缺乏顺序。从历史上来看，课程设计的顺序以多种因素为基础。除兴趣之外，还有成熟性、经验背景、先前的学习、效用和难度等。然而，当学生的兴趣是课程设计所依赖的唯一基础，而学生的兴趣因各种遗传因素与环境因素相互影响，在一段时间里又漂游不定时，学习的连续性难以保持。

|第四节|
社会中心课程取向

产生于 20 世纪 30 年代美国的社会中心课程取向强调以社会问题为中心，通过对社会问题的分析来进行课程设计。社会中心课程取向赞同传统知识中心课程取向的界限，但其方法不是以学习者的经验和活动来组织课程，而是以社会现实问题为核心设计课程。他们强调教育的目的在于按照主观设想的蓝图“改造社会”，把学校作为形成“社会新秩序”的主要工具，为此，他们主张围绕社会改造的“中心问题”组织学校课程。20 世纪 50 年代，随着进步主义教育运动的偃旗息鼓，以布拉梅尔德为主要代表的改造主义教育派有所发展。20 世纪 60 年代的课程改革遭受挫折后，社会改造主义教育派抓住当时社会存在的各种问题，以问题为中心设计中小学课程，并在当时盛极一时。

一、社会中心课程取向的价值主张

社会中心课程取向也被称为社会改造主义课程取向，认为应该把课程重点放在当代社会的问题、社会的主要功能、学生关心的社会现象以及社会改造和社会活动计划等方面。这种取向不太关注学科的知识体系，认为课程应该围绕当代重大的社会问题来组织，帮助学生在社会方面得到发展。这种取向的核心观点是课程不应该帮助学生去适应社会，而是要建立一种新的社会秩序和社会文化。关于社会中心课程取向的价值主张主要从以下几点来阐述。

社会中心课程取向认为，教育的根本价值是社会发展，学校应该致力于社会的改造而不是个人的发展。为此，该理论批判儿童中心课程理论过于注重学生的个人需要、兴趣、自由及活动而忽视了社会的需要，主张课程的最终价值是社会价值，课程是实现未来理想社会的运载工具。社会改造主义课程理论的基本主张包括以下内容：首先，课程目的在于改造社会。社会中心课程取向者认为，社会需要进行持续不断地改造和变化，这种改造和变化需要利用教育来实现。因为教育可以推动社会的变化，他们认为设定课程目标的目的，不是让学生适应现存社会，而是要培养学生的批判精神和改造社会现实的技能。尽管社会中心课程取向者也强调经验在课程中的重要作用，但是这里的经验不是指向杜威的"个人经验"，而是指代社会的团体经验，为此课程目标要统一于未来的"理想社会"的总目标，各门学科的内容统一于"社会改造"，课程安排统一于解决问题的活动。因此，社会中心课程取向认为教育目的在于发展学生改造现实社会的各种能力，让学生成为改造社会和推动社会发展的主力。其次，课程内容以社会问题为主。社会中心课程取向者认为，课程没有统一的课程内容，它以广泛的社会问题为中心，从社会问题中产生，如学校课程要关注犯罪、战争、贫富、种族歧视、失业、环境污染、疾病、饥饿等重大课题，学生对这些问题要有批判性见解。学校课程还要设置工业化、自动控制宣传媒介等论题，要学习社会学、人类学、政治学、历史、物理等科目。值得注意的是，这些课程应由教育者按照社会需要来决定，而不是由学生自己来决定。第三，社会中心课程以社会问题的逻辑为课程组织。社会改造课程理论主张，应以解决实际的社会问题的逻辑，而不是学科知识的逻辑为主线来组织课程。改造主义者提出了多种课程组织方式，如课程的安排要具有弹性，多种形式的活动形成学习单元，充分利用校内外的环境，学科须重新组织，对课程重新认识，课程计划无须事先制订等。

二、社会中心课程取向的特征表现

社会中心课程取向理论强调课程建设要关注社会焦点问题，反映社会政治经济变革的客观需求，课程学习应深入社会生活中，强调课程结构有意义的统一性，深刻认识到社会因素对教育的制约作用，因此，它具有一定的特色。

(一)主张学生尽可能多地参与到社会中去

社会中心课程取向是一种把问题植根于学习者现有的经验与能力的课程，这些问题要能够引起对信息的积极探求和产生新的观念，以研究问题为线索，结合不同学科内容的知识体系，注重从学生的经验世界中选择当代社会生活和科学发展中的事实问题作为课程的中心构想。很明显，以社会问题为中心来构建社会中心课程取向的课程体系，很显然受到了实用主义和进步主义思想的影响，以及科学经验主义和新批判主义的直接影响。围绕社会性问题设计课程，强调培养学生的能力与社会科学的探究方法，以此来构建跨学科的课程体系，主张学生尽可能多地参与到社会中去，因为社会是学生寻求解决问题方法的实验室，只有在社会中才可以发现社会最急需解决的问题，也只有深入社会才可以寻求到解决问题的方法途径。

(二)以广泛的社会问题为中心

由于报纸、电视以及其他各种宣传媒介的作用，学生对于世界各地以及本国的社会问题非常敏感，这些问题应该在学校的课程中得到反映。社会中心课程取向是以社会问题为中心来构建课程体系的，围绕社会性问题，确定课程目标，选择课程内容，构建课程体系。环境问题、人口问题、资源问题、政府管理问题、政治运行问题、国际关系和事务问题,以及犯罪、暴力、饥饿、战争等等,都成为社会中心课程取向课程关注的主题。此类课程,不受分科的局限,打破了分科课程的界线。以解决社会问题为基点,整合相关学科的知识、包括方法论,综合成为一门学生学习的课程,在其中强调学生的能力培养,尤其是批判性思维能力。

(三)以教师启发作为课程实现的形式

社会中心课程强调以问题为中心的开放式课程教学体系,教师的地位、作用和职责都相应地发生了改变。首先,社会中心课程强调以问题为中心,但是这个问题只是在宏观上确定了主题,给予了框架指示,但是问题所指向的最新动态、已有研究、所属范畴以及问题域等都需要教师在课堂教学中启发学生,鼓励大胆创新,激发学生的研究兴趣,点拨学生的思维,让学生在教师的启发下发现问题范畴下的小问题及其问题域,层层深入,步步推进。其次,教师需要因材施教和因人施教。社会中心课程要求教师和学生之间有情感关系,教师应该充分了解学生已有经验和智能水平,让教师在师生相互信任中推动学生的学习。最后,教师的作用是在学生有困难时帮助学生,并为其提供咨询,要使学生在问题的学习之后知识结构系统化,这并不意味着学生们在课程学习时可以任性,他们必须在教师的指导下选择他们所必须习得的知识。尽管教师随时准备帮助学生找到他们所需的资源,但当信息很易获得时,教师不予帮助,让学生自己去找,鉴于发展过程中会遇到冲突与张力,问题中心课程有助于达到适宜的不确定水平。

三、社会中心课程取向的基本形式

社会中心课程取向主要以“问题”为中心展开课程设计,这个“问题”并非指通常的学科教材中设计的围绕学科内容本身所提出的“练习题”,而是指更广泛的、在现实世界中所要求人们回答的问题。若作划分,现实世界中所面临的问题实际上包括两个方面,即生活领域的问题和社会领域的问题。因此,社会中心课程取向又分为两种形式:一是生活领域设计,二是核心设计。

(一)生活领域设计

把生活领域作为组织课程的基础,通过强调共同的社会功能,生活领域设计试图在克服科目设计的内在弱点的同时,避免活动—经验设计的陷阱。生活领域设计最突出的特征在于围绕生活领域重新组织传统的教材。此外,同活动—经验设计一样,它把重点放在学习的问题解决过程上,把学习者的经验和直接情境当作通往基本生活领域的途径。

生活领域设计的优点在于:第一,生活领域设计以整合的多样化形式呈现教材,而这是通过跨越分离的科目,并且把重点放在社会生活的有关范畴上实现的。第二,它是围绕着生活与社会的个人问题来组织的,以此彰显问题的解决过程。内容是为了解决实际生活问题,而不是为了内容自身或为了教师教的内容。第三,它以功能的形式呈现内容。由于它主要用于解决学生自己的问题,所以它就为学生提供了能直接运用于未来生活情境的学习。

生活领域设计的实施可能面临许多困难，比如：难以确定实际上什么是基本生活领域的范围和顺序；易于造成整合性和连续性的缺乏；相当忽视文化遗产；具有向青少年灌输现存条件，从而使社会状况固定不变的倾向。生活领域设计，与活动—经验设计一样，遭到了来自实践方面的反对。首先，它没有为教师做好准备，以便他们有效地进行生活领域设计；其次，实施生活领域设计的课本和其他教学材料，不容易得到；最后，家长和学校并不乐意接受生活领域设计体现出来的对传统的背离等。

（二）核心设计

核心设计，作为一种课程组织形式，其核心成分是"普通教育"和"模块课程"。任何核心课程的核心成分，即一般的必需成分，意在给所有学生提供共同学问或普通教育。核心的那部分课程，是所有人为了在社会中有效地发挥作用而必须学会的共同概念、技能和态度。核心课程的一个共同特点是核心体系，即它的管理框架和分块课制。所有核心设计，都用了由两个以上正规时间所组成的单元时间来教学核心成分，亦即均包含两个以上的模块课程。在吸收了学科中心设计、学习者中心设计和生活领域设计的优点基础上，核心课程已经形成了单独科目核心、关联核心、融合核心、活动经验核心、生活领域核心和社会问题核心等多样化的设计模式。

类型一：单独科目核心。单独科目核心由一系列科目主题行家分别教授的个别必修科目所组成。这也许是最经常碰到的所谓核心设计。实际上，单独科目核心只是学生必修的科目课程的一部分。

类型二：关联核心。即通过表明包括在核心中的两门以上的科目之间的关系，试图以紧凑的形式提供共同知识。有两种相当独特形式的关联核心。第一种，在由科目主题行家分别教授科目的学校，相互关联的不同核心科目的内容被综合起来同时教。第二种，称之为贯穿主题知识。在这一变体中，保留了科目的基本内容，但是根据广泛的主题、问题或单元来选择和组织。

类型三：融合核心。即以完全整合或融合两门以上不同的科目为基础。例如，历史、地理、经济学、社会学、人类学可以整合起来作为普通科学来教学。

类型四：活动经验核心。即依据学习者直接感觉到的需要和兴趣来确定普通教育核心部分。跟其他学习者中心设计一样，这种设计避免一切预先计划和形式结构，把终极的课程内容和组织形式，建立在学生和教师的课堂计划与决策之上。

类型五：生活领域核心。生活领域核心即社会功能核心，是一种预先计划的、必修的普通教育方案，它以产生于社会生活中人类的共同活动的问题为基础。这类设计被普遍认为是可靠的核心设计，因为它以问题为中心而不是以科目或学习者为中心；基本上预先计划；由整合的必修共同知识所组成；通常在单元授课中也由起指导作用的教师来教，其内容的基本的倾向则是学习者作为自身发展和社会发展参与者的共同需要的问题和所关心的事。

类型六：社会问题核心。社会问题核心是进步主义运动的产物，类似于生活领域核心。然而，这两种设计之间有着一个关键的区别。生活领域核心设计以普遍的而且不引起争论的人类活动为基础；而社会问题核心设计则来源于当代社会生活各层次困扰人们的关键性且有争论的问题。

◆案例解析[①]

前 言

历史悠久的围棋是我国文化遗产之一，早在春秋战国时期已相当普遍，至隋唐而盛极一时并传到国外。当今我国围棋水平已与日本、韩国形成三足鼎立之势，但我国围棋爱好者仅一千万左右。作为围棋发源地，围棋活动完全可以开展得更普及、蓬勃和更有后劲。

一、课程设计的指导思想

学习围棋可以开发智力和增加知识，为促进学生身心的全面发展，开设围棋对弈与欣赏。在学习围棋、增加兴趣爱好的同时锻炼思维，使学生掌握一技之长。

二、课程设计的整体思路

以基本的围棋术语、基本着法、围棋的死活、基本的布局为手段，以掌握和应用为目标，综合运用趣味性练习方法，以介绍、讲解为导向，以学生实践和创新练习为主。

三、课程的学习目标

1. 学生能知道棋局的胜负、棋的死活、常用的布局和基本定式；

2. 学生能运用所学知识进行对弈。

四、学习内容、学习要求和学习方式

(一)学习内容

1. 围棋入门的基本知识，如吃子技巧、围地知识、死活常识、对杀的基本技巧等；

2. 常用布局法，基本定式。

(二)学习要求

1. 知道棋局的胜负和对弈的基本着法；

2. 理解基本定式；

3. 掌握吃子和对杀的基本技巧；

4. 学会常用的布局法，能运用所学知识进行对弈。

(三)学习方式

1. 教师讲解和演示对弈基本方法，组织学生观看比赛录像；

2. 以学生练习为主，教师加以指导。

五、课程实施

(一)学生活动情况

1. 成员的组成：各班学生；

2. 组织形式：课堂教学；

3. 学习形式：循序渐进，结合教师演示讲解并以学生练习为主。

(二)教师活动形式

教师以辅导为主，解决学生练习时所遇的疑难问题，语言鼓励学生克服困难。

---

① 资料来源：http://ws42xx. xj. edu88. com/newsInfo. aspx? pkId＝10773.

（三）课时安排

每节课用二十分钟左右时间进行讲解和演示基本对弈方法，其他时间学生自由练习。总课时中用两节课进行教学比赛，一节课用于考核。

六、学习的评价和考核

（一）评价方法

1. 学生课堂参与度和学习态度；

2. 学生对弈中的创新情况。

（二）考核方法

评价所得成绩占80%，考试成绩占20%。

本章小结

本章主要探讨了小学课程的设计取向，主要包括小学课程设计取向的价值内涵以及三种不同类型的课程设计取向，即知识中心课程取向、学习者中心课程取向和社会中心课程取向以及每种取向的代表流派、特征和基本形式。

复习与思考

1. 小学课程设计需要考虑哪些方面的因素？

2. 知识中心课程设计取向有哪些特征？

3. 学习者中心课程取向有哪些基本形式？

4. 社会中心课程设计取向的价值主张有哪些？

第四章
小学课程设计的模式

◆本章重点

①小学课程设计模式的内涵

②小学课程设计的目标模式

③小学课程设计的过程模式

④小学课程设计的情景分析模式

⑤小学课程设计的自然模式

课程设计模式是一套具体设计课程的操作程序，它有助于帮助教育工作者进一步深入理解、认识和设计具体的课程，为教师提供了确定课程要素和课程设计程序的基本方式。小学课程设计模式是指小学课程设计的实际运作样态，或希望小学课程设计按照怎样一种方式进行安排。前者是在小学课程设计实践中运用的，后者则是一种理想的状态。课程设计的模式有许多不同选择，比较有影响的有以博比特、查斯特、泰勒和惠勒等人为代表的目标模式、以斯腾豪斯和巴恩斯等人为代表的过程模式、以劳顿和斯基尔贝克等人为代表的情景分析模式、以沃克为代表的自然模式。这四种课程设计模式并不详细阐述如何设计小学课程，而是为小学课程设计提供可遵循的方法，为小学教育工作者的课程设计提供科学的指导思想。小学课程设计模式的选择需要基于现实的小学教育情境进行螺旋上升的“扬弃”和“整合”，在真实教育实践的过程中建构适宜的小学课程设计模式。

|第一节|

课程设计的目标模式

目标模式亦称工艺学模式，是20世纪初开始的课程设计科学化的产物。目标模式以实用主义哲学为指导思想，并受行为主义心理学的影响，将目标作为课程设计的基础和核心，在课程目标确立的前提下进行课程内容的选择和组织，并将课程目标作为课程实施的依据和课程评价准则的课程设计模式，易言之，就是围绕课程目标的确定及其实现、评价而进行课程设计的模式。因此，它被看作是课程设计的经典模式、传统模式。其主要代表是确立课程目标“活动分析法”的博比特、主张“工作分析法”的查斯特、“现代课程理论之父”拉尔夫·泰勒以及塔巴、惠勒等人的目标模式。

一、目标模式的初创

1. 博比特的目标模式

20世纪初，伴随工业和科技的进步，欧洲和北美出现了一股追求“功效”和“唯科学主义”的潮流。相应地，教育科学研究领域便出现了“教育功效化运动”和“教育科学化运动”，并且迅速钳制了课程研究和课程改革的早期方向。故而，教育学家开始倾向于科学的思想方法和技术完全可以应用于课程设计，主张从“功效”“经济”的角度重新审视学校课程，进而提出采用科学方法设计课程的种种设想，其中最令人瞩目的是博比特。博比特是第一个探讨和研究课程设计过程的学者，是目标模式的首创者和奠基者。他认为仅仅研究新课程是不够的，更重要的是对课程设计途径的认知。他提倡“活动分析法”，即运用当代美国工业管理学家泰罗的工业心理理论中的主要原则，通过对社会需要和人类生活活动的分析来确定课程。博比特于1924年出版了《怎样编制课程》，详细阐述了课程设计的过程和方法。第一步，课程设计的起点是生活活动，可分为语言、健康、公民、社交、心智活动、休闲、宗教、职业、劳动、家庭等多个领域，以该领域为基点，离析出人类宝贵的经验；第二步，将已经分类的领域进一步细化为具体的活动；第三步，在将人类经验归纳为若干类别，借由活动分析便可催生教育目标；第四步，从各项教育目标中筛选切合课程设计的目标；第五步，设计实现目标所需要的活动经验和机会，这些活动积淀便构成了课程。以上五个阶段层层相连、循序渐进就形成了博比特的梯形目标模式（如图4-1所示）。

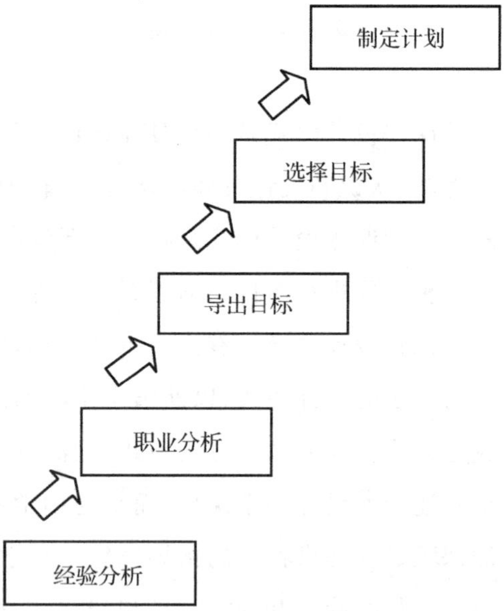

图4-1 博比特的课程设计模式

2. 查特斯的目标模式

查特斯与博比特一样，也力求运用科学方法来设计课程，他主张依托于“工作分析法”来确立课程目标。但与博比特不同的是，查特斯在课程设计中除了重视对成人社会活动的分析外，还考虑和论证了其他因素，它们是理想、活动以及系统化的知识。关于如何进行课程设计，他提出七个步骤：研究社会背景中的人类生活，决定主要的教育目标；将教育目标细化为各种理想和活动；继续分析成施教单元；依据重要程度，排列先后顺序，并把对学生和谐发展具有较大价值的理想和活动提升到突出地位；确定哪些理想和活动适合于校内学习，哪些适合于校外学习；研究、开发、寻找处理这些理想的最佳做法；依据学生的心理特点和教材的组织，实践各种理想与活动（如图 4-2）。

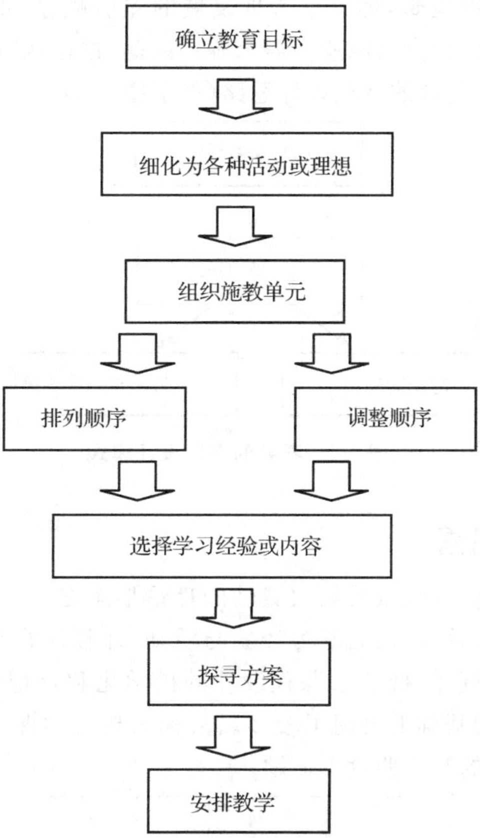

图 4-2　**查特斯的课程设计模式**

二、目标模式的成熟

博比特和查特斯的理论标志着一代教育家寻找科学化课程设计理论的最初尝试，他们所提倡的效用性、具体化及可控性的课程设计标准，对传统的远离社会现实生活的学校教育及其课程设置提出了强烈的挑战。他们首创了课程设计的目标模式，该模式以后被不断地休整、完善，得以系统化。对目标模式加以进一步的改善，并使之系统化，形成目标模式的经典形态的当属美国当代最负盛名的课程理论家和评价专家泰勒。他提出的课程设计的基本程序和方法，被公认为是课程设计目标模式经典性形态形成的标志。泰勒经过八年研究(1934—1942)，最终在其《课程与教学的基本原理》中把课程理论归结为四个最基本的问题，即如果我们进行课程设计活动的话，就必须回答这些问题①：(1)学校应努力达到哪些目标？(2)提供哪些教育经验才能实现这些目标？(3)这些教育经验应如何有效地组织起来？(4)如何确定这些目标正在得到实现？舒伯特把从这四个问题中归纳出来的"目标""学习经验""组织""评价"称之为课程设计的"永恒的分析范畴"。泰勒并没有试图直接回答这些问题，因为在他看来，不同的学校要根据自己的实际情况确定自身的教育目标。但他对如何研究这些问题提供了方法和程序，如果要对教育目标做出明确的选择，必须考虑三方面的因素：(1)学科的逻辑，即学科自身知识、概念系统的顺序；(2)学生的心理发展逻辑，即学生心理发展的先后顺序、不平衡性、个别差异等规律；(3)社会的要求，如社会经济、职业的需求等。因此，这里从"泰勒目标原理"的主要内容出发，简要地描述其中包含的课程设计思路(如下图 4-3)。

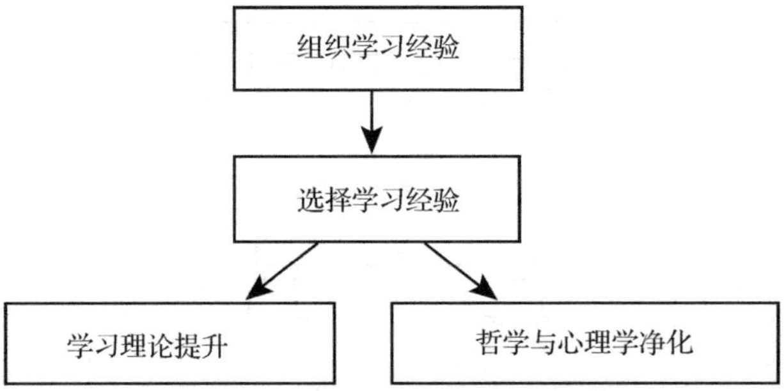

图 4-3　泰勒的课程设计模式

三、目标模式的完善

泰勒模式作为课程设计领域最具权威性的理论形态之一，是教育、教学实践中运用最为广泛的实践模式，在教育目标、学习经验与活动、课程内容与评价层面颇有建树，形成了目标模式的雏形和概样，推动了课程设计的科学化和合理化进程。20 世纪六七十年代以来，在泰勒模式的基础上出现了较多以目标为核心的课程设计模式，但这些模式大都没有脱离泰勒模式的基本假设与命题。

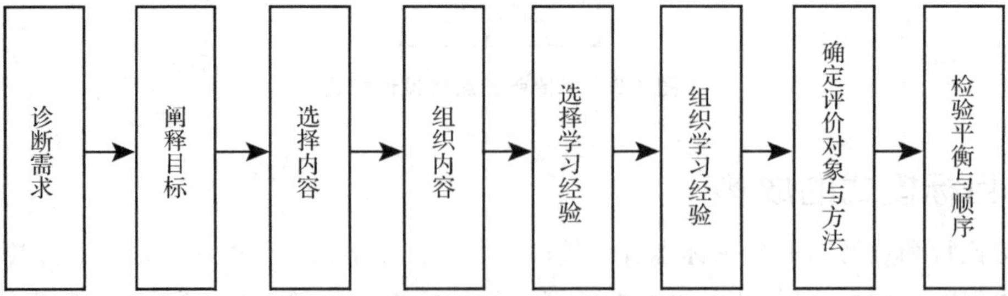

图 4-4　塔巴的课程设计模式

①R. W. 泰勒. 课程与教学的基本原理[M]. 罗康，张阅译. 北京：中国轻工业出版社，2008：1.

1.塔巴的目标模式

作为泰勒的学生和助手,塔巴坚持泰勒的直线式课程设计过程,并根据泰勒提出的课程设计必须回答的四个问题延伸为八个纬度的目标模式(图 4-4)①。塔巴将教育目标划分为一般和具体两种,并将一般教育目标的归纳放置在首位。此外,又把课程内容的选择和组织安置在学习经验的选择和组织之前,在某种层面上是把课程与教学区分开来。这更加贴近课程设计的实际现状,体现了较强的思维性和逻辑性。

2.惠勒的目标模式

1967 年,英国课程论专家惠勒不认同泰勒和塔巴等人的直线式课程设计模式,他认为塔巴模式和泰勒模式不能很好地实现反馈,也不能对课程设计及时不断地做出调整,从而使课程设计缺乏一个良性的循环机制。他发现按照泰勒和塔巴的直线式课程设计程序来操作,若评价结果不符合既定的教育目标或者宗旨,就不能很好地实现反馈,也不能对课程设计及时不断地做出修正和完善,不利于重新修订和编制课程,从而使课程设计误入恶性的单向路径。于是惠勒以泰勒模式的基本命题为前提,围绕教育宗旨、目标等的确立,学习经验的选择,内容的组织,经验或内容的整合,结果评价五个方面的内容,将课程设计从直线式变为一个良性循环模式,该模式突出了评价结果对教育宗旨、目的和目标的反馈作用(见图 4-5)②。

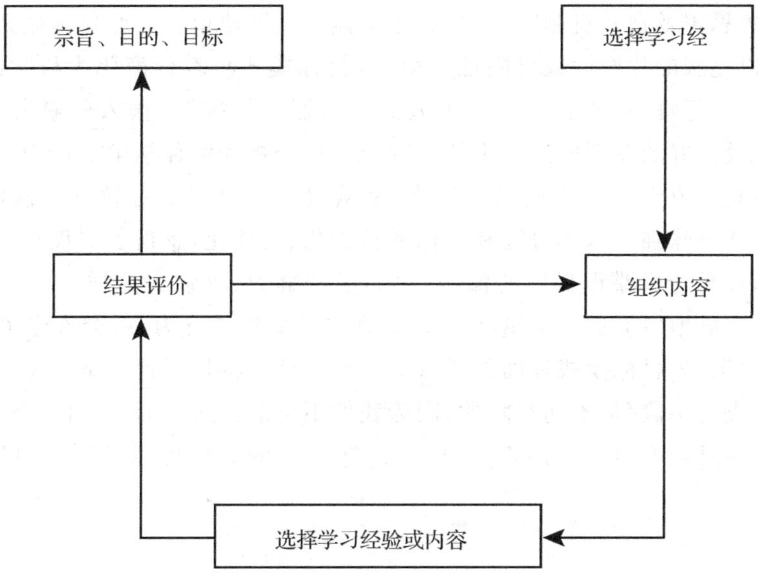

图 4-5　惠勒的课程设计模式

①Taba. H. Curriculum Development: Theory and Practice[M]. New York: Harcourt Brace and World, 1962:347—379.

②王文科. 课程论[M]. 中国台湾:台北五南图书出版公司,1988:127.

四、对目标模式的评价

目标模式注重课程设计活动的效率，讲究科学程序，重视评价学生的学习进展。与此同时，目标模式又从改革的视角适应了社会需求，通过学校教育预测和检视学生的行为，建立社会新秩序的愿景，因而目标模式成为当代课程设计理论和实践中最有影响力的理论模式。目标模式被广泛引用、深化和改造，衍生出了许多变式，构成了庞大的体系，并且形成了一系列显著的特征。第一，目标模式强调行为导向的目标，主张开发外显性行为的目标，并以测量预定的行为是否达到作为评价课程与教学成效的标准。第二，目标模式重视目标体系的层次性和结构性，即将已被确定的课程目标，按其不同的心理领域、不同水平，作进一步的划分，以形成一个意义明确、层次分明的目标体系。第三，目标模式认为目标是价值中立的。目标模式框架在观念上是中立的，认为课程设计是一个技术问题，就像工程技术理论一样，不受社会价值标准的约束，拒绝对目标进行价值判断。第四，目标模式以社会为基准，重视学生社会适应性和责任性的培养，因而特别重视教师的价值。

尽管目标模式自产生后就一直处于不断的修正、完善中，但受实用主义哲学及行为主义心理学等存有自身缺陷的理论牵制，导致课程基本的目标——手段、效率——控制、预期——检验思想及技术机制匮乏单调，逐渐偏离发展轨道。为此目标模式也凸显出诸多其自身难以克服的片面性或局限性。第一，目标模式将教育简化为科学的活动，依据“学校如工厂”的隐喻，强调教师如同工人或者机器一样按照“输入—输出”程序进行操作，根据预先设计好的蓝图塑造学生的心理，探讨、分析和解释学生的行为。这种注重训练的机制，容易造成学生主体地位的失落，是从根本上忽视了对教育内涵的真正把握。第二，目标模式一味强调课程过程和目标的行为化、具体化，忽视了课程内容的潜在性和内隐性价值，极易造成课程目标的偏颇，比如像理解力、鉴赏力这样一些重要的教育结果，由于不能完满地转换成可测量和可清楚地被观察到的行为，就会逐渐处于虚无和边缘化的状态。第三，目标模式片面强调目标的特殊性，“将目标置于至高无上的地位”“先决定目的，后决定手段”是不切实际的，因为我们不可能将所有的目标依其逻辑关系详细地加以拟定，而且影响学习的因素十分复杂，非系统的方法可以控制，手段的选择更非易事。

◆案例解析①

《乡下人家》是人教版小学四年级《语文》第 21 课，要求学生掌握乡下人家中瓜藤攀檐、花繁竹翠、鸡鸭觅食、院落晚餐、虫鸣睡梦等具体特征。而我校地处城区，学生对乡下了解较少，有必要开发利用《乡下人家》的校本课程资源提高教学效果。

---

①资料来源：http://www.xxjxsj.cn.

1. 课程设计

(1)具体目标

①利用校本课程使学生从多方位认识乡下人家各场面;

②通过学生亲身经历,丰富其认知结构和培养观察力、语言表达力和想象力;

③制作CAI课件,积累校本课程资源。

(2)适用对象

小学四年级学生

(3)课程设计主要过程

①准备阶段:教师(学校)拍摄乡下人家各种有代表性的场面;学生在家长(亲朋好友)陪同下利用假期深入农村,实际观察乡下人家中景物形象,体验农家生活。

②课堂教学阶段:利用学生在乡下人家积累到的认知表象,结合老师制作的CAI课件教学课文。

③总结阶段:学生一方面需汇报学习本课收获,另一方面结合实际写一篇现实的《乡下人家》文章。

(4)时间和空间

由于《乡下人家》是介绍夏、秋季节的农村新貌,因此课程适用于夏、秋季节,在农村进行。

(5)可供选择的其他活动

为拓宽学生知识视野,培养学生热爱农村的情感,学生在感知乡下人家时,可建议学生开展一些活动,如调查乡下人家的生活变化,观察农民的纯朴、夏(秋)收农民的辛勤劳动,描绘我热爱的农村……

2. 效果分析

由于本课程为学生学习提供了真实、具体的场面,既为学生学习提供了直观资料,加深学生对课文的认知理解;另一方面,由于我校学生对农村中的各种场景感觉很新鲜,因此学习兴趣浓厚。无疑,此次校本课程的开发利用提高了教学效果,是一个成功的校本课程。

第二节 课程设计的过程模式

过程模式以过程或程序而不以目标或内容为焦点,是对课程设计过程中涉及的变量、要素及其相互关系进行评价和修正的动态的、持续的过程。该模式不以预先指定目标系统作为课程设计的依据,而是关注整个课程的展开过程,即详细说明内容和过程中的各种原理。换句话说,这种模式主张课程开发应从那些具有价值的知识中挑选出能够体现这些知识的内容,这些选择出来的内容,能够代表这种知识当中最重要的过程、最关键的概念和该知识中固有的那些标准。该模式主张课程实践是课程设计的焦点,教师是设计过程的核心,教师对课程实践的反思批判和创造是设计的关键。学生所取得的最终结果不是按照行为事先确定的，而是在事后借助那些建立在该知识形式中的标准来加以评价。该模式的代表人物主要有斯腾豪斯和巴恩斯。

一、斯腾豪斯的过程模式

英国著名教育学者斯腾豪斯在1975年出版的《课程研究与研制导论》中首倡过程模式。他的基本思想是："努力地探讨一种课程设计策略提供的可能性，这样的策略试图达到的是一种课程和教育过程的具体化，这样的具体化是没有事先确定的、以目标为形式呈现的预期结果作为开端的。""人们可以通过详细说明内容和过程中的各种原理的方法来合乎理性地设计课程，而不必用目标预先指定所期望达到的结果。"①所以，过程模式旨在改变课程设计注重预期行为结果的缺陷，寄希望于通过详细分析学科结构，详细说明和选择内容，遵循程序原理来进行课程设计。概言之，课程设计过程是一个针对内容、原则等在不同情境中如何使用它们的探究、调试和修正的过程。

斯腾豪斯提出过程模式就是为了解决目标模式在它的理论框架内所无法解决的问题，他对目标模式的批评不是细枝末节的，而是深入到对它所依据的假设之致命弱点提出根本性的批判。他对目标模式的最关键的两个批评就是：(1)它误解了知识的性质；(2)它误解了改进实践之过程的性质。斯腾豪斯认为，知识不是需要学生接受的现成的东西，而是要学生思考的对象；它不能被作为必须达到的目标来束缚人，教育是要通过促使人思考知识来解放人，使人变得更自由。另一方面，改进教育实践不能靠远离实践的心理学家通过"精确化"的研究成果设计方案，让教师执行而实现；相反，要靠真正进行教育活动的教师发现自己实践中的问题、思考解决办法来实现。因此，改革的关键在于使教师得到发展，扩大他们的专业自主性，而这些正是过程模式所包含的核心思想。值得注意的是"过程模式"这一称谓实际上是针对"目标模式"而提出的，过程模式的特征是不以事先确定好的、由仔细分解一般目的而得出的目标系统作为课程编制的依据，而是关注整个课程（包括教学）展开过程的基本规范，使之与宽泛的目的保持一致。在他看来，编制课程不是为生产出一套"计划""处方"，然后予以实施和评价效果，而是一种研究的过程，其中贯穿着对整个过程所涉及的变量、要素及其相互关系的不断评价和修正。这个过程将研究、编制和评价合而为一，是一个连续不断的过程。整个过程是一种尝试，没有确定不变的、必须实施的东西。所有的关注点集中于课堂教学实践，教师是整个过程中的核心人物。所以，与其说它是一个详述编制步骤的"模式"，不如说它是一种编制的思路，一种编制的思想，在这种"模式"中，编制过程究竟如何展开恰恰是需要在实践中研究和探索的。

斯腾豪斯过程模式的基本内涵②：(1)重视贯彻课程活动过程始终的教育宗旨的作用。宗旨是整体性的方向，具有统整和领导作用，而不是一个个目标被分割和肢解。(2)通过对知识和活动价值的鉴别来确定课程内容，而不仅仅是依据被分割了的目标来评

①[英]菲利浦·泰勒，科林·理查兹.课程研究导论[M].王伟廉，高佩译.北京：春秋出版社，1989：59.

②See Elliot. J. A. Curriculum for the Study Human Affairs: The Contribution of Lawrence Stenhouse[J]. Journal of Curriculum Studies, 15(2): 112.

判。这样选择和确定的课程内容，是能够反映各学科领域的固有价值和优劣标准的。(3)根植程序原理。程序原理，推演教育宗旨，是在教育过程中对宗旨的始终不渝的追求。它要求教师在课程设计过程中，通过不断地反思，澄清隐含在教学过程中的内在价值，延伸自身对课程与教学的理解力和判断力。(4)定位课程评价。过程模式从根本上说是一种批评模式，而不是一个评分模式，在学生学习过程及结果评价中，教师应是诊断者、批评家，而不是判分者，教师与学生所从事的有价值的活动有其自己内在的标准。(5)教师即研究者。学校是课程设计的中心，教师必须参与课程设计，主张加强和促进教师的发展。故而，斯腾豪斯提出了"没有教师的发展就没有课程设计"。①

斯腾豪斯在课程设计方面关注知识内容、过程原则、课程内容选择、课程内容组织以及教学方面等。首先，在具体课程设计依据方面，过程模式强调通过详细说明知识内容和过程原则的方法来编制课程。课程内容是指那些能够反映学科领域内在价值的概念、原则和方法；过程原则是指导整个课程活动过程的总要求或总目标。但此总目的不同于目标模式的预定目标，它并不构成最后的评价依据，是非行为性的，主要功能是概述教育过程中可能出现的各种学习结果，并使教师明确教学过程中内在的价值标准及总体要求，而不指向对课程实施的最后结果的控制。其次，在课程内容的选择方面，斯腾豪斯根据其教育目的在于传授知识、发展智力的教育观，认为应该通过分析公共文化价值，研究知识本质，来寻找有关课程内容的选择原则。他认为知识不是一种现成的让学生接受的东西，而是思考的对象，因此赞同赫斯特对"知识形式"的解释和布鲁纳学科基本结构的思想，认为教学要传授学科结构特有的概念和过程。最后，在课程内容组织和教学方面，斯腾豪斯强调既要使之清楚地反映各学科领域的基本概念、过程和方法，又要能被普通教师教给普通学生，因此，他选择了布鲁纳的螺旋式课程组织。斯腾豪斯认为，这不仅有利于反映知识形式，而且有助于学科知识和能力的统一。在课堂教学中，斯腾豪斯提倡采用讨论法，因为这种方法有助于加深对课程的理解，能够促进知识的个别化，还可以提高学生的思考能力。

斯腾豪斯把课程看成把教育理论转化为实践的一种尝试，是一个不断发展和修正的过程。过程模式的课程编制方法符合了这一精神。过程模式实际上是要表明，课程编制的基本问题——内容选择、教学过程的开展、评价，不是通过把一般的教育目的分解成具体的目标而得到解决的。它直接关注教育过程的不断调试，目的在于使教育产生最大限度的效益，使学生最大限度地学习和发展。唐尼和凯利这样描述过程模式："我们应通过对课程具体项目中所包含的价值地位进行定义的方式，开始我们的课程计划，或者我们应该为我们的课程实践提供信息的程序原则达成认同，而不是就预先描述的具体目标达成一致……这样一种方法总的来说更接近真正科学的方法，它更为灵活，更富有尝试性，更能意识到失败的可能性以及就经验来说不断重新调节的需要。因此，它并不否认作为一个不断贯彻终身全程的教育所具备的最基本的特征，而这一过程是终结性教育目的力所不能及的，它允许教育和课程的不断发展。"

① 施良方．课程理论——课程的基础、原理与问题[M]．北京：教育科学出版社，1996：189．

二、巴恩斯的过程模式

巴恩斯强调课程设计并非延续首先设定课程目标的固定轨道，亦可在学习经验、活动以及内容等方面的制定来拓展，重视教师和学生在教和学过程中的体验和反馈，赋予学生创造思维和发现自我的机会，形成多元化的学习结果。[①] 他还主张课程设计必须遵循一定的秩序，即体现课程设计内在价值和标准的理念和原则，他把这样的理念和原则定义为“程序原则”，并将其作为课程设计的价值取向和标准，贯穿于课程设计过程的始终。他以“课程原则”为基准，将课程设计分为两个步骤：一是明确程序原则，包括内在于课程整个体系的通则以及隐喻于特定内容与题材的原则和标准；二是运用程序原则来选择和组织活动或内容，并指导和发展教师对课程设计的理解和判断能力。此外，巴恩斯还延伸了程序原则的多样类型及用途，如用于选择活动的原则、用于选择内容的原则、用于选择问题的原则等等。

三、对过程模式的评价

过程模式强调学习者的主动参与和探究学习，使课程开发更趋于成熟和完善。从各种课程设计的过程模式来看，其存在一些共同特征。其一，把过程模式看作是一种开放的、动态的、非形式化的系统。在该系统中，学习不是直线式的、被动的反应过程，而是一个主动参与和探究的过程；目标和内容也不必预定，依照儿童的兴趣在学习过程中随时可能改变。其二，过程模式反对把教育看成是达成目的的手段，而强调教育是一种过程。在这个过程中，反对工具主义的知识观，强调教育的内在价值，故而儿童能够获得求知能力，发展认知作用，增进批判能力，成为有灵活性、有教养的个人。其三，过程模式提倡积极主动的学习和建构，重视发现、探究和合作的学习，反对学生为被动的灌输者，教师为固定的传输者，实现师生间的互动与交流。其四，注重形成性评价的实施。过程模式十分强调对课程实施过程的形成性评价，通过对这一过程的详细考察、研究和分析，明确课程存在的问题以及问题的原因和性质，进而提出改进的策略。

总体来看，过程模式虽在多方面都取得了较好的认同和效果，然而其自身不可避免地存在着一定的局限性。首先，过程模式虽重视教育过程，但过于强调价值的相对性，忽视了具体的、明确的目标的作用，导致教师难以驾驭，结果该模式在实践中难以完成。其次，过程模式在否定目标模式通过阐述课程目标来开发课程的同时，又走向了否定目标的反面，而把整个课程开发局限于对学科体系进行抽象、演绎的单一来源中，忽视了社会需要、知识实用性，以及儿童的可接受性。最后，过程模式涉及“需要”“兴趣”“成长”等抽象的价值概念。教师没有明确的准则去评价“需要”“兴趣”“成长”和在不同学习“需要”“兴趣”“成长”之间做出取舍。

---

①黄政杰．课程设计[M]．中国台湾：台湾东华书局，1991：175－176．

◆案例解析[①]

赞科夫曾言:“教学法一旦触及学生的情绪和意志领域,触及学生的精神需要,便能发挥其高度有效的作用。”由王晓初老师在秀城区音乐展示课中执教的《摇篮曲》是浙江省义务教材小学六年级上册第五课的教学内容,现改由四年级学生学习,采用了情景教学法。本案例的情景教学正触及长期被忽略的儿童情绪领域,形成其独特个性,成为在模拟情境和想象情境结合下实际运用情境教学手法的课堂教学案例。

[案例片段一]

教室内一片寂静,黑暗中多媒体投影出夏夜星空的画面,音响中传来一阵阵蛙鸣声。教师用娓娓动听的语调叙述着“夜深、人静、入睡”等词语,在此情、景提示下,学生渐渐有了睡意……忽然传来一阵强烈的音乐……一会,音响中又传出使人烦躁的婴儿啼哭声……

师商量着问:“我碰到了问题,怎样才能让孩子不哭?”

经过一番激烈讨论,同学们得出的答案是:“要他安静(睡觉)。”

办法为:“哄哄他!”

师与生又商量:“怎么哄?”

生A天真地说:“喂奶给他吃!”

生B动情地说:“拿玩具给他玩,就会好的!”

生C肯定地说:“我妈说,‘小孩哭,给他糖吃就不会哭了’!”

生D深有感叹地说:“抱抱他!我小时候一哭,让大人抱抱就不哭了。”

生E边舞边说:“跳个舞吧,跳舞给他看就不哭了!”

生F带着回想说:“唱小曲给他听吧!有了好听的声音就不哭了!”

最后经一番讨论得出:“唱小曲最好!”原因是小时候哭,妈妈都是唱歌哄他们才不哭的,继而教师把学生的情绪导入到教唱歌曲《摇篮曲》所需的意境中。

[评析]

王晓初老师创设了夜深人静的情景,导入音乐课堂教学内容并自始至终运用这一情境是本课的最大特色。利用情境激发学生的情感是本案例的一项重要内容。俗话说“触景生情”,说明了情境对人性情的重要。当某种情境能引起人情感想象时,即是生情。叶圣陶先生曾指出:“作者胸有境,入境始于亲。”只有感受真切,才能入境。王晓初老师充分运用这一真切感受,缩短教学内容与学生的距离,增强了形象的真实感,引发儿童关注,使学生产生了细致的情感体验,从而在短时间内激发学生情感。王晓初老师抓住情感这一动因促进学生发展,还以自己真切情感激起儿童情感,以情动情,从而促使学生的情感参与认知活动,充分调动了学习主动性。

---

①资料来源:http://www.DiYiFanWen.com.

［案例片段二］

师："我们来表演一次好吗？"

生情绪高涨地回答："好！"

师导入情景所需，要求学生们挑选各自在情节中所能扮演的角色。群情踊跃，情绪激动。

生 A 抢着喊："我想学青蛙叫！"

生 B 边举手边站起来说："我会学刮风的声音！"

生 C 在旁边说："我会学鸟叫！"同时还噘着嘴吹了两下。

……

师一一赞许。一名学生扮演婴儿，师扮演妈妈。夜幕降临，音响中传来了婴儿啼哭声。

师："孩子又哭了，咱们哄哄他吧！"

同学们在音乐的伴奏下，带着情绪，有声有色地唱了起来。

［评析］

音乐教学的环境是运用情感教学的重要因素。如果学生没有一个和谐优美的听觉、视觉环境，就缺少了情感发生的外部条件，那么情感发生作用的程度也会大受影响。王晓初老师充分运用这一有利情景，妙思奇想地进入新课内容的教学环节。

表现音乐是一种实践性很强的活动。因此，培养学生音乐表现力就必须引导学生参与音乐实践活动。引导学生参与音乐艺术实践活动，除了要选择有艺术价值的表演曲目外，还需注意活动形式的趣味性及活动广泛性。也就是说，选择的曲目要给学生提供艺术表现的良好机会，既不能偏难，也不能偏易，要在学生力所能及的基础上略有提高。在活动形式上不能过于单一，要常变常新。本案就为进行表现音乐的活动提供了一个很好的例子。

|第三节|

课程设计的情景分析模式

情景分析模式又称为环境模式或文化分析模式。该模式立意于解决课程与社会文化的关系问题，它立足于广阔的文化学视野，在对社会总体文化的分析中寻求一种灵活的、适应性较强的课程设计标准及方法。该模式强调通过社会文化情境的分析，着重于对课程进行文化选择，使课程生成于时代文化之中的一种课程设计模式，它被视为一种具有操作性、适应性的课程设计模式。这种模式的代表人物主要有英国的劳顿和斯基尔贝克。

一、劳顿的情景分析模式

劳顿特别关注公共基础文化，强调达成学科间的平衡，提出了一个建立在文化分析基础上的课程设计模式，该模式又称为文化分析模式[①]。劳顿将课程设计建立在知识的本质、儿童的本性和社会情境三者之上，并且提出课程设计的精髓在于将文化中最重要的部分传授给学生[②]。他认为，第一，知识可以被课程设计所借鉴，因为无论教育是什么，课程都必须重视知识的传授，都必须确保所有重要的知识不被忽略。但仅仅以知识为中心作为课程设计的基础又有失偏颇，应该将其置于广阔的社会文化结构中。第二，儿童是课程设计的核心和最终目的，教师如果不能传授儿童某方面的东西，不能关注儿童，教师的课程设计便失去了存在的合理性和意义。但是如果课程设计完全以儿童需要和兴趣为依据，并将此作为课程设计的唯一理论基础便不足取。第三，社会情境是课程设计需要考虑的又一个因素，但是社会现实是表面化的、肤浅的，以此作为课程设计的理论基础容易导致课程方案在知识的价值判断、儿童的个人需求以及外部世界动荡多变的客观现实方面缺乏充分的考虑。因此，如何合理地选择文化中的最重要的部分也就成为劳顿的“文化分析模式”力图解决的主要问题。

在文化分析模式中，劳顿将课程设计划分为五个阶段：(1)哲学层面离析。即通过对人类文化共同特征的哲学分析，确定具有永久性的教育目的及知识的价值及结构。(2)社会学层面俯瞰。即通过对特定社会文化的分析以及对社会现实情境(包括社会性质、思想观念及技术的变化)的判断，确定教育现实的社会职责、目的及手段。(3)文化层面的筛选。即在对教育目的、职责及知识价值、结构的哲学与社会学分析基础上进行文化要素的选择，确定课程的文化选择背景。(4)心理学理论的运用。当课程的文化选择总体框架确定后，则需要运用诸如发展、学习、教学、动机等方面的心理学理论对课程予以编排、组织，并考虑理想的解题方法。(5)课程计划的形成。即按顺序和阶段具体组织课程材料，安排课程进度(如图 4-6)。值得注意的是，劳顿关于课程设计的“文化分析模式”有两大基本原则：一是关注公共基础文化；二是达成学科间的平衡。其中，劳顿认为教育通过课程所进行的文化传递主要指向于公共基础文化，即不同地区、不同民族、不同社会形态的文化传统中所共同包含的文化形态及其特征。因此，在课程设计中应该重点关注公共基础文化。在学科平衡上，劳顿认为课程设计应该注重学科范畴的全面性和学科之间的关联性。在学科范畴的全面性上，学校课程必须包含所有重要的知识领域，课程设计者需要详细审查关于知识的各种哲学观点，以求在学科分布上达到平衡；在学科之间的关联性上，课程设计既要在学科之间保证自成体系的基础，又要根据不同学科性质将各学科知识有机联系起来。

---

①欧用生．课程发展模式探讨[M]．中国台湾：复文图书有限公司，1985：16.

②Lawton. D. Curriculum Studies and Educational Planning[M]. London: Edward Arnold, 1983:25.

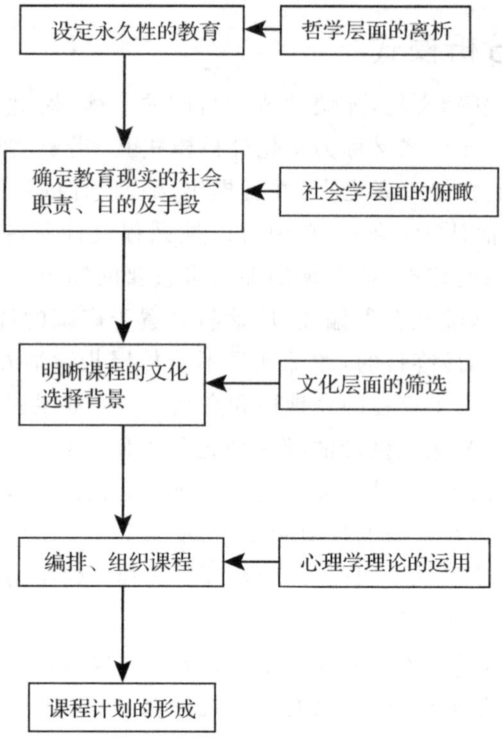

图 4.6 劳顿的课程设计模式

劳顿的文化分析课程设计思想是考察各个学校所处的共同文化背景，主要通过学校"文化分析"来确定公共文化形式，从而使"课程作为对文化的一种选择"得以实现。这个思想无疑是课程的文化学基础，课程只有适合当时背景的文化才能根植，而文化又分为主流文化与亚文化，这种文化反应在课程领域中，一方面要求选择主流文化作为课程内容设计，以体现统治阶级的政治经济需求和时代特征，保证每个社会成员都有机会接受主流文化，并使社会共同文化一代一代地延续和发展下去；另一方面，劳顿的文化分析课程设计思想要求在学校中开设潜在课程，因为潜在课程以选择亚文化为主，从而促进亚文化的发展。关于这一点也证实了劳顿课程设计的情境性，毕竟社会的发展要求学校教育和课程设计并非一种声音，而是多种声音的平衡发展。

二、斯基尔贝克的情景分析模式

斯基尔贝克主张课程设计应立足于"课程设计应该针对单个的学校和教师。换句话说，以学校为单位的课程设计乃是促进学校活动行之有效的方式"的基本假设[①]。具体而言，就是按不同学校自身的实际情况，通过对学校环境进行全方面、多维度的分析和评估来设计课程。关于斯基尔贝克的情景分析模式的基本思想主要包括以下四个方面：其一，课程由经验构成，而经验又来源于一定历史时期的社会生活，所以课程设计不能脱离一定历史时期的社会生活与文化框架；其二，课程是一种手段，教师可以借助这种手段引

①[英]菲利浦·泰勒，科林·理查兹．课程研究导论[M]．王伟廉译．北京：春秋出版社，1989：61.

导学生领悟文化价值，掌握用以揭示文化的各种结构和各种符号系统；其三，教育实践证明，不同意识形态的团体必然对文化传递加以不同性质的影响，因而课程设计的过程必然是一个价值判断的过程，表现出鲜明的政治特征和时代色彩；其四，课程设计还应该体现出鲜明的地方色彩。因此，该模式在对具体的学校情境进行微观层面分析的基础上，构建学校本位课程研制模式，其中心及焦点在于具体的、单个学校及其教师，并提出课程设计是促进学校获得真正发展的最有效的方式。

斯基尔贝克将进行课程设计的情景分析模式归纳为五个组成部分：(1)文化分析。文化分析主要是指对制约学校课程的内外因素及其相互作用的分析与考察。内部因素包括学生的心理特点；教师的价值取向、态度、技能、知识、经验；学校的风气；教学设备以及当前学校课程面临的发展问题。外部因素主要包括文化、社会及意识形态的变迁；家长、社区及雇主的教育期望；教育政策、考试制度及教育系统、地方教育当局的要求以及教材性质的变化等。(2)拟定目标。即依据对情境中各种制约课程的因素(人类价值与经验、学生学习求知的方式、教师与学生的行动、学生可达到的学习结果的预期等)的分析、诊断的结果，确定体现着意在改变某方面情境的各种决策的课程目标。(3)编制方案。即依据已确定的课程目标选择学习材料、确定教学方法、选择适宜的结构性环境、设计教学活动方案，如教学顺序、结构、范围、活动方式、时间表、活动场所等。(4)解释与实施。对课程方案实施中可能出现的各种实际问题予以解释，并在实施中提供设法解决问题的策略。(5)追踪与重建。对教育结果进行全面的检查、评价，并对反馈的意见进行整理，提出改进方案的新策略，而不只局限于课程目标的达成度。评价范围具体包括学生在课堂活动中的进步情况，以及包括学生态度在内的各个方面的学习成果等，并以此作为反馈与重建的内容和依据(如图 4-7)。

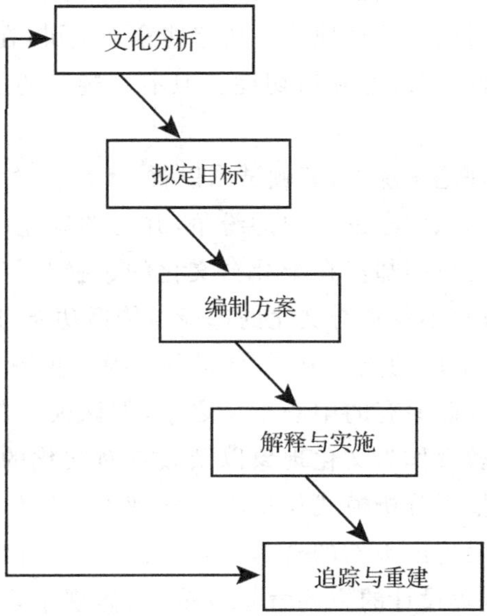

图 4-7 斯基尔贝克的课程设计模式

三、情景分析模式的评价

关于情景分析模式的优点主要包括以下五方面：第一，在方法论基础上，劳顿的文化分析模式既强调普遍的、一般的价值准则，又重视具体的、现实的社会目标，更注重在课程设计过程中心理学原理及方法的运用，从而为课程设计确立了一个综合化的理论来源及方法论体系。第二，在具体的课程方案设计上，基斯尔贝克的情景分析模式立足于学校内外具体文化状况的分析以确定课程目标、内容及实施策略，使课程设计表现出较强的现实适应性及动态发展性的特点。第三，情景分析模式在整体上赋予了课程设计文化选择的属性和文化传播的职能，反映了学校教育在历史发展过程中所呈现的一贯的基本特征。第四，情景分析模式强调课程设计过程在课程内容上的严格选择性、组织性与结构性，揭示了课程内容的基本特征。第五，情景分析模式表现出极强的兼容性与囊括性。因为情景分析模式并不是目标模式之外的第二选择模式，而是一种极具兼容性与囊括性的课程设计模式，这种模式根据所要设计课程的不同方面，既可能包含目标模式，也可能外含于目标模式，并且随着学校文化环境的不同而采取不同的课程设计方式与策略。

作为当代最具影响力的课程设计模式之一，情景分析模式反对在脱离社会现实及学校具体氛围与情境的“真空”中设计课程方案，强调课程研究方法的跨学科性质，认为无论是哲学、社会学，还是心理学，它们本身都不能作为课程设计的唯一基础。只有在文化分析的基础上，阐明课程与文化的关系，才能准确地揭示课程的本质，制定出全面、合理的课程设计方案①。此外，情景分析模式将课程设计置于文化背景和学校环境之下，以此来确立学生的学习内容和经验，避免了教育目标的空泛和僵化。加之该模式按照学生的身心发展规律，充分估计学生当前现有的发展水平和需求，又力争去实现未来发展空间和潜力，巩固了学生学习的主体性地位。从这些意义上讲，在课程设计维度上，情景分析模式更具全面性、合理性、实践性和适切性。但不可避免的是情景分析模式也存在着自身的缺口和失谐。

第一，在课程设计的理论来源上，劳顿试图以哲学、社会学和心理学的综合来消解社会中心论、儿童中心论与知识中心论之间的纷争，并力图确立一个全面的课程指导思想层面的理论框架，但其最终目的却仅在于社会文化的选择与传播，并未能最终体现教育的全部文化功能。因为教育不仅具有文化的选择与传播功能，还更多地承担了文化的改造、批判、创新与重塑等方面的功能。第二，情景分析模式企图借由文化分析的视角来审视课程设计的整个流程，打破原有的中心主义之争，但该模式却仅停留于文化选择与传承等表层的考察，缺乏对教育作为文化现象以及教育对文化的改造、批判和重建等深层次的认知与考量。第三，情景分析模式仅把心理学理论运用停留在课程设计的方法、策略层面上，使其指导思想表现出虚幻的合理性及全面性。第四，情景分析模式主张以不同学校的具体情景作为课程设计的主要背景及依据，体现了理论与实践相结合的理念，却也将课程设计置于“无从下手”的尴尬境地，最终难以绘制课程发展的美好图景。第

---

①黄甫全，王嘉毅．课程与教学论[M]．北京：高等教育出版社，2002：169．

五，情景分析模式过于倚重文化自身的功用，容易导致课程发展的片面性和单一性。情景分析模式基于文化选择的视角来审视课程设计，忽略了社会发展的多元性，使模式本身滋生不可调和的弊端。

◆资料补充

课程设计的目标模式、过程模式和情境模式的比较分析①

最早出现的课程设计模式为目标模式，其特点是建立明确的课程目标，并以课程目标的达成为导向，帮助教师选择学习经验、安排适当学习活动，推进教学，更可作为评价基础。但由于此模式的课程设计太过强调技术性价值，而忽略教育历程的重要性，无形中贬抑了学校教育专业判断及专业成长的价值，由此为过程模式的诞生奠定基础。

过程模式基于"教育生长说"，重视知识、活动及问题的自主性，强调个人发展、教育方式而非教育内容，关注学习者在学习过程中的主动学习，将重心放在教学脉络与经验的重组上。在过程模式当中，知识、活动及问题本身就是目的，因此课程设计不需以外在目标作为手段，而将焦点置于课程设计的程序原则上，允许学生自由创造，然后在教学过程、活动、经验中不断修正。虽然过程模式可弥补目标模式的缺失，然而它却十分依赖教师素质，导致在学生评价上可能太过主观，如若教师专业素养不够，在实施上也会遇到困难。

情境模式鼓励课程设计者依据情境产生课程，并提供课程设计框架。其优点是能针对个别情境而设计出适宜的课程，但相对而言，课程品质亦受到教师能力的限制，如果学校倡导不佳、人员投入不力、社区无法配合，其成效有待质疑。概而言之，可发现每一种课程设计模式均有其特点及适用之地，亦可提供我们进行课程设计思考的参考框架。

|第四节|
课程设计的自然模式

在泰勒及其继承者的目标模式之后，产生了一些针对泰勒模式的批判模式，自然模式就是其中之一。自然模式课程设计是建立在对目标模式和过程模式的综合折中的基础上的。最早由美国教育家瓦克提出，通过既借鉴目标模式的规律有序可检测的优点，又借鉴过程模式的过程开放发散有创新的优点，建构一种实用性的新课程设计模式。自然模式的代表人物是斯坦福大学教授沃克，他认为泰勒模式是从理论思考的角度来建构课程设计模式，而在现实的教育实际中，课程设计的过程并非是按照泰勒理论发展和进行的。沃克通过对自己参与的一些成功的课程设计案例进行实证研究，其中较为出名的是沃克参与研究了一项名为"科特林艺术课程"设计的全部过程，在研究过程中，沃克详细记录了课程设计团队在课程设计上的愿景、讨论、会议、争议、决议等所有过程，在研究

①董小红.小学综合实践活动课程设计之研究[D].广州：华南师范大学，2008：23－24.

经验中概括出了课程设计的重要元素，并在分析数据的基础上提炼出了课程设计的基本框架，从而形成了自己关于课程设计的模式。他认为这个模式非常切合课程设计的自然过程，所以将此作为课程设计的另一大模式——自然模式。需要指出的是，沃克的自然模式认为泰勒模式过于强调目标在课程设计中的重要地位，使得课程设计偏离中心的缺陷，这种模式不能反映传统教育中实际发生的课程设计现象，因为在实际的课程设计中，尽管也需要设计目标，但设计目标仅仅是课程设计工作的附属部分，并非主要部分，课程设计同时还包括其他很多重要层面。①

一、沃克自然模式的主要内容

沃克的自然模式实质上倾向于对成功的课程设计的自然过程的摹写，追求以自然科学的态度、思维和方法来认识和把握课程设计过程。其中，沃克在课程设计的自然模式上强调三个要素：一是立场；二是慎思；三是设计（如图 4-8）②。

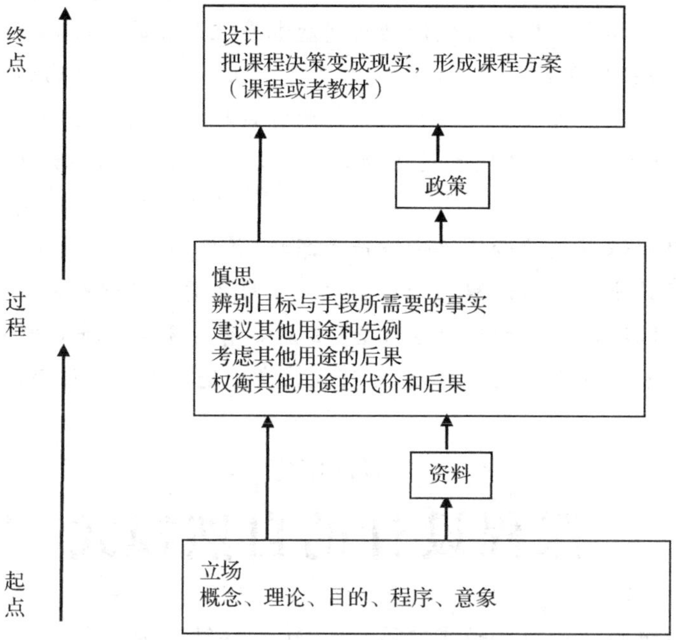

图 4.8 沃克的课程设计模式

“立场”包括概念、理论和目的，也包括对良好教学、良好程序和好的例子的“意象”。概念是指什么是可教的、可学的以及可能的信念；理论则是指那些所谓真实的信念，也就是通过研究在教育实践中获得成功的信念，而目的是指教育上希望达到的信念，这些已有的信念构成了课程发展的思想基础，也就是课程开发人员的立场。立场的作用在于给审议决策提供事实和逻辑基础，表达团体课程小组的共同信念，而课程审议者可根据立场的意念，用以形成一系列通过慎思方式解决的特殊研制问题，是整个课程设计的引导。

①黄政杰. 课程设计[M]. 中国台湾：台湾东华书局，1991：164.

②于泽元. 论课程变革的综合理解模式[J]. 天津市教科院学报，2007(4)：36.

“慎思”概念包括了辨别目标与手段所需要的事实、建议其他用途和先例、考虑其他用途的后果、权衡其他用途的代价和后果四个环节。其实，简单地讲，慎思的过程就是在上述信念的基础上，课程开发人员相互作用，通过目的与手段的互动，澄清所面对的问题，形成变通的解决方案，并分析各个方案可能的后果及其成本。课程开发者也可以把慎思的结果累积起来作为先例，以成为今后课程决策的依据，而这些累积的依据就成为沃克所称的“政策”。在设计阶段，则要按照一系列选择的策略，对已有的变通方案进行选择，并进行外显的和内隐的设计。外显的设计是指先前思考的各种变通方案的设计方法；内隐的设计则指人员自行采取行动，而事先并没有考虑变通的解决方法。

有研究指出，小学教师可以根据自然模式课程设计的折中原理进行课程设计。第一，设置开放性而不是标准化的教学目标，因为目标在课程设计和教学中起着引导作用而非具体的规范。第二，主要发挥学生的主导作用，教师属于参与角色，例如在一堂语文课中，对某个句子的修辞改用何种修辞手法，教师可提出不同的方案，由学生来选择，而教师则引导学生具体认知修辞手法是否与该句子合适，经过分析与选择后得出最优的答案。

二、沃克自然模式的主要程序

沃克的自然模式在程序上非常清晰，主要包括立场、慎思和设计三步骤。首先，确定课程设计的起始环节是课程立场，它的重要性在于明确课程设计人员的现有观念，包括课程设计者的概念、理论、目的、程序和意象。这部分在以上内容中已做了相关阐述，这里不再赘述。需要指出的是，课程设计的立场为课程设计者提供了实然观念和应然观念，是课程设计人员在构思课程理想状态时所必须遵循的原则。其次，进行慎思是从课程立场到形成课程决策的过程。沃克的“慎思”主要来自于施瓦布。施瓦布认为，课程设计的“慎思”过程是从实践或者实用的角度进行探究，是实用的过程。沃克继承了这种观点，认为在慎思过程中特定情境中的事实与目的和手段有关，需要将这些事实置于具体个案或者情境之中，并对其进行事实判断和价值评价，以便识别问题和明确目的，然后形成各种可供选择的解决方案，并为这些方案提供辩护，最后决定最佳的解决方案。这个过程包括了辨别目标与手段所需要的事实、建议其他用途和先例、考虑其他用途的后果、权衡其他用途的代价和后果四个环节。最后，根据慎思结果，形成课程方案。沃克认为课程设计主要在于将课程中的各种抽象关系具体化，这些抽象关系并不是课程本身形态，影响着课程学习者。沃克指出，在课程设计中，有些决定在外在的慎思过程之上预先做出，表现为显在的课程设计；有些设计行为是课程设计者内在自动完成和实现，并没有经历外在的慎思过程，属于隐性的课程设计，因而不能成为决定。[①] 在沃克的自然模式中，课程设计的结果不是一组物品或者行为目标或者行为经验，而是一系列行为决定或课程方案。[②]

---

①靳玉乐．课程论[M]．北京：人民教育出版社，2012：163．

②黄政杰．课程设计[M]．中国台湾：台湾东华书局，1991：166．

后来也有研究者将沃克的自然模式进程进行了细化，主要包括以下六个方面：第一步，在起初阶段，该课程计划没有设定目标，而目标只在其余阶段提供引导和参考的作用；第二步，课程设计工作主要由教授课程的老师和专家主持，而学生、其他科目教师及外行人的参与极少；第三步，课程计划的设计以时间推理或慎思为主，通常的工作涉及辨别、形成和陈述问题，思考和表达解决这些问题的方案，以及对不同方案的利弊进行辨别；第四步，课程计划所依据的资料并非属于科学化实证性理想的类型，而是经常来自小组成员的普遍经验；第五步，在课程计划的慎思里，有关社会的资料很少得到采用；第六步，大部分的慎思论断，没有诉诸任何三个传统的课程决定因素，即学生、知识和社会，反而诉诸计划的操作或推行计划时出现的事件。

三、对沃克自然模式的评价

沃克自然模式的主要优点在于：第一，沃克自然模式课程设计既反对单一传统的目标模式设计，又对过程模式的脱离课程目标充满怀疑，主张课程设计应该综合考量各种教学因素。第二，沃克的自然模式描述了实际的课程设计过程，采用一种弹性化和非线性的方式进行课程设计工作。和泰勒的目标模式比较，沃克的自然模式更有弹性，它打破了泰勒原理的那种线性的逻辑，提出了课程设计中存在非理性成分，揭示了现实情境中的课程设计者在观念、价值等方面存在的冲突和矛盾。第三，沃克的自然模式认为目标也是需要的，但其重要性则较为次之，只是自然模式的立场中的一个成分。就目标的达成而言，不是起源于严格的求证或者严密的哲学或者心理学的筛子，观点之间的互动与协调成为一种重要的目标生成方式，而且目标和手段并不截然分开，其两者的信念皆纳入立场之内。第四，沃克的自然模式强调通过慎思的过程来解决课程设计所面临的问题，课程决定是在立场权衡和慎思过程之上自然形成的，课程各层次人员共同参与课程设计形成的课程方案更适合课程实践。第五，需要指出的是，自然模式基本上是一个描述性模式，并不具有制定功能。

沃克的自然模式是描述性的模式，这种描述性模式也有其局限性。连沃克自己都承认，这种模式具有以下缺陷：首先，很容易流于表面化。因为，在自然模式中，对于立场的陈述、慎思的协商、决策的形成三个环节的时间和任务没有做出明确的规定，这个缺陷很可能是由时间和资源的不足所造成，而不断地重复劳动也会造成时间和资源的浪费，使得慎思的过程流于形式，不能实现预先的目的；其次，慎思的回报率并不高，因为课程设计者的知识和经验存在局限性，课程设计者对于课程问题的立场和意见也存在不同看法……这样进行的慎思过程就是在无休止地讨论又讨论；最后，课程设计者的文化背景和所处的政治环境也限制慎思的过程和结果，因为课程设计需要对课程问题进行慎思，充分考虑不同方法的价值，考虑课程知识的构成结构，考虑课程学习者对知识的接受能力和可能限制，这样看来慎思的过程和结果的随意性就比较大。[①]

---

①Walker. D. E. Fundamentals of curriculum[M]. New York: Harcourt Brace Jovanovich, 1990. 211－217.

本章小结

本章主要探讨了小学课程的设计的四种主要模式，即课程设计的目标模式、过程模式、情景分析模式和自然模式，着重分析了每种模式的内涵概念、发展历史、主要内容和程序步骤等。

复习与思考

1. 课程设计目标模式的发展历程是怎么样的？
2. 你如何评价课程设计的过程模式？
3. 你如何评价课程设计的情景分析模式？
4. 对沃克课程设计的自然模式进行评析。

第五章 小学课程的目标设计

◆本章重点

①课程目标的内涵

②课程目标的内容

③课程目标的类型

④小学课程目标选择的依据

⑤小学课程目标选择的程序

我国新一轮的基础教育课程目标是指根据课程改革转变课程功能的要求，从知识与技能、过程与方法、情感态度与价值观三个维度，确定的课程总目标和学段目标。

|第一节|

课程目标的含义与功能

一、课程目标的内涵

在整个课程领域，课程目标起着方向标的作用。课程目标指导课程编制，是课程内容设计、课程实施和评价的重要依据和导向。作为课程研究的基本问题和核心问题，课程目标的内涵一直是专家学者探讨的热点。为了明确课程目标的内涵，有必要厘清课程目标与教育目的、教育目标以及教学目标之间的区别和联系，结合课程目标的特点，完整地呈现课程目标的内涵。

◆学术争鸣

李光树认为，课程目标是对课程实施结果的一种预先设计，它既是课程设计的出发点，又是课程设计与实施的归宿。①

靳玉乐认为，课程目标是一定教育阶段的学校课程力图促进该阶段学生的身心发展所要达到的程度，是特定阶段的学校课程所要达到的结果。②

博比特认为，课程目标是指那些人们需要掌握和形成的能力、态度、习惯、鉴赏和知识的形式。③

奥利瓦认为，课程目标就是用具体化的、可测量的术语表述的取向或结果。课程规划者希望学生在完成了一个特定学校或学校系统的课程计划的部分或全部后，达到这一取向或结果。④

黄政杰认为，课程目标是课程设计的方向或指导原则，是预见的教育结果，是学生经历教育方案的各种教育活动后必须达成的表现。⑤

廖哲勋提出，课程目标是一定教育阶段的学校课程力图促进这一阶段学生的基本素质在其主动发展中最终可能达到国家期望的水准。简言之，课程目标是一定学段的学校课程力图最终达到的标准。⑥

---

①李光树. 对义务教育数学课程目标的认识[J]. 课程 · 教材 · 教法，2010(11)：49.

②靳玉乐. 课程论[M]. 北京：人民教育出版社，2012：172.

③Bobbit. J F. The Curriculum[M]. Boston: Houghton Miffin Company, 1918: 42.

④廖哲勋，田慧生. 课程新论[M]. 北京：教育科学出版社，2003：144.

⑤黄政杰. 课程设计[M]. 中国台湾：台湾东华书局，1991：186.

⑥廖哲勋. 课程学[M]. 武汉：华中师范大学出版社，1991：84.

(一)教育目的、教育目标与教学目标

教育目的是由三个基本的教育主体,教育者、国家或政府、学校等教育组织相互协调和共同达成的,是一个相对复杂且系统化的概念。它以书面的形式通过宪法、教育基本法和教育方针等呈现出来,代表整个国家教育的总体方向,并随着时代的变迁不断地更替和调整。在历史上,教育目的论存在个人本位和社会本位的价值取向,个人本位的教育目的在近代逐渐占据优势。教育目的的个人本位论主张教育目的应以个人价值为中心,应主要根据个人自身完善和发展的精神性需要来制定教育目的和建构教育活动。而教育目的的社会本位论主张教育目的应以社会价值为中心,应主要根据社会发展需要来制定教育目的和建构教育活动。① 由于个人利益和社会利益总是存在冲突,两者充分协调的状态也只是一种理想,个人本位的教育目的和社会本位的教育目的逐渐形成一种相互对立且又辩证统一的趋势,如何平衡两者是如今教育工作者的追求。

教育目标是涉及教育目的如何实现的问题,它的对象主要是具体化了的教育组织(主要是学校)。相对于教育目的来说,教育目标是一种外显的客观经验状态。它是教育目的的下位概念,它所体现的是不同性质的教育和不同阶段的教育的价值,如基础教育、高等教育、职业教育、成人教育分别具有不同的教育目标。② 它作为具体化了的教育目的,具有可操作性、可实现性的特点,且内涵丰富。

教学目标不同于教育目的、教育目标和课程目标的最大之处在于它的制定对象。它是活跃在教育一线的学校教师制定的,是教师在充分了解和分析学生和学校实际情况的基础上制订出的最有利于学生发展和学校发展的目标。教学目标是课程目标的下位概念,制定教学目标需要结合课程目标和学生、学校以及教师的实际情况。课程目标是教学目标制订的依据之一,是教学目标制订的最低限度,所以教学目标在实质上往往已经超越了课程目标。

课程目标与教育目的、教育目标、教学目标三者的关系是怎样的呢?根据以上的概念辨析,即可得出课程目标与这三者的序列:教育目的→教育目标→课程目标→教学目标。教育目的是一个相对宏观的概念,是决定课程目标的依据和导向。课程目标是教育目标的下位概念,它所体现在整个课程领域中的教育价值取向,具体到不同学科的目标和具体教学过程的目标,是教育目标在教学过程中的具体化。而教学目标是学校教师根据学生特点和相关实际制订的微观层次的目标,是随着周遭的情况和现实实际不断调整和变化的,是动态且具有个性的。课程目标是教育目标的直接反映,在很长一段时间内是稳定且没有变化的,教学目标则是实践的产物,一直处于活跃的状态。比较和区分教育目的、教育目标、课程目标、教学目标四者的含义,有助于我们进一步理解课程目标的内涵,走出概念混淆的迷宫。

---

①扈中平.教育目的中个人本位论与社会本位论的对立与历史统一[J].华南师范大学学报(社会科学版),2002(2):87.

②张华.论课程目标的确定[J].外国教育资料,2000(1):13.

(二)课程目标的特点

宏观性。课程目标体现的是国家的意志和社会的需要,它对学校实际的教学实践是一种宏观性的间接指导。有学者指出课程目标具有虚与实的特点,"虚"是指人们对课程目标在观念层次上所表现出的理解与认识或者说思想意识;"实",就是课程目标的客观存在及其对课程内容设计和课程实施的影响。① 所以对课程目标的理解和认识决定了课程内容设计与课程实施的过程和结果。这一观点是课程目标具有宏观性的最好诠释。课程目标里的要求和规定主要是起着导向作用,而教学目标是微观的,直接作用于日常教学,教师按照课程目标,结合学校、学生实际,制订出相应的教学目标。课程目标对教学实践的宏观调控和指导保证教学实际按照课程目标指引的方向和价值开展,教学目标以此为基础,对课程目标做出弹性化调整,以期达到课程目标预期的效果。

全面性。课程目标以学生的全面发展理念为宗旨,在课程目标内容和课程编制及实施的整个过程中表现出全面性和综合性的特点。课程目标内容不仅包括认知上的目标(知识、技能、发展和创新目标、方法和手段等目标),还有与情感相关的目标(学习兴趣、情感体验进而情感控制目标等),还包括新增的与心理品质相关的目标(竞争和发展、审美能力、心理承受能力等目标)。课程目标在内容设置上的全面性是把学习者看成一个完整的人,把人在社会生活中需要的知识、技能、能力和情感品质完整地融合在一起,促进学习者全面发展,使学习者在知识技能的掌握、能力的发展、情感品质和思想道德上都能达到最基本的水平。课程目标的全面性还体现在课程编制以及实施中。在整个过程中,课程目标起着全面指导的作用。它决定了课程内容的编写,直接影响着课程实施中教学过程的设计、教学方法和手段的选择,可以说课程目标一旦确定,它将伴随着课程领域的各个环节,对整个课程领域的指导是全面性的。

动态性。课程目标的动态性主要源于它的时代特征。纵观整个教育史,每一次时代的更替和发展,相应的教育观念也随之转变,新的教育观念以课程目标的形式出现在学校教育中,从而适应时代和社会的要求。课程目标的不断更新能够把社会的进步、时代的发展与人的发展融合在一起,帮助学习者更好地适应这个特定的时代,以获得身心的全面发展。除此之外,课程目标在实施过程中,也存在动态的变化。教师是课程目标的直接实施者,课程目标一到教师的手中,即被转化成教学目标,应用于教学实践。教师依据课程目标并超越课程目标,制订出教学目标,开展教育实践活动。所以某一个特定时代的课程目标也只是相对稳定的,它将随着学生的需要、教师的实际和学校的发展等做出相应的调整。课程目标的动态性正是课程目标最鲜活的一面,每一次的变化都会给整个教育领域甚至社会带来一股清风、一种希望,是社会各界对教育的期盼。

(三)课程目标的功能

课程目标是指导整个课程活动的准则,同时也是课程改革开展的基础,直接影响着教育教学实践活动。那么课程目标在整个课程领域起着何种作用呢?主要表现在以下四个方面。

---

①刘启迪.课程目标:构成、研制与实现[J].课程·教材·教法,2004(8):24.

导向功能。课程目标一旦确定,课程的开发与设计就有了明确的方向,课程活动的整个环节都会按照课程目标所期望的开展。课程目标决定了课程内容的选择,课程内容是课程目标实现的载体。课程永远以课程目标为方向标和依据去选择符合课程目标要求和规定的内容。同时,课程目标还决定着课程实施中教与学的方式,它对教育教学实践活动具有重要的导向作用。课程目标对课堂教学的宏观指导体现的就是一种导向性。它是课堂教学结果所要达到的最低标准,真实的课堂教学只能高于这个标准。课程目标作为课程活动的"第一要素",避免了课程设计者和实施者偏离课程目标所引领的方向,帮助他们在各种干扰中自觉地回到课程活动的正确方向上,使其更好地实现课程目标所期望达到的效果。

激励功能。目标是个体在期待结果的过程中一直保持聚精会神、坚持到底和奋勇前进的精神动力。课程目标也不外如是。在课程目标转化成教学目标后,学习者对自身的学习要求有了明确的认识,充分调动自身的积极性和主动性,努力达到课程目标所规定的要求,学习者在看到自身素质与课程目标所要求的差距后,产生自觉、积极学习的需要。课程目标的激励功能还体现在课程改革中,作为课程改革的出发点和归宿点,课程目标的实现一直是课程改革能有序进行的动力。课程改革的艰难是众所周知的,但是无论前路多少荆棘,课程目标的出现总是能带领课程改革一路披荆斩棘。

调控功能。课程目标的调控功能主要体现在两个方面:一是课程设计者的思想行为由课程目标规范和控制;二是课程实施者和学习者的教学行为受到制约。课程设计者如果想要设计出理想且科学的课程,必须按照课程目标规定的要求编制各项内容。课程实施者如果想要取得理想的教学效果,也要在课程目标的限定范围内开展。另外,课程的总目标对各个子目标的规范和约束也是课程目标调控功能的体现,还包括高层次目标对低层次目标的约束。

评价功能。课程目标的确定是评价课程实施效果的重要标准。课程目标包括宏观上的总要求(课程目标的总目标),还有具体的操作指标(各个子目标),领域涉及学习者知识技能、过程方法和情感态度。课程目标作为课程本身要达到的结果,可为课程的评价提供依据。它在行为和内容两个维度上测量和评价学习者。新的课程改革赋予课程目标评价功能新的意义,课程目标的评价已从外在的、工具化的评价功能转变为以学生全面发展为要求的内在功能。

二、课程目标的内容

(一)从课程目标自身层次划分

课程目标内容层次包括不同类型、不同阶段教育课程的培养目标、科类课程目标、学段课程目标三个层次。

课程培养目标。课程培养目标属于课程目标内容中的宏观层次目标。它直接体现着时代、社会和国家对受教育者成长发展的总体要求和规定,以抽象和概括性的文字进行表述,存在于国家政府制定的课程方案中。如基础教育阶段的培养目标是要使学生具有爱国主义、集体主义精神,热爱社会主义,继承和发扬中华民族的优秀传统和革命传统,具有社会主义民主法制意识,遵守国家法律和社会公德;逐步形成正确的世界观、人生观、价值观;具有社会责任感,努力为人民服务;有初步的创新精神与实践能力、科学和人文素养以及环境意识;具有终身学习的基础知识、基本技能和方法;具有健壮的体魄和良好的心理素质,养成健康的审美情趣和生活方式,成为有理想、有道德、有文化、有纪律的一代新人。这个课程目标从知识与技能、过程与方法、情感态度与价值观三个维度进行设计,相互渗透,互为融合,简称三维目标。可简要表述为:在过程中掌握方法,获取知识和技能,形成能力,培养情感态度和价值观。我国基础教育课程培养目标的三个维度是交融并进的,缺失任一维度都无法形成完整的教学。同时,三维目标也不是均等存在的,它会根据各学科的特点和实际有所侧重,核心是为了学生的全面发展。

科类课程目标。科类课程目标是指课程培养目标具体到各个学科的分目标。它是课程目标的一种具体化表现,在实际操作层面上影响学习者在某一个具体学科的某一个领域获得的成长和发展,相对于课程培养目标的宽泛和宏观,更具有直接的操作性和评价性。科类课程目标与课程培养目标一脉相承,但具有较强的学科特性,在目标内容的表述上,紧扣学科自身的特色。

学段课程目标。学段课程目标是存在于不同教育阶段的不同时段的目标,具有梯级的特性,每个学段的课程目标都不一样,但又环环相扣,逐级递升,前一个学段目标总是为后一个学段目标做铺垫,打基础。在目标内容的设置上,充分考虑学习者的身心发展水平,以此为基础促进学习者按部就班、有条不紊地学习。学段课程目标以各学科《课程标准》的形式呈现,与科类课程目标是一致的,是科类课程目标在不同学段课程中的具体体现。如义务教育阶段的数学学段目标分为三个基本的学段目标:第一学段是指一至三年级;第二学段是四至六年级;第三学段是七至九年级。

(二)从课程目标的制订者划分

国家课程目标。由国家制订的课程目标具有清晰、完整且兼具法律效力的特点。它是为所有学习者服务的课程目标。有学者指出国家制订的课程目标具有以下四个方面:建立授权体系、建立标准、促进全国课程的连贯性和一致性、促进公众的理解。[①] 国家的课程目标制订要考虑到不同种族、性别、文化和地位的差异,力求在全国各个地区建立一种授权机制,促进学生的全面发展。同时,国家制订的课程目标是全国性的,以课程标准的形式表现出来,明确地向学习者和教师提出了要学习的内容和所要达到的目标。它是保证地方和学校的课程目标一致性和连贯性的基础,有利于学生在不同地区、不同学校和不同教育阶段之间的过渡和改变。最后,由国家制订的课程目标是一个可供社会各界和教育家共同讨论教育教学问题的公共平台。它的设置提高了公众对学校教育教学工作所取得成就的理解和信心。

地方课程目标。地方课程目标是国家课程目标的补充,是地方教育部门、教育科研机构和教育学者等为开发主体,在充分了解本地区文化特色和地区的经济、社会发展实际情况和教育的特殊需要下制订的最适合该地区学生学习和发展的目标。地方课程目标具有明显的

---

①郜辉.英国国家课程目标及价值取向[J].湖南师范大学教育科学学报,2002(6):120.

区域和民族特色，它的宗旨是考虑到每一个学生的需要，给予各民族学生以同等教育的机会。如董仁忠和徐继存运用实地调研的研究方式，提出了东乡族自治县地方课程目标的初步设想。[①] 认知目标主要是让每一个学生认识东乡族的历史、成就以及独特点。而技能目标则是让每一个学生都能够客观地评价本民族文化。情感目标可归纳为每一个学生都能理解各个民族及其文化的独特性，尊重其他民族的文化及其成就。

学校课程目标。学校课程目标是某个学校以学校自身的背景情况为基础，结合国家课程目标和地方课程目标，三者进行有效的整合，制订出适合学校自身发展的目标。当然，学校的课程目标不仅包括有利于学校发展的学校课程建设目标，还有学生培养目标和教师专业成长目标。某个学校制订的课程目标是这所学校的领导者和教师对课程最真实的认识。尽管学校的课程目标具有鲜明的学校个性特色，但它的制订仍然是以国家课程目标为主线，辅以学校的实际情况，构建学校的特色目标。

三、课程目标的类型

(一)普遍性目标

普遍性目标是以经验、哲学观或伦理观、意识形态或社会政治需要为基础引出的一般教育宗旨或原则。这些宗旨或原则直接运用于课程与教学领域，成为课程与教学领域一般性、规范性的指导方针。该目标的特点是把一般教育宗旨或原则与课程教学目标等同起来，因而具有普遍性、模糊性、规范性，可用于所有的教学实践。[②] 同时，由于普遍性目标在教育实践中放宽了限制，学校领导者和教师在解释这些目标时有很强的自主性，一方面拥有了这些目标的第一话语权，但另一方面，学校教师和领导者在诠释这些目标时结合自身的实践经验和知识水平，因此普遍性教育目标被一些学者认为其缺乏科学性，逻辑上不够完整。

普遍性目标是源于一种普遍主义的价值观，作为一种最古老的课程目标取向，它认为任何课程目标都能够并应当运用于所有的教育实践情景。普遍性目标曾经在教育历史上扮演了重要角色，经历了很长的一段历史时期，影响至今。我国的先秦时代和西方的古希腊、古罗马的教育历史都充斥着这种具有普遍主义价值观的课程目标。如，孔子的教育目的为“学而优则仕”，孔子主张仁政和德政，德才兼备的政治贤才是他的培养目标。孟子继承孔子的教育思想，在此基础上提出了“明人伦”的伦理道德教育。苏格拉底认为教育的目的是培养治国人才。治国人才必须有德有才，深明事理，具有各种实际知识。柏拉图在《理想国》一书中，构建了一个培养哲学家和军人的教育体系，他认为教育最高的目标是培养哲学家兼政治家——哲学王。普遍性课程目标在近代教育史上的地位仍然是举足轻重。英国著名的教育家洛克认为教育的目的就是培养绅士。他指出绅士不仅要有强健的体魄，还要有“德行、智慧、礼仪和学问”。洛克的绅士教育体系第一次较为明确地提出了一个具有普遍性价值且包含德、智、体的全面的三育体系。另一位英

①董仁忠，徐继存．东乡族自治县地方课程目标初探[J]．民族教育研究，2001(4)：53.

②张华．课程与教学论[M]．上海：上海教育出版社，2000：153.

国著名的教育家斯宾塞提出了一个为完美生活做准备的教育目的，为所有的学习者勾勒出了一个普遍性的人生活动，包括直接保全自己的活动、间接保全自己的活动、抚养教育子女的活动、社会政治活动、闲暇爱好和情感活动五个方面。①

普遍性目标在世界范围的教育历史进程中独领风骚，直到如今的科技时代，才与其他新兴的课程目标相互比较和融合，继续共同为世界范围内的教育贡献力量。普遍性目标虽然具有经验主观和观点模糊的缺陷，但是在以此目标为方向的教育体系下，教育带来的成就仍然是辉煌灿烂的，其贡献不可磨灭。

（二）行为目标

行为目标的出现是由于普遍性目标已无法赶上时代更替的步伐，无法满足科技和信息时代社会对教育的需要。同时，课程研究开始作为一个独立的研究领域促使行为目标逐渐发展成为课程领域的研究核心。行为目标是一种精确性、具体性、可操作性的课程目标类型。它以具体的、可操作性的行为的形式陈述课程目标，指明教学实践活动结束后学习者身上所发生的行为变化。行为目标一出现在课程领域就引起广泛关注，教育学者的深入研究整合成如今成熟的行为目标类型。在此期间，在行为目标领域做出相关贡献的主要有博比特、泰勒和布卢姆，经过这三位学者的深入研究后，行为目标在课程领域，从某种意义上来说，席卷了 20 世纪的课程目标。当然，行为目标也因其自身缺陷受到批判，开始走向批判性发展的道路。行为目标追求可控制性的“唯科学主义”价值观，忽视了教育实践活动的创造性和人的发展完整性，直接省略了人的其他难用行为方式陈述的素质（价值观、情感、审美等）。

博比特和查特斯时期。博比特提出的课程科学化问题引发了课程学者对课程目标的系统探讨。他认为，20 世纪已进入了科学的时代，而科学的时代要求精确性和具体性，所以课程目标也必须标准化、具体化。在他的著作《怎样编制课程》中，他把教育目的具体化，运用活动分析法对学习者将来的生活所需要的准备进行了系统的分析和归纳，从而确定了 10 个领域中的 800 多个目标。查特斯以此为基础，用工作分析法替代活动分析法，提出了基于社会思想的课程目标，在一定程度上优化了博比特的课程目标观。博比特和查特斯的课程目标还处于行为目标不成熟的时期，他们科学且客观地在课程目标的确定上构建了一套可操作的程序，克服了普遍性目标模糊性和不确定性的缺陷，开始带领课程目标走上清晰客观的科学之路。

泰勒时期。拉尔夫 · 泰勒是美国著名的教育家，课程编制和评价的专家，他是科学化课程开发理论的集大成者。1949 年出版的《课程与教学的基本原理》成就了他“现代课程理论之父”的美誉。他强调对课程目标的陈述方式应该是一种最有助于教学过程的指导和学习经验选择的方式。泰勒认为对目标的陈述有三个误区：陈述的对象是以教师为第一人称，教师的行为是目标陈述的主要内容，学生的行为和表现没有得到关注；在列举的与课程学习相关的内容要素中无学生对这些要素的处理情况；对课程目标表述上没有处理好一般化和具体化程度的问题。随即，他提出了从行为层面和内容层面表述课程

---

①［英］斯宾塞．斯宾塞教育论著选［M］．胡毅，王承绪译．北京：人民教育出版社，1997：53—93．

目标的方式，促使课程目标做到行为和内容的有机结合。以往的课程工作者忽视了行为层面的课程目标，泰勒的行为和内容有机结合的课程目标指出课程目标要以行为方式来陈述，正是把忽视的行为层面课程目标重视起来。泰勒行为目标的影响几乎促使整个课程领域把课程目标与行为目标等同起来，泰勒也因此被冠以"行为目标之父"的称号。泰勒行为目标的另一贡献是回答了目标设置中一般化与具体化程度的问题。泰勒非常赞同其老师贾德的观点，"倾向于把目标看成是形成的一般反应模式，而不是要学习的非常具体的习惯"①。这种目标清晰却非具体的观点并没有被重视起来，人们反而越来越关注目标的具体化，这也促使泰勒行为目标的弊端开始显现出来。泰勒行为目标的弊端在于三个方面：不是所有的内容都可以用行为的方式陈述出来，如学习者的情感态度和价值观等；行为目标把一个完整的学习过程分裂成几个独立的部分，不利于学生的整体发展；行为目标作为一种预设的课程目标形式，与相关的教学实际相脱离。

布卢姆、克拉斯沃尔和哈罗等时期。布卢姆、克拉斯沃尔和哈罗进一步继承和发展了泰勒的行为目标，提出了"教育目标分类学"。教育目标分类学是借用生物学中"分类学"的概念，把完整的目标分成"认知领域""情感领域""动作技能领域"三个方面，同时，还将这三个领域的内容按从简单到复杂、由低级到高级的顺序排列。认知领域的目标有知识、领会、应用、分析、综合和评价六个类型；情感领域分为接受、反应、价值判断、组织、价值观念或价值复合体的个性化五个类别；动作技能领域包括反射动作、基本动作、知觉能力、体能、技巧动作和有意的沟通六类。

布卢姆、克拉斯沃尔和哈罗等人在 30 年的时间里共同制订和完善了教育目标分类学。它的主要特征有以下三个方面：一是教育目标具有层次结构。每一个目标领域的目标都是由简单到复杂、由低级到高级逐渐递升的，高层次的目标的建立总是以低层次的目标为基础的。二是在行为目标的陈述上改变了以往模糊、可随意解释的陈述方式，采用具体、清楚的方式来陈述学生的行为，以便教师更好地了解和评价学习者的学习。例如，行为目标的模糊陈述方式是"学生掌握……""学生领会……""学生懂得……"等；而正确且清楚的行为目标陈述方式为"学生能正确区分……""学生能判断……的价值""学生能举例说明……的关系"等。三是教育目标分类学中的目标已经不再局限于学科内容里，甚至超越了学科内容。每一门学科的内容都可以把教育目标分类学的层次结构当成一副骨架，再往里填充相关的学科内容。教育目标分类学对教育领域有不可磨灭的贡献，但也有自身的缺陷，主要源于时代的进步以及人们对人的发展的全面认识等进步观点。教育目标分类学改变了重知识、轻技能的现状，学生不再以知识的学习为重心，开始转向以知识学习为基础层次的更高的学习，展现出能力本位的教育价值观。

（三）生长性目标

生长性目标的英文是 Evolving Purpose，我国学者倾向于把其译成展开性目标，后来有学者指出"展开"是把原有的东西开发、展现出来的过程，而"生长"一词是一个有新质的东西生成的过程，更加符合"Evolving"这个单词的内涵。生长性目标是一种在实际

---

①施良方．课程理论——课程的基础、原理与问题[M]．北京：教育科学出版社，1996：85．

教育教学实践活动中自然生成的目标。与行为目标相比，生长性目标注重的是过程，而行为目标关注的是结果，是一种预设性的目标。

生长性目标源于杜威“教育即生长”的教育思想。杜威反对把某种外在的目的强加于教育，认为目的不是预先设置的，而是在教育过程中决定的，是教育经验的结果。他指出教育目的应是促进儿童生活、生长以及经验的改造，并强调教育过程与教育目的的融合。作为生长性目标萌芽的“教育即生长”命题展现出教育目的与教育过程有机融合的一面。英国著名的学者斯腾豪斯从另一侧面解读生长性目标，丰富其内涵和意义。他在表达形式上放弃了“目标”一词，提倡目标用过程来表示。在他看来，学校的教育过程有技能的掌握、知识的获得、社会价值和规范的确立、思想体系的形成四个方面。对这四个过程的目标陈述有行为目标的陈述方式，还应有另一种不同于行为目标陈述的方式。社会价值和规范的确立、思想体系的形成两个过程具有不可预测性，不能用行为目标的方式来表达，而且与前两项相比，它们是主要的和非工具性的。斯腾豪斯强调教师在规定的课程目标中要以一种审视、批判的态度来处理教育教学实践活动中的各项事宜，而且课程目标要以教育教学实践过程为基础和中心，促进教师成为教育研究者，从而成为教学主体。

生长性目标带领课程目标从“技术理性”走向了“实践理性”。它强调学生、教师和教育教学实践环境三者的相互作用是产生课程目标的基础，不是课程开发者和教师等外部因素强加的目标。在教育过程任何阶段生成的目标都不是终极目标，它会随着教育过程中的实际情况不断变化，以便更好地促进教学和学生的发展。生长性目标把过程与结果、手段与目的有机融合在一起，学生的学习会随着目标而不断加深，目标的达成将不会是学习的终止，反而又会刺激学生不断地学习，是促进学生终身学习的有效目标。然而，生长性目标含有大量理想成分，与现实的教育教学实际脱离。首先，它对教师的素质要求很高，教师要有研究者的态度和高瞻远瞩的眼界。但大部分教师无论从观念还是学识上都无法达到这一要求，甚至有些教师认为这已经超越了自己的工作范围，精力和时间限制了教师认识和采用生长性目标。其次，学生虽然对自己的学习有了主动权，但是学生理解的范围毕竟有限，还是需要教师的引导。最后，生长性目标的开放性决定了它的不易控制性，在时间上很难实行。尽管生长性目标的可实施化程度不高，但它在提高师生的主动性上仍然具有优越性，呈现了一组令人耳目一新的观点。

（四）表现性目标

表现性目标与生长性目标的产生背景相似，都是在对行为目标的批判中成长起来的目标类型。表现性目标是由美国著名的课程专家艾斯纳提出并发展的。表现性目标是指每一个学生在具体的教育教学实践活动中展现出来的个性化表现。学生的主体性和个性展示程度决定了表现性目标的实际效果。因此，表现性目标关注的是学生在具体的教育教学实践活动中表现出的个性和结果，而不是在活动之前设定的目标。它希望在课堂上能看到不同学生的不同表现和反应，而不是相同的表现。艾斯纳结合艺术教育和美学的相关知识，指出在进行课程设计和评价时，课程目标应该有两种不同的分目标：教学性目标和表现性目标。

在艾斯纳看来，教学性目标是在课程计划实施前就预先规定好的，需要学生在教学实践活动结束后所应习得的行为，如知识、技能等工具性文化。教学性目标在实质上与行为目标相似，然而表现性目标旨在培养学生的创造性，期盼学生在某种教学实践活动结束后得到能彰显学生个性的结果，并且该结果可能是有意的，也可能是无意的，但一定不是规定好要获得的行为结果。教师希望通过表现性目标提供一个具体的教育情景，并使学生在其中能获得个人意义和发展。表现性目标在描述了学生在教育教学实践活动中遇到的"际遇"：指学生遇到的问题，要处理的学习任务等。但它不会指明学生在这样的"际遇"中会学到什么。在制订表现性目标的时候，艾斯纳强调不应追求活动结果与预期的目标一一对应，它只是为学生提供发展个性的活动领域，并不期望学生在活动结束后能达到何种目的，活动的结果应是开放性的。而且，在学生活动结束后，教师要采用一种鉴赏式的美学评价方式去看待学生的表现，重点关注学生表现出的个性和创造性。

艾斯纳认为行为性目标是基础，表现性目标才是课程目标的中心和根本。表现性目标更适合用于表述那些复杂的智力性活动，以此为学生构建有创造性的教学活动。表现性目标把课程目标放置在"解放理性"的维度。它关注学生的个性表现和创造性发展，认为学生之间的个性差异是应受到尊重和理解的，教师更应该承认学生的主体性来帮助学生获得个性的解放，整个社会的教育也应处于一种以人为本的氛围中。当然，表现性目标也存在一定缺陷，即内容上的模糊性。表现性目标的优势还是大于它的缺陷，以人为本、尊重差异和个性的教育观已经深入人心，这种教育价值观的特别之处正是它对人性的解放是不需要用任何方式去考量的。表现性目标并没有完全否定行为目标，只是认为行为目标涉及的是人为未来生活做准备的较低层面的素质，而表现性目标强调的较高层次素质才是人在未来生活中能获得个性解放的重要学习内容。行为目标和表现性目标的整合才能带给人全面发展。

◆案例解析

《中小学信息技术课程指导纲要》指出我国中小学信息技术课程目标从培养学生技术技能到培养学生信息素养的转变，由技术本位取向转向能力本位取向。这一转变要求学习者在学习信息技术基本操作技能的同时加强自身综合驾驭信息的能力和运用信息技术进行数字化学习的能力。在信息技术课程内容发展迅速的背景下，课程专家和学者结合学生年龄特点，已对信息技术课程目标进行细化。其中，华南师范大学桑新民教授把小学信息技术课程目标分为三个层次。

第一层次：信息技术运用能力和新的读写算能力培养。

第二层次：运用信息技术进行研究、创造性学习的能力。

第三层次：信息技术专业技能的培养与信息素养的综合发展。

其中，小学阶段的信息技术课程目标主要体现在第一层次和第二层次，即培养学生信息技术应用能力和新的读写算能力，运用信息技术进行研究与创造性学习能力（数字化学习能力）。

［评析］

桑新民教授对信息技术课程目标的分析优势在于将信息技术课程目标融入基础教育课程目标中，有效避免了信息技术课程脱离于中小学其他课程。

|第二节|

小学课程目标的选择

一、小学课程目标选择的依据

在当今飞速发展的国际化、信息化时代，社会对人提出了更高的要求和期盼。小学生是未来社会的建设者和接班人，承载着实现个人发展和促进社会进步的使命。小学生能否实现这一使命，主要依靠于接受何种教育、社会能提供怎样的环境。素质教育是为小学生量身打造的适合我国基础教育的一种教育体系，而素质教育的核心问题是课程。因此，建立一套保障小学课程实施的素质教育课程体系非常重要。在完成课程体系的构建中，课程目标的确立又是重中之重。课程目标的确立是一项创造性的工作，并不是简单地转化教育目的和教育目标。确立课程目标的前提是要明确课程目标的选择依据。结合多种课程目标理论，我们发现在课程目标确立依据上，课程设计专家基本达成一致意见，即整合社会中心论、学科中心论和儿童中心论，以学习者的需要、当代社会生活的需要和学科的发展为依据确立课程目标。除了这三个基本的依据之外，课程目标的确立还要以教育哲学和学习心理学作为两把筛子剔除一些相互矛盾的目标，甚至要结合国家的基本国情，根据实际情况，经过课程专家的集体探讨和分析从而确立。

（一）学习者的需要

课程直接作用的对象是学习者，它的基本职能是促进学生身心的全面发展。因此，课程专家在设计课程的时候，学习者的需要是课程目标确立的依据之一。课程专家要时刻关注有关学习者的研究，主要包括学生的兴趣、认知发展与情感形成、社会化过程与个性养成方面等相关研究。当代社会，培养身心全面发展的人是教育目的的宗旨。学习者的身心发展在每个阶段是不尽相同的，因此，学习者在发展的每个阶段的需求也是不断变化和提升的。面对这种动态的需要，课程目标的设置须时刻关注学生的成长发展阶段的特点和特别需要，致力于设计出最适宜学生全面发展的课程目标。

学习者要想成为全面发展的人，需要是十分丰富的。有关学习者需要的研究中，泰勒、奥利娃和马斯洛的观点影响深远，是后来学者做相关研究的基础。泰勒指出学习者的需要包括：健康、直接的社会关系、社会公民关系、消费者方面的生活、职业生活和娱乐生活六类。马斯洛在自我实现理论中探讨学习者的需要有五种类型，而且它们是按从低到高的顺序进行排列，即生理的需要、安全的需要、归属和爱的需要、尊重的需要和自我实现的需要。按照马斯洛的解释，这五种需要以金字塔的模型呈现在人文主义教育理论中。生理的需要是最基本的层次，只有生理需要得到满足后，个体才会要求稳定、安全、保护等安全需要。在这两者都实现后，个体将会要求与他人建立感情联系的归属和爱的需要。随后才会出现自尊和受到他人尊重的需要。在马斯洛看来，这四种需要是缺失性需要，一旦它们得到满足后，学习者将会到达金字塔的顶峰——自我实现的需要。马斯洛的需要层次理论是人本主义教育思想的主要代表理论，也是当代社会课程目标的重要依据。

在确定学习者需要的过程中，尊重学习者的个性、体现学习者意志是这个过程的灵魂。这个过程在本质上是学习者自我选择、体现主体性的过程。教师作为引导者，帮助学习者厘清自己的学习需要，促进学习者自觉转化成自我需要。教育史上这种以儿童为中心的课程经历了卢梭、裴斯泰洛奇、福禄贝尔和杜威四位学者的倡导和发展，从一种浪漫、理想的课程思想发展到当代人本主义的课程论。卢梭把学习者的发展和教育划分为四个阶段：婴孩期、儿童期、少年期和青年期，主张根据每个阶段儿童的年龄和心理发展特点进行教育。在课程目标设计之初，课程专家以学习者的需要为基础，以满足学习者的需要、促进身心全面发展为直接目的。通常采用常模比较法把学习者的需要纳入课程目标中，即把学习者实际中的身心发展需要与理想的常模相比较，得出两者之间的差距，把这些差距转化成学习者的需要，进而提出相应的课程目标。但是，需特别注意一个误区：把成人认为的学习者需要当成学习者自己的需要。这就需要我们首先要充分了解学习者的现状，结合学习者之间的个性差异，以最适宜学生发展的教育价值观为基点，判断什么才是学习者真正的需要，而不是成人自认为的学习者的需要。

本书定位于基础教育的小学阶段，所以了解小学生这个群体的特点对课程目标的确定很有必要。皮亚杰、艾里克森深入研究了个体心理发展特点与教育之间的关系。以皮亚杰的认知发展为例，他认为教育必须以学生心理发展特别是认知发展水平和特点为依据。他把学习者认知发展的一般规律分为感知运动、前运算、具体运算和形式运算四个阶段。小学生通常指的是7—12岁的儿童，所以在皮亚杰的分类的发展阶段中，小学生的认知发展阶段是具体运算阶段。在这个阶段中，小学生的认知发展特征是：掌握了一定的逻辑运算能力，但运算还离不开具体事物的支持(运算指内部的智力或操作)。具体运算阶段的发展成就具有守恒性和可逆性，体现了小学生的去自我中心主义。以艾里克森的人格发展理论为例，他认为人格发展具有连续性和阶段性，教育就是要了解学习者人格发展中的主要问题，通过设置大量的问题情境，因材施教，帮助学生解决好每个阶段的矛盾，顺利度过发展危机，以免学习者的人格发展出现障碍或者迟滞。艾里克森认为小学生的发展任务是角色同一对角色混乱，这一时期的重要事件是同伴交往，发展顺利的表现是在职业、性别角色等方面获得了同一性，方向明确，危机未得到彻底解决的表现是难以始终保持自我一致性，容易丧失目标，失去信心。皮亚杰和艾里克森对学习者心理发展规律的研究帮助课程专家在制订课程目标时，能够充分了解学习者的身心发展特点，确定最适宜小学生成长和发展的课程目标。小学生的心理特点总体上可以用“不成熟”三个字概括，具体体现在认知、情感和意志三方面。小学生的认知心理特点受其年龄特征影响，呈现出稳定性与多变性共存、年龄阶段的共同性和个体差异性等特点。例如，小学生的抽象逻辑思维较差。在音乐学习中，这种抽象逻辑思维缺乏就会使小学生觉得默唱比大声演唱的困难更大。这主要源于儿童的内部语言发展不成熟，而内部语言又是对思维进行分析综合的基本条件。

(二)社会的需要

一般说来，学习者的发展和社会的发展总是相互作用且交织在一起的，学习者的成长发展实质上是学习者个体不断社会化的过程。人是生活在社会这个大环境之下的，因此，社会对人提出的需要和要求理应成为确定课程目标的依据之一。而且，社会也需要课程这一桥梁，从而把文化、政治、经济等传递给学习者。已经有学者把社会生活的需要分成了空间和时间两个维度。在空间维度上，社会生活的需求是指从儿童所在的社区到一个民族、一个国家乃至整个人类的发展需求；在时间维度上，社会生活的需求则指当代社会生活的需要和社会生活的变化趋势及未来需求两个方面。社会生活的变化趋势和未来需求尤其应该引起课程目标确定者的重视，这是课程目标确定者经常忽略的一块内容。当代社会生活里流行的价值准则和运行方式是会随着时间不断更新的，仅仅是几年的时间，社会对某件事的看法都会改变，所以在确定课程目标时要具有一定超越现实社会生活的眼界，制订出以满足当代社会生活需要且超越当代的课程目标，处理好继承与发展两者之间的关系，真正实现学校课程对社会生活适应和改造的辩证统一。

博比特和泰勒提出了把社会生活的需求融入课程目标的方法。博比特提倡在课程领域中实施“活动分析法”。活动分析法首先对人类的经验进行分析，将其划分为语言、卫生保健、公民、娱乐、家庭和职业等若干个主要领域，再在这些领域下列出相关的具体活动。活动分析法进步的一方面在于它以本国、本地区的现实社会生活为基点，采用一种比较恰当的标准对生活领域进行分类，获得对课程目标确立有实际意义的信息，从而保证了课程目标的确立不会遗漏社会生活领域任何重要的内容。泰勒继承了博比特的活动分析法，只是在社会生活领域的内容上稍作调整。泰勒把当代的社会生活划分为健康、家庭、娱乐、职业、宗教、消费和公民七个方面，然后按照这个标准逐一收集适合这些领域的内容以确定课程目标。无论是博比特还是泰勒的划分内容，都是人类社会生活的主要内容，但并不是全部，任何科学的分类法都只是满足了当事人的价值观。所以，这种分类方法只关注了教育与社会生活相适应的一面，而忽略了学校教育对社会生活的批判与改造。而且学校教育并不是一把万能钥匙，并不能解决社会生活中方方面面的问题，学校教育与社会生活一一对应的关系是不存在的。

当课程专家依据社会的需要确定课程目标时，还需注意以下几个方面：(1)明确这个需要到底代表谁的需要。要努力平衡社会优势阶层和社会弱势阶层之间的需求，做到民主和社会公平，保证每一个社会阶层的学习者都能通过课程目标享有知识获得和人生发展的权利。(2)在当今飞速发展的时代，国际化和多元化是这个时代重要的特征。课程目标的确立不能闭关自守，要具有国际化的视野，吸收和借鉴世界上进步的观点和理论，做到把本国家的人类需求与世界上各民族人类的需求统一起来。(3)教育先行的理念应体现在课程目标的设置中。教育不仅要适应当前社会生活的需要，还要超越当下，走在社会发展的前面，提前展现未来社会的需求。社会的发展变化如此之快，课程目标中规定的内容一定是当代社会生活中最主要的方面，而且还不能停留在现实的生活，应该体现未来生活对学习者的要求。例如，我国新课程改革中有关义务教育阶段英语课程目标的制订具有明确的前瞻性，提出培养学生综合运用语言能力是我国未来很长一段时期内外语教学的清晰目标。这个目标的确立与课程专家充分了解我国社会发展的趋势是紧密相连的。众所周知，中国作为最大的发展中国家，在国际上的地位日趋重要，无论是政治还是经济、文化的交流与世界各国都十分活跃，而且英语是全世界最通用的语言，用英语作为媒介来交流已是一种趋势。虽然，我国自从 20 世纪 90 年代改革开放开始，已经意识到英语的重要功能，但是英语课程目标中对语言知识的学习看得比语言的运用重要，哑巴英语和中式英语就在这样的背景下产生。如今，课程专家以我国当前的社会发展现状出发，结合未来的发展趋势，确定了具有前瞻性的英语课程目标，也体现了我国英语课程的进步性。

(三)学科的需要

"什么是学科知识"，是我们明确学科对学习者提出需要的第一个问题。学科知识是指学科的逻辑体系，包括学科的基本概念和基本原理、学科的探究方式、该学科与相关学科的关系等。[①] 学科知识在课程目标确定的依据中一直处于中心地位。课程目标的确定是以学科知识及其发展为基础，优先考虑学科知识的选取。这种学科本位课程经历了要素主义课程论、永恒主义课程论、学术中心课程论和知识课程论的发展已近逐渐成熟了起来。这四种课程理论都属于学科本位课程的范畴。以斯宾塞、赫尔巴特和布鲁纳为代表的知识中心课程理论主张学校课程应以学科的分类为基础，以学科教学为核心，以掌握学科的基本知识、基本规律和相应的技能为目标。要素主义课程论和永恒主义课程论是知识中心课程分化出来的课程流派。要素主义课程论的代表人物是巴格莱，他主张用人类文化的"共同要素"构成课程内容，提出课程设置原则中首先要考虑的是国家和民族的需要。以赫钦斯为代表的永恒主义指出：为了实现教育目的，什么知识最有价值或如何选择学科，那就是具有理智训练价值的传统的"永恒学科"。当代社会的学科本位课程并没有排斥学习者的需要和社会的需要，只是认为学科知识是根本，人的发展和学科知识的发展是结合在一起的。学科知识是课程的本源，课程中一定有学科知识的存在。学科知识的类型发展至今已经有了普遍的类型，主要包括自然科学、数学、技术学、社会科学、人文科学等。

在将学科发展确定为课程目标的过程中，泰勒强调学科专家的建议是这个过程的重中之重。他认为学科专家对自己的专业领域有深入的了解，因此，学科专家可以在分析本专业系统内容和学习方法时，向学习者指出学习本学科的功能。如对科学这门学科而言，学习科学能使学习者以科学家的态度和眼界看待问题，能更客观、清楚地了解这个世界、世界上的人以及两者的关系，或者能作为一种提高人类生活品质的工具，以此满足个人生活和社会生活的需要。课程专家在确定课程目标中关于学科需要问题时，需要注意判断以下三个问题：知识的价值是什么？什么知识最有价值？谁的知识最有价值？对于

①张华.课程与教学论[M].上海：上海教育出版社，2000：187.

知识的价值是什么这一问题，人们已经逐渐从重视受“技术理性”支配的知识中重新审视了知识的功用和价值，知识不再只是一种工具文化，更多的是指向理解世界、提升生活意义的价值。斯宾塞最早回答了什么“知识最有价值”的问题，即科学。难道科学知识才是最有价值的知识吗？这种功利主义的价值观显然不符合个性不断解放、个人主体性彰显的时代。所以整合了科学精神和人文精神的知识才是课程目标中需要的知识。如今的知识不仅承载着一定的社会意识形态，也承载着文化、民族、种族、阶级的差异，还承载着经济、社会等。所以在确定课程目标的时候，要综合考虑知识所承载的这些价值观是否是有利于民主和公平、社会和世界进步的。2001 年新课程改革前，英语课在我国小学阶段属于选修课，学校把其看成一种兴趣爱好课，小学英语在师资和课程资源方面都很匮乏，教师通常从初中教师中借调，大多数学校根本没有小学英语教材，教师在没有任何课程目标指导的情况下，向小学生讲解小部分的英语知识。小学英语教学的必要性和可行性在新课改后得到关注，这源于英语作为一门语言学科有其自身特点和发展的需要。英语是一种语言，有关语言学习的研究，尤其是第二语言的研究在学术界已经达成了共识，即语言学习者接触某种语言越早，越有利于语言的学习，这种语言的语言意识越强，语言基础知识掌握越好，越有利于今后的学习。按此要求，我国小学阶段的英语课程目的是：激发学习者学习英语的兴趣，培养其英语学习的积极态度，促使学习者建立初步的英语学习自信心；培养学生一定的语感和良好的语音、语调基础，使他们形成初步运用英语进行简单日常交流的能力，为下一步学习打下基础。

除了学习者需要、社会需要和学科需要这三个基本依据之外，课程目标的确定者还需要运用哲学和心理学知识对课程目标进行进一步的筛选和过滤。因为在根据以上三种需要确定的课程目标中有些目标彼此之间相互矛盾，而且目标内容含量很大，然而落实课程目标需要时间，所以更应该利用这两把筛子来淘汰一些矛盾且不太重要的目标，选择一定数量的既能在可利用的时间内以相当高的程度实际达到的，又确实重要的目标。课程目标确定者需要明确教育和社会哲学的第一要务，即概述出人们认为对完美生活来说不可缺少的价值观。学校信赖和重视的教育与社会哲学中的受重视的价值观，可以直接用于筛选课程目标。如果学校的教育哲学和办学宗旨是教导学生适应社会，接受现存的社会秩序，那么学校课程目标的选择就会更看重那些对现存社会传统、制度和生活方式延续下去的知识和能力；如果学校认为改造社会才是其宗旨，那么课程目标关注的就是学习者批判、创新、自由等素质。诸如此类的例子说明那些与学校信赖的教育与社会哲学相一致的价值观将会成为课程目标中重要的内容。心理学中有关学习心理的内容揭示了学习过程的性质、学习过程发生的方式和条件、何种机制在起作用等。学习心理学的这些理论作为课程目标确定的第二把筛子，对课程目标有重要意义。首先，学习心理学告诉学习者的有些变化是可以通过学习过程产生的，有些变化是不行的。所以课程目标就可以排除一些不切实际的目标。其次，学习心理学会直接指明目标的可行性，包括目标实现的时间甚至目标在某个年龄阶段实现的可能性。而且学习心理学会告诉我们在哪个年龄阶段努力学习对实现目标来说是最有效率的。最后，在与学习某些类型的目标必备的条件时，学习心理学也会帮助给出建议。比如，学习心理学指出知识的遗忘速度是相当快的，但是学习者可以采用把知识运用到日常生活中这一方法降低对知识的遗忘率。

二、小学课程目标选择的程序

课程专家选择课程目标的程序和步骤有的详细，有的简便，这些都与国家的政治、文化和传统等有关。目前，比较活跃的课程目标选择程序主要是由塞勒、张华和施良方三位学者提出的。后来的学者大多以此为基础，再发展出更为细腻的课程目标选择程序。塞勒等人提出的课程目标选择程序被学术界认为是层次性最分明的步骤。他们认为课程目标分为“行为表现”和“个人特质”两种目标，以此为基础指出课程目标选择的程序有以下五个步骤：收集基本资料、确定教育宗旨、确定一般目的、确定课程领域和亚目的、界定教学目标。课程专家从社会、学生、知识等方面收集资料，再以教育哲学为标准明确教育宗旨，接着从教育发展的性质和方向出发，解释和改进教育宗旨，从而确定教育的一般目的，最后，确定每一个领域的亚目的，希望学生产生的某些行为改变，教学目标由此诞生。张华学者归纳了课程目标的四个基本环节：第一，确定教育目的；第二，确定课程与教学目标的基本来源；第三，确定课程与教学目标的基本取向；第四，确定课程与教学目标。还有学者认为任何课程目标的确定，都要经过四个一般性程序：目标分解、任务分析、起点确定和目标表述。也就是说，下一级的目标以其上一级的目标为依据，课程目标不停地被分解成具体的目标。接着，对学习者为了能达到课程目标某一级的规定，具体分析这个目标所需要学习者具备的知识、技能、情感、态度等。在对学习者进行分析时，分析学习者的起点能力，就是确定教学的起点。最后，用准确、清晰的语言对课程目标加以陈述。施良方学者介绍了一种需要评估模式来确定的课程目标。这种模式在确定课程目标时通常有以下几个阶段：系统阐释试验性目标、确定优先的课程目标、确定学生达到每一种课程目标的可能性、根据目标优先程度的顺序编制课程计划。也就是说，在会议上确定所察觉的问题并围绕其确定学生需要达到的课程目标，再把这些目标按照对学生的重要性程度加以排列，随即对学生达到这些目标的可能性程度评出等级，由此安排相应的教学内容和方法策略。由此可以看出，课程目标选择的程序虽然有差异，但是从本质上来说，确定教育目的、确定课程目标的基点、确定课程目标的价值取向、确定教学目标、表述课程目标是其最基本的程序和步骤。

（一）明确教育目的

作为课程与教学的出发点和归宿，教育目的是一切教育教学实践活动的准则和依据。课程目标选择的首要环节就是要明确教育目的。它回答的问题是什么是受过教育的人，教育与人的发展是怎样的，教育是怎样影响社会的等等。明确教育目的将会保证课程目标的确定不会偏离这个大方向。因为教育目的指明了教育的总体方向，体现出人们对教育最普遍的、总体的、终极的价值观。它以宪法、教育基本法和教育方针的形式呈现在教育领域中。我国当前的教育目的的陈述来自《国务院关于基础教育改革与发展的决定》这一标志性文件，即高举邓小平理论伟大旗帜，以邓小平同志“教育要面向现代化，面向世界，面向未来”和江泽民同志“三个代表”的重要思想为指导，坚持教育必须为社会主义现代化建设服务，为人民服务，必须与生产劳动和社会实践相结合，培养德智体美等全面发展的社会主义事业建设者和接班人。有学者认为教育目的体现的价值观主要有三个方面：社会化，旨在维护社会阶层、角色结构和价值等；发展，指出演进方向；解放，关注个人创造与社会更新。并且，教育目的的确定通常不是某一主体就可以独立完成的，需要许多课程设计人员综合国家、社会以及个人代表的建议制订出更清楚、更具体的教育目标。教育目的作为课程目标选择的前提，对课程目标有一种宏观意义上的解读，所以课程目标确定者必须明确教育目的，清楚地解读教育目的所代表的教育价值和意义。

（二）确立课程目标的基点

在课程目标的基本来源或依据中，学习者的需要、社会的需要和学科发展的需要三者之间的关系是什么？确定课程目标的选择究竟应该以什么为基点？这个基点与其他处于从属地位的目标来源之间的关系是什么？等等这些问题的答案都是确立合理课程目标的关键。确立课程目标的基点时，课程目标的确定要深入分析课程目标的基本来源和依据。在这个步骤中，评估需要是目前最常用的方式之一。评估需要的过程就是对课程目标来源或依据分析、研究的过程。课程目标的基本来源或依据主要有关于学习者的需要、关于社会的需要和关于学科发展的需要三种。这三种需要作为特定教育价值观的具体化，是课程目标确定的基本维度。本书探讨的是小学的课程目标选择，所以这三种来源一定要紧密结合小学生、社会对小学生的期盼、小学阶段内学科的发展，确定最适宜小学阶段的课程目标。在这里，评估需要就是收集和分析个体、群体、机构、社区或社会的需求信息。这种需要在考夫曼的探讨中分为三类：实际状态与目标状态之间的差距；想要得到的或偏好的东西；缺失。有关“缺失”的解读是指需要是一种必须达到的最低限度的满足状态。评估需要服务于课程目标，它的目的是为了确立课程目标的基点。

（三）确定课程目标的价值取向

在明确教育目的和课程目标的基点后，课程目标的选择又迎来了第三个程序，即确定课程目标的价值取向。课程目标的价值取向决定不同的课程目标类型，主要有普遍性目标、行为目标、生长性目标和表现性目标四种。课程目标的选择并不是排除某一种类型的课程目标，某个课程所要解决的具体问题决定了课程目标的价值取向的选择，也就是课程目标类型的选择。一般来说，有关基础知识和技能学习的行为活动采用行为目标比较有效；培养学生解决问题的能力通常采用生长性目标；鼓励学生的创造和创新性精神等表现性活动则采用表现性目标更加合适。每一种类型的课程目标都有优势和弊端，只是它们体现的教育价值观不同而已。它们在课程领域的存在不是对立的，而是辩证统一的，都是服务于不同课程任务的需要。课程专家确定在课程的某个部分采用何种课程目标需要注意扬长避短的问题。比如，综合实践活动课是小学课程的特色，旨在培养小学生综合运用所学知识和经验，掌握发现问题、解决问题的基本技能，培养学生的创新精神，提高实践能力。以此来看，表现性课程目标和生长性课程目标相结合的表现方式最适合用于小学的综合实践活动课。

（四）制订教学目标

课程目标的基本来源直接影响课程目标的基本内容，接着，课程目标的基本取向直接决定了课程目标的陈述方式。在这两个程序完成以后，课程目标选择的第四个程序是制订教学目标，目的是为了获得内容更为明确和具体的课程目标体系。教学目标对教育实践活动的重要性不言而喻，它直接影响着教学过程。作为课程目标选择的最后一个环节，教学目标的制订过程是不易的。我国于2001年起实行的新课程改革明确提出了课程总目标，即知识与技能、过程与方法、情感态度与价值观的三维一体课程目标。三维课程目标要想具体化，形成目标体系，就需要制订出教学目标。教学目标的制订主体主要是教师，教师的素质和对新课程的理解是决定教学目标制订的关键。教学目标的制订是一项复杂、系统的工作，教师只有充分认识和掌握教学目标的原则、基本步骤和注意事项等，了解不同场域的特点，才能制订出有针对性的教学目标。教学目标的表述形式是呈现教学目标有效性的直接体现。确定教学目标的表述形式是制订教学的最后一个步骤，其往往是最容易出现误区的时候。所以，教师要意识到目标的表述指向的是学生，而不是教师；教学目标的用词要避免使用概括化的行为方式，要具体指明这种行为变化的内容或所运用的社会领域，即采用具体化和作业化的术语。比如，北师大版五年级上册Unit4《Mocky's birthday》第一课时的教学目标中有关语言知识目标的表述是：学生能够初步综合运用关于季节、月份的词汇（spring，autumn，September，October）以及询问和回答生日日期和年龄的句型（When is your birthday? My birthday is.... How old are you? I'm... years old.）进行相互交流。

◆资料补充

1. 英美中小学综合实践活动总体目标

英美中小学综合实践活动总课程目标体现在：（1）个人需要的满足。自然探究、社会研究和设计学习、社会参与学习等，综合实践活动必须为个人准备去利用科学，改进个人生活并跟上社会发展。如使学生成为成功的消费者或保持健康的身体所需的事实和能力。（2）社会问题。必须培养准备去负责任地研究与自然、科学有关的社会问题的有见识的公民，关注社会行为、态度及价值观，并打下社会责任感的基础。（3）学术准备。必须容许学生在学术上有所准备，形成研究、探讨的习惯，掌握科学研究的一般技术和能力。（4）职业意识。必须给予有各种能力倾向和兴趣的学生开放种类多样的职业意识。

2. 日本中小学"综合学习时间"总体目标

综合学习时间是为有效发挥学校的创造性，促进学生主动学习和横向、综合地学习，培养学生具有主动地适应社会变化的素质和能力而设计的课程。总体目标是：（1）培养学生丰富的人性和社会性以及作为国际社会中生存的日本人的意识。（2）培养学生自主发现问题、自主学习、独立思考、主体性判断及更好解决问题的素质和能力。（3）与实际生活相联系，培养学生健康的身心、自律意识、关心同情他人的情感与品德以及与他人合作的能力。

3. 新加坡实践课程总体目标

新加坡中小学课程改革的一个基本指导思想即"集体竞赛和跨学科观点的尺度"，要求学生广泛地学习和终身地学习。课程总体目标中包含着实践课程目标：(1)学生应养成终身学习和独立学习的积极态度，发展批判性思维的技能，从而变成好的创造者。(2)学生应该学习问题解决和系统思维的技能，发展创造性、分析性和革新性的见解。(3)学生应该发展前摄的思维形式及查询、评估、加工和应用新知识和信息的能力，成为好的学习者、创造者和交流者。(4)学生应该具有高度的道德完整性和对待多元文化的清晰敏感性；应感到对于他们的出生负有义务，培养强烈的公民意识，成为具有高度责任感的公民。

本章小结

本章主要探讨了小学课程目标设计的相关内容。第一部分是课程目标的含义与功能，本节跳出了小学教育阶段的限制，从整体上论述了课程目标的内涵、内容和类型。第二部分结合小学教育阶段的特点和要求，讲述了小学课程目标选择的两个内容，即小学课程目标选择的依据和程序。本章指出小学课程目标选择是以学习者的需要、社会的需要和学科发展的需要三者为基本依据，按照明确教育目的、确立课程目标的基点、确定课程目标的价值取向、制订教学目标这个程序步骤确定课程目标。

复习与思考

1. 课程目标的内涵丰富，你认为应该怎样理解它的内涵？

2. 课程目标在整个课程设计中的地位是怎样的？

3. 不同的教育价值取向决定了课程目标的类型，那么各种类型的课程目标之间的区别和联系是怎样的？

4. 在课程目标的选择上，面对众多的课程目标来源，你如何选择？如何分清各目标来源的主次？

第六章
小学课程的内容设计

◆**本章重点**

①小学课程内容的选择原则

②小学课程内容的选择过程

③小学课程内容的组织原则

④小学课程内容的组织方法

课程内容是构成课程体系的基本要素,更是影响课程实施成败的关键。课程内容与课程目标、课程实施、课程评价都具有深刻的内在逻辑联系。优秀的课程内容是能够充分体现课程目标,有助于课程顺利实施,并为课程评价提供依据的。小学阶段是属于我国基础教育中最为重要的阶段,其教育质量的好坏深刻影响着小学生学习、生理及心理的发展。因此,对于小学课程内容的选择与组织的研究是十分重要的。

|第一节|

小学课程内容的选择

课程内容的选择是课程开发过程中的一个关键环节，它为课程实施提供重要素材，决定着教学效果。英国哲学家、教育家斯宾塞曾提出"什么知识最有价值"，这个著名命题为我们开启了"课程内容选择"的研究大门，激发人们深入探索——选择什么、如何选择有价值的知识作为培养学生的重要素材。尤其对于小学，这个学生阶段可控性较低但又是掌握基础知识的关键阶段，人们更应该充分考虑如何充实与精炼课程内容，提供有效的小学课程教育。

一、课程资源与课程内容

课程资源是基础教育课程改革后提出的重要概念，如同甘露滋润着课程这块广阔的土地。没有课程资源，课程难以发展得丰腴、多姿多彩。课程内容是课程资源进一步的浓缩，两者密不可分。没有课程资源，课程内容无从下手，而没有课程内容，课程资源又会显得繁杂冗长。因此，认识课程资源与课程内容的丰富内涵是正确进行课程内容选择的前提。

(一)课程资源

《汉语词典》中，资源一词被解释为"生产资料或生活资料的天然来源"。《辞海》也类似地解释"资源"为"天然的财源"。而随着社会物质文明的进步，精神文明的发展，参与人类日常生活、维持稳定有序的社会系统的物质不再局限于自然资源，各种社会丛生的思想意识、文化风情、科学技术、信息流也参与其中。课程作为一种社会的产物，应是社会资源与自然资源的总和。

◆学术争鸣

一些学者认为，课程资源"是课程设计、实施、评价等整个课程编制过程中可资利用的一切人力、物力以及自然资源的总和，包括教材以及学校、家庭、社会中所有有助于提高学生素质的各种资源。课程资源既是知识、信息和经验的载体，也是课程实施的媒介"。①

也有学者认为，课程资源"是指广泛蕴藏于学生生活、学校、社会、自然中的所有有利于课程实施，有利于达到课程标准和实现教育目的的教育资源"。②

还有学者简明扼要将其概括为"可能进入课程活动，直接成为课程活动内容或支持

---

①徐继存，段兆兵，陈琼.论课程资源及其开发与利用[J].学科教育，2002(2)：1—5.

②李少元.改革农村中小学课程结构，构建面向21世纪的课程体系[D].全国农村初中教育改革研讨会，1999.

课程活动进行的物质和非物质的一切”。①

此外，一线教师对于课程资源也有不同的理解。

王老师认为，课程资源不就是教材吗？就是教科书、教辅读物、教参、练习册等。

李老师认为，课程资源，就是图书馆、实验室、计算机房、教室等支撑课程教学的硬件设施、设备。

马老师认为，课程资源是一个很广泛的概念，一切能用于丰富课程教学的资源都是课程资源，所谓“满眼皆资源，处处是资源”。

杨老师则认为，不是所有的资源都是课程资源，只有那些进入课程，与教学活动联系起来的资源，才是现实的课程资源。②

从各位理论家与实践者的阐述可以看出，尽管对于课程资源的理解参差不齐，但大家都广泛透露出对课程资源的两点共识。首先，课程资源具有多样性，它弥散于学生学习与生活的方方面面，不同地域、不同文化背景、不同宗教信仰都会提供形态各异的资源，而这些资源在课程中除了直接展现，也可以借助不一样的媒介——教材、工具、设施、活动等。其次，课程资源具有教育性。并不是所有的资源都是课程资源，一定是要跟某一阶段的学生相适应的，有利于达成课程目标、促进学生发展的能够进入课堂的资源才称之为课程资源。

鉴于课程资源的众多，为了物尽其用、充分地开发与利用，使各类资源更有效地被学生所吸收，就需要按照资源的不同性质、形态、来源、特点等进行详细的分类，具体如下。

1. 按照课程资源的性质，可分为自然资源与社会资源

大自然是我们赖以生存的基本环境，任何事物的发展都是建立于以大自然为资源的基础之上，社会产物也不例外。社会的发展是以清楚认识大自然为前提的，从而才能更好地亲近自然，改造自然，以促进大自然与人类的和谐相处、共同进步。由此，土地、河流、矿藏、气候、动植物等被纳入了课程资源范畴，以“地理”或“科学”进入课堂。除了学习大自然，深入认识人类本身以及由人类衍生出的物质与非物质的社会元素也是非常必要的。人类的发展是一个思想意识、知识经验不断累积的过程，而教育，正是通过传递前人的成果，来缩短新一代充分认识社会的时间，来为其提供更多的创造未来的机会。从而，生产活动技能、社交礼仪、机制原理等可以成为课程资源。

2. 按照课程资源的来源，可以分为校内资源与校外资源

校内资源是指存在于学校范围内的各种形式的可利用于课程实施的资源，可以包括教师、学生、教材、建筑设施以及校园文化等。学校虽然相对于社会是一个小团体，但蕴含着相当丰富的课程资源，这一点却长期以来被人们所忽视。人脑的潜能是惊人的，学校里庞大的师生队伍所负载的资源是无限的。教师能够不断地将新鲜的知识信息注入课堂，而学生也能以其超常的想象力带来新颖的思想以充实课程内容。对于校园文化的学习更是必不可少的，校园文化是地区文化、国家文化乃至人类文化的一个组成元素，其效用不仅是保证学校特色，更是传递共同价值观念的一个载体。校外资源则是外在于学

---

①范兆雄．课程资源系统分析[J]．西北师大学报(社会科学版)，2002(3)：101—105.

②余文森，洪明等．课程与教学论[M]．福州：福建教育出版社，2007：115.

校的各种资源，可以进一步分为自然资源、社区资源与家庭资源。以杜威的“课程即知识”“课程即经验”“课程即活动”的观点来看，校外是一个更加丰富的课程资源来源。在我们的社区与家庭活动、改造自然的过程中，遍布着各类知识活动与经验，它们都应成为学校课程的一个必要的补充。

3. 按照课程资源的呈现形式，可以分为文字资源、实物资源、活动资源以及信息资源

文字是人类相互约定创造、代表特定含义的视觉符号，是用以记载、沟通、传递信息的工具。它突破了时间与空间的限制，将抽象的思想、影像转换为可视符号，实现了历史与远方的经验、信息的非口语传递，充分将人类发展过程中的精华累积下来，延续着社会文明。因此，文字是必不可少的重要的课程资源。此外，世界是物质的，正确认识物质、借助物质，人类才足以认识世界、改造世界，从而，无论是自然物质、还是人类创造的用以生活或专门教学的物质，如模型、建筑、仪器、服饰等，都应该作为常用的课程资源。但仅仅通过语言或物质这类静态的资源，难以完全达到课程的理想效果，如学生情感的培养、认知的提升、能力的锻炼，都需要借助动态的活动加以促进。在活动的氛围中，才能让学生处于能动的状态，维持学习的积极性。随着计算机科技的发达，信息化资源已经占领了我们大部分的日常生活，以它作为课程的重要资源之一是势在必行的，但同时，文字、实物、活动等课程资源也是无可代替的。

4. 按照课程资源的功能特点，可以分为素材性课程资源与条件性课程资源

素材性课程资源是直接作用于课程的，用以构成课程的素材或来源，可以包括历史事件、经验、原理、价值观、情感态度等。而条件性课程资源并不形成课程本身，而是通过为课程提供人力、物力、财力、场所等来影响课程，决定课程实施的效果与水平，如教室、图书馆、实验室、操场、互联网、教师队伍、教育经费等。没有条件性课程资源，素材性课程资源是无法传递的，而没有素材性课程资源，条件性课程资源就是一个空壳，无法实现教育。二者是相互支撑、缺一不可的。

5. 按照课程资源的存在方式，可以分为显性资源与隐性资源

显性的课程资源是能够引起视觉与触觉刺激的实体存在，如课本、标本、建模、动植物等，由于其易于开发、利用与传递，通常被作为主要的课程资源。而隐性课程资源则是难以用语言、文字传递的，适合亲身感受与意会的抽象元素，如价值观念、师生关系、校园风气、集体氛围等。与显性课程资源不同的是，隐性课程资源通常不直接构成课程，而是在课堂内外对正式课程的实施起着辅助的支撑作用，如有效的课程实施需要在优良的校风、和谐的师生关系下才易于达成。

（二）课程内容

对于课程的开发而言，课程资源提供的是一个充足的选择范围，而并不是直接的课程内容，课程内容需要经过对课程资源的进一步的挑选、组织、精炼，继而被带入课堂。课程内容的质量直接影响着课程实施、课程评价及课程反思。丛立新指出：“从一定意义上可以说，全部的课程问题就是内容问题。”①但对于课程内容的观点在国内外却存在很大分歧。

---

①丛立新. 课程论问题[M]. 北京：教育科学出版社，2000：284.

◆学术争鸣

布鲁纳认为，课程内容是指“学习课程里包含的具体事实、观点、原则、问题等”。①

彼得·奥利瓦指出，课程内容即在学校的指导下设计的，关于学习者需要的所有经验的计划和方案。

罗纳德·多尔认为，课程内容即学习者在学校的帮助支持下，获得知识和理解、发展技巧以及转换态度、形成审美观和价值观的所有正式和非正式的教育内容和过程。②

江山野认为，课程内容是指一门课中所传授或包含的知识，也指各门学科中特定的事实、观点、法则和问题等。③

廖哲勋认为，课程内容是指由符合课程目标要求的一系列比较系统的间接经验与学生的某些直接经验组成的用以构成学校课程的基本材料。④

施良方认为，课程内容是指各门学科中特定的事实、观点、原理和问题，以及处理它们的方式。⑤

郭元祥认为，课程内容是根据课程目标，有目的地选择各种直接经验和间接经验的知识体系。⑥

从这些阐释中，我们可以看出，关于课程内容主要有两种观点。一种是从相对宏观的角度看，认为课程内容是教育机构根据课程目标向学习者传授的知识、经验、情感与价值观等的总和。另一种观点是从相对微观的角度，认为课程内容是特定学科中所涉及或教授的具体观点、法则、原理、事实等。尽管这两种观点都具有一定片面性，但对课程内容的认识都做出了卓越贡献。

这些观点使我们认识到，课程内容的三个重要构成要素——科学知识、社会经验与学习活动。其中，科学知识是最为重要与基本的课程内容。有学者认为知识是课程的最直接的一级制约因素，而其他因素，诸如社会或学生是通过赋予知识以某种价值取向及方法的方式来影响、制约课程的，是以知识为中介的二级制约因素。抛开了知识，课程就成了无源之水、无本之木。教材是科学知识的重要载体，是编制者根据课程目标，对课程资源进行加工、按照一定规则编排后得到的包含有具体学科观点、法则、原理、实施、价值观等的集合。但课程内容却并不等于教材，教材是静态的，它只是课程内容的一部分，不足以体现全部的课程，必须依靠学生的经验、活动等来补充。而经验又可分为直接经验与间接经验。人类发展的过程中，积累了无数有关生活、交际、技巧等知识，为了适应社会进步的需要，有效率地培养全面的人，那些具有教育性的经验就转化为了课程中的间接经验，通过课本、光盘、交谈等在一代与一代间传递。学生也能通过亲身经历获取直接

---

①Lewy. A. The International Encyclopedia of Curriculum[M]. Oxford: Pergamon Press, 1991:330.

②亚瑟·K. 埃利斯. 课程理论及其实践范例[M]. 张文军译. 北京：教育科学出版社，2005:11—14.

③江山野. 简明国际教育百科全书·课程[M]. 北京：教育科学出版社，1991:68.

④廖哲勋. 课程学[M]. 武汉：华中师范大学出版社，1991:98.

⑤施良方. 课程理论[M]. 北京：教育科学出版社，1996:106.

⑥郭元祥. 教育逻辑学[M]. 北京：教育科学出版社，2003:239.

经验来逐渐扩充人类的总的认识。课程需要为学习者提供获取经验的机会。而这些机会可以通过活动来体现。这些学习活动又可以具体化为体育卫生活动、科学知识学习活动、发展智力与能力的活动、生产劳动、审美与创造美的学习活动、道德与行为的学习活动。① 由此可见,科学知识、社会经验、学习活动并不是独立的三个板块,三者是相互渗透、紧密联系的。课程内容必须包含这三个要素才算完整。

从另一方面来说,无论是科学知识、社会经验还是学习活动,都不是随意的,应该是具有教育性与科学性的。课程内容是来自课程资源,而课程资源又是从人类文化知识体系中选择出来的,因而人类的文化知识体系制约着课程内容,而课程内容也会反作用于人类知识体系。课程是针对特定年龄、特定认知水平的人群,课程内容并不是直接套用人类知识,而应该是精选符合社会发展的,并运用教育学、心理学等对其加工后才形成的,是具有深刻教育意义的体系。学生运用自己的创造力、能动性作用于课程内容,又会推动人类文化知识的更新,进而促进人类社会的发展,而这一切的发生都必须以课程内容的教育性为前提。此外,课程内容还应该具有科学性。所谓科学性,是指课程内容应该按照一定的原则、方法、程序进行选择、编排、组织,符合学生的认知特征与发展规律。有的人将课程内容等同于教学内容,这种认识是错误的。课程内容是科学原理、概念、态度、价值观、技能、经验等的集合,是一种框架性结构,且是经过教育专家科学测试、设计的,从而具有相对稳定性。国家颁布出台的教育法律法规、政策条款,都是对课程内容科学性、稳定性的一个保障。而教学内容相对来说却具有灵活性。它可以是教师根据自身知识积累、特定学生发展水平以及特殊情境灵活生成的内容,具有可变性、动态性,从而确保课程内容的科学性。

二、小学课程内容的选择原则

在我国新课程改革的实施中,各学者通过调查,发现了课程内容存在的一些问题。调查结果显示,我国小学课程有中学化的倾向,且课程内容呈现出课程目标不明确、针对性不强、适切性不高、脱离生活实际等情况。这些问题的存在,都严重影响了课程的实施与教育效果。学生接受学校教育的时间是有限的,而小学阶段更是学生发展的关键阶段,因此,教育部门应该重视小学课程内容的选择,严格遵循小学课程内容选择的原则,以尽可能实现高效率、高质量的小学教育。

(一)适应性与超越性相结合的原则

小学生是一个特殊的群体,与幼儿相比,智力、情感等有了明显的发展,但相对于中学生,小学生的认知力、自制力、逻辑思维等又存在明显差距。因而,在对小学课程内容进行选择的过程中,应该充分考虑小学生的生理、心理发展特征及需求。根据皮亚杰的认知发展理论,小学阶段的学生具有一定的逻辑思维能力,但离不开具体事物的支持。因此,在对小学课程内容进行选择的时候,应该充分遵循适应性原则,选择情境性较强、形象生动、内容丰富的内容,避免过于抽象、概念化、死板的内容。由于小学生思维的灵活性与不稳定性,他们对有趣的情境或实物会产生更强烈的好奇心,从而引发他们的想

---

①靳玉乐.现代课程论[M].重庆:西南师范大学出版社,1995:207.

象力。但同时，也由于他们想象力及思维极具跳跃性，造成他们频繁产生无意的注意，因此，想要在课程实施过程中完全将小学生控制在意料范围之内是不太可能的。这就要求在对小学课程内容进行选择的时候，除了考虑他们的接受能力，还应充分留有生成空间。根据埃里克森的心理社会发展理论，6 到 12 岁的孩子属于勤奋感与自卑感形成的关键时期，在课堂上与老师的互动会更为积极。但如果课程内容太满、僵硬或形式不符合小学生的心理发展水平，容易造成课堂的沉闷，长此以往，容易引起小学生的孤僻、自卑感与失败感，从而形成不健康的人格。因此，在对课程内容进行选择的时候，应首要遵循适应性原则，充分考虑小学生学习规律、认知方式，选择能够满足他们求知、社交、自我认识、兴趣爱好等需要的课程内容。

但适应性并不代表课程内容应该一味跟随小学生以往的特征、经验，课程内容仍然需要具有超越性。小学生处于幼儿到青少年的过渡阶段，其行为比较缺乏目的性，且他们的惯性行为、思想、认识或爱好并不一定符合他们的身心发展、社会需求及社会道德标准，因而，需要依靠教育来进行引导、矫正，将对学生发展具有决定性意义、推动社会进步的知识优先传递给学生，而这些知识、技能、思想等又往往是学生前所未见或不具备的。学校课程是先进理论的集合体，课程内容是否得到传递深刻影响着社会的发展，因此，在与学生的相互关系中，课程应该超越学生当前的认识、突破过去经验的局限，不断提供新兴知识给学生，除了保持他们对课程的兴趣，也应持续地把他们往更高的水平引导。若课程内容长期持续同一种模式、提供同一水平的知识就容易使小学生失去新鲜感。当然，这种超越并不是无限制的，也是要在一定范围内进行，即不能超出小学生的“最近发展区”。“最近发展区”是由苏联著名的心理学家维果茨基提出的。他指出，在进行教学的时候应该考虑儿童的两种发展水平，一种是儿童现有的发展水平，另外一种是在外在帮助下经过努力可以达到的水平。这一理论同样适用于课程内容的选择。课程内容应该适应学生的现有接受水平，同时又应该走在学生前面，不断为其创造最近发展区，才能体现出教育的促进作用。

(二)基础性与时代性相结合的原则

所谓基础，是指上层建筑的根基，事物发展的起点。万丈高楼平地起，没有稳固、扎实的基础，上层建筑难以长久、持续向上。小学是学习生涯的起点，即基础阶段，因此，重视小学课程内容选择的基础性是非常重要的。《中华人民共和国义务教育法》规定：“义务教育必须贯彻国家的教育方针，实施素质教育，提高教育质量，使适龄儿童、少年在品德、智力、体质等方面全面发展，为培养有理想、有道德、有文化、有纪律的社会主义建设者和接班人奠定基础。”《基础教育课程改革纲要(试行)》也明确指出，基础教育课程内容应该“精选终身学习必备的基础知识和技能”。基础课程包括的是一些较为简单的基本概念、基本规律、基本常识与技能等，是所有人都需要掌握的知识，是社会人的共性基础。小学教育所着眼的不是一部分人，也不是少数人，而是整个中华民族的素质的提高。它并不强调专门人才的培养，而是赋予任何人为社会做出积极贡献的能力。并且，课程的基础性也是小学生各方面往纵深发展的必要前提。例如，没有小学数学对图形的认识，中学就难以学好几何；拼音与笔画掌握不好，对字的识别、作文写作就会存在困难；小学没有思想品德课的学习，中学对政治的理解就会举步维艰。

自新中国成立以来，我国就十分重视基础教育的发展，通过国家课程所占所有课程的比例以及各学校对双基训练的强度就能略睹一二。基础科学知识虽然是相对稳定的，但随着时代的快速发展，基础课程内容也应该随之做出一定改变，体现时代特征。不一样的时代，对课程有不一样的要求。课程的任务除了传递长期不变的客观真理外，还要不断更新人们的认识，将现代化新兴科学、技术、文化成果都及时反映出来。教育与时代的进步是相互促进的。根据人力资本论，教育不仅是一种消费活动，也是一种投资，它不断将有利于社会生产的先进文化知识注入课堂，学生在具备这些知识技能后，以一种资本形态，促进生产进步，或将其与自身创造力相结合，创造出更为先进的科学、技术，而这些新兴事物再由于课程内容的时代性原则进入课堂，如此循环往复，推动教育与时代的共同进步。但课程内容选择的时代性原则并不仅仅针对课程内容本身，也适用于课程内容的表现形式。例如，可以适当选择能够以 PPT 或者动画形式展现出来的课程内容，对于小学生来说，这种直接的展现更加符合他们的心理特征，比仅仅在课文中提到"PPT""FLASH"更容易理解。以先进的科技手段展现基础课程内容是一种一举两得的措施，是基础性与时代性的完美结合。

(三)学科性与实用性相结合的原则

从我国古代的"六艺"开始，学科课程就一直流行至今，夸美纽斯提倡的"泛智课程"、赫尔巴特根据"六种兴趣"设置的课程以及斯宾塞根据功利主义原则设置的课程，都属于学科课程。学科课程的特点在于，它是按照课程的门类分别设置不同的科目，相互间有一定的排他性。每一门课程都是该领域范围内精华知识、经验等长期的积淀，以概念与原理、技能与能力、情感态度与价值观等形式呈现，且自成体系，有其独特的逻辑性与系统性。学科课程可以使该领域的知识完整地、连续地、有逻辑性地组合在一起。对教师而言，学科性的课程只要具备该领域的专业知识就不难完成教学任务，且有助于教学组织与评价等。布鲁纳就曾指出："不论我们选教什么学科，务必使学生理解该学科的基本结构。"因为，学科课程不仅易于学生在头脑中形成完整的学科结构，使学科知识更容易被学生理解，也有助于学生产生"迁移"，还能够缩小"高级"知识和"初级"知识之间的差距。① 正由于学科课程的优势不可磨灭，所以，在进行小学课程内容选择的时候应该遵循课程内容的学科性，从起点就注重学生学习的逻辑性、系统性。

但随着"以人为本""教育即生活"等理论的提出，课程的分化逐渐受到人们的质疑，进而衍生出"教育无用"说。由于学科课程严密的系统性，使领域与领域之间各自成为封闭的系统，学生所掌握的知识之间出现严重脱节，学术与学术间难以联系，学术与生活间更缺乏关联。有人认为："我们的中小学生在学校中学习了一大堆'今天没有用，明天不会用，将来也注定不可能用'的知识，他们的生命就在记诵这些无用的知识中被耗尽了。"②因为某学科课程的知识对于将来该领域的工作者或专家而言是必要的，但对于小学生这种将学科知识作为公共基础知识来学习，且认知能力有限的群体来说，在对课程内容进行选择的时候必须考虑到课程的实用性。瓦根舍因的范例方式课程论就强调，课程应教

---

①[美]布鲁纳. 教育过程[M]. 邵瑞珍译. 北京：人民教育出版社，1989：27.

②叶澜. 课程改革与课程评价[M]. 北京：教育科学出版社，2001：74.

给学生基本知识、概念和基本科学规律，但同时课程内容应适合学生的智力发展水平和已有的生活经验，精选典型性范例内容，使教学更加具体，培养学生实际操作能力。由此可见，课程内容选择的时候应该遵循学科性与实用性的结合，加入学科知识在生活中的实际应用的案例等，增强学生所获取的学科知识的具体化、生活化，使他们意识到知识的实用功能，激发他们对学习的热情，同时提高学生的实践能力，增强其社会责任感。

（四）多样性与结构性相结合的原则

在全球化的今天，跨国交流频繁，多元文化盛行，即使是小学生，对各国文化知识、科学技术有所耳闻也是世界发展趋势，因此，课程内容的选择应该注重多样性，不要局限于某一类别、形式、国别，应力图拓宽学生的视野，培养学生的好奇心与探索精神，学习各国先进文化知识，以推动本民族生产力与文化的发展。此外，除了多元文化并存，文化内部同样具有多元性，需要依靠课程内容来传递。教育的重要目的之一是为自己的国家培养接班人，传承自己民族的文化精髓，使人们从小就意识到自己民族文化的丰富性，进而形成民族自豪感，产生民族保护意识。中华民族文化博大精深，它是由不同民族、地区、信仰、阶层的文化组成的共同体，没有教育这个统一的方式将其扩散，人与人之间很难达成相互的理解与体谅，也不易形成统一的价值观，长此以往，民族与民族间容易产生矛盾与冲突。而课程内容的多样性可以作为纽带，有效维系着民族间的和谐共处。再者，小学生思维较为活跃，容易受到新兴事物吸引，对同一事物的有意注意不会维持太长时间。如果课程内容太过冗长、模式化、缺乏新意，很容易使小学生丧失课程兴趣。因此，为了利于课程目标的达成，小学课程应该选择多种形式、不同风格、性质各异的内容来提高小学课程的科学性与趣味性，且适应不同文化背景的学生对课程的不同需求。

但课程内容在具备多样性的同时，需要注重课程内容的结构性。所谓课程内容的结构，是指课程各个部分的搭配和排列，是课程体系的基本骨架。它划定了不同门类、不同级别的课程以及学科内部各板块之间的比例关系，例如，分科课程与综合课程的搭配，必修课与选修课的搭配，国家课程、地方课程与校本课程的搭配，语、数、外之间的搭配，代数与几何之间的搭配等。不同类型的课程、不同性质的课程内容都有其不同的效用与目标。我国小学课程目标分为知识与技能、过程与方法、情感态度与价值观。这些不同的目标不仅需要由不同的课程内容去达成，同样需要特定比例的课程内容产生的综合效应加以辅助。例如，语文与数学可以帮助小学生知识目标的达成，体育活动可以促进技能目标的实现，但过分地偏重语文与数学，忽视体育活动，可能导致学生身体素质的下降、生产技能的欠缺。而过分重视体育活动，忽视语文数学，又可能使学生变得无知、降低生产效率。可见，对课程内容进行选择时，需要保证文理之间、学术与非学术之间、博与专之间、知识与技能之间、脑力与体力之间、智力能力与情感价值之间、课内与课外之间、集体与个体之间的平衡。① 而具体的比例需要参考小学生身心发展的阶段性、次序性与结构性，并按照这些特征，将课程各部分结合为一个有机的整体。

---

①靳玉乐. 课程论[M]. 北京：人民教育出版社，2012：219.

三、小学课程内容的选择程序

课程内容是小学课程体系中的关键要素，是课程目标的实现手段，是课程实施的进展依据，因此，小学课程内容的选择不是一个随意的行为。除了清楚认识课程内容的意蕴及课程内容的选择原则以外，更应遵循一系列稳定的科学程序。

(一)小学课程价值观的确定

实际形态的课程实际上是观念形式的课程的转换，即课程内容是课程价值观的体现。从小学课程内容选择的开始，应该是小学课程价值观的确定。所谓价值，是指人的需要与满足需要的对象之间的关系，是主客体之间的一种现实关系，价值不单纯是客体属性，也不是单纯是主体的需要，而是客体属性与主体需要之间的现实关系，它表示客体属性在多大程度上满足主体的需要。① 课程价值，则指课程作为客体满足主体需要的这种性质。而在与课程关系中的主体，可以是以社会为单位，也可以以某类或个人为单位，这也是课程价值观的两种主要分类。

1. 社会本位的课程价值观。

社会本位的课程价值观认为社会价值高于一切，社会的政治、经济、军事、文化等的需要应该作为课程内容选择的出发点与归宿，且教育的目的就是在于使受教育者社会化，以保证社会生活的稳定和延续。② 在以社会本位的课程价值观为前提的小学课程内容选择中，标准不再是"什么知识最有价值"，而是什么知识更有利于个体适应社会以及具备社会所需要的知识与经验，最终促进社会的发展。在各国社会本位的课程价值观中，历来以对政治、经济的维护为主。如我国古代的"四书""五经"，其效用是塑造统治者所需的人才；在近代，从小学课程起，无论是语文课程、思想政治课程，还是主题班会活动等，都是围绕爱国主义而展开，其目的同样是巩固与维护领导政权；日本教育大臣森有礼宣称，学校要自始至终牢记，学校的目的不是为了学生，而是为了国家。可见，服从于政治、军事的课程价值观一直以来就深入课程内容之中。《基础教育课程改革纲要(试行)》指出"从小学至高中设置综合实践活动并作为必修课程，其内容主要包括：信息技术教育、研究性学习、社区服务与社会实践以及劳动与技术教育……增进学校与社会的密切联系，培养学生的社会责任感……了解必要的通用技术和职业分工，形成初步技术能力"。可见，突出经济的课程价值观同样受到重视。尽管我国教育体系可以提供从幼儿到成人的各系列教育，但并非所有人都愿意或适合一直接受学校教育，部分学生也许在高中或者初中就结束学校教育进入社会，那这就更加要求从年限最长的小学开始就注重社会基本生产技能的培养。而事实也确实如此，当前小学开设的自然与科学、校本课程、综合实践活动等都是有利于我国经济发展的启蒙教育。

2. 个人本位的课程价值观

若采用个人本位的课程价值观进行小学课程内容选择，则是以小学生的需要作为出发点与归宿，其目的是促进小学生个体的自由完善的发展。需要是个体为维持自身与外在环境的平衡状态而产生的一种倾向。马斯洛的需要层次理论指出，学生之所以缺乏学

①瞿葆奎，郑金洲. 教育基本理论之研究 1978—1995[M]. 福州：福建教育出版社，1998：409.

②刘宇文. 论社会本位思潮对教育的影响[J]. 高等教育研究，2005(9)：40—45.

习动机，在一定程度上是由于某种缺失性需要没有得到充分的满足，例如老师过于严厉的批评、行为或意见、没有得到老师的充分注意、对课程内容不感兴趣，这些都会使得小学生对学习丧失积极性甚至排斥。儿童的天性就是对大自然与生活充满好奇，小学是他们学习知识、发展能力、学会为人处事、形成成功感的重要阶段，如果这一阶段的危机未能得到彻底解决时，他们就容易产生自卑感和失败感，缺乏基本能力。《儿童生存、保护和发展世界宣言》曾强调过，儿童的时代应该是充满欢乐、和平、游戏的。因此，小学课程内容除了应该尽量满足小学生的兴趣、爱好、显性需求，更应该注重小学生的隐性需要。小学阶段的学生的需要是多样化的，有些是他们能够明确主动提出想要的，而有些是他们意识不到自己需要，但缺失后却会影响他们健康发展的就是隐性需要，也可以称之为"成长需要"，例如学习识字、写字等。随着课程改革的推进，学生的主体地位的课程价值观日益受到重视。

在现实的小学课程内容选择过程当中，不能片面地采用其中一种价值观，两者都应该同时作为选择的导向。以社会本位的课程价值观与以学生本位的课程价值观所带来的效应是相互影响的。人是社会的人，社会是人的社会。以社会经济发展为导向，完全忽视个人的发展，将人看作经济的人只会有碍于社会发展。学生本位被忽视，会导致学习效率低下，进而影响人才培养质量，最终势必引起生产力水平的滞怠。只有科学平衡课程内容选择时社会本位与学生本位的课程价值观，以考虑学生的个性自由发展为前提，以推动社会综合发展为目标，才能选择出真正有益于小学阶段学生学习的课程内容。

(二)小学课程目标的确定

小学课程目标的确定是一个复杂而庞大的过程，它是对选择的课程内容所能体现的效果的一种理想或愿望，也是一种小学课程内容选择的标准。为了体现这个标准的科学性、合理性，又必须做到以下几点。

1.明确教育目的

教育目的是教育的总体方向，是一系列教育活动的出发点与落脚点。它体现在教育法律、教育方针、教育哲学等中。2001 年的《国务院关于基础教育改革与发展的决定》提出："高举邓小平理论伟大旗帜，以邓小平同志'教育要面向现代化，面向世界，面向未来'和江泽民同志'三个代表'的重要思想为指导，坚持教育必须为社会主义现代化建设服务，为人民服务，必须与生产劳动和社会实践相结合，培养德智体美等全面发展的社会主义事业建设者和接班人。"

2.课程目标来源分析

课程目标是教育目的与课程价值观的具体化，确立课程目标必须分析目标的来源，包括学习者的兴趣与需求、社会需求与学科要求。对小学生的兴趣与需求的了解需要长时间地对全国或全世界范围内的该年龄阶段的儿童进行调查，分析与确定他们共同的需求作为国家课程目标的依据，地方课程与校本课程目标的确定则需要当地教育部门或学校组织实施调查。小学生的成长是一个不断社会化的过程，因而，为了当前生产力的提高、为了民族长久的发展，小学课程目标确定的前提应该包括对社会政治、经济、文化等方面的需要分析。此外，课程目标应该对特定学科的课程逻辑进行考虑。每门学科都有其独特的结构与功能，课程目标超越了学科实际则形同虚设，且影响课程实施。

3. 课程目标分类

小学课程目标规定的是小学阶段，学生通过学习后，在品德、智力、体力等方面能够达到的程度。课程目标是确定教学目标的基础，而教育目标又是课程目标的依据。20世纪50年代以来，教育学家与心理学家们就倡导使用可观察或测量的行为来陈述教育目标，目的是为具体的课程与教学提供指导。美国教育心理学家布卢姆把教育目标分成了“认知领域”“情感领域”与“动作领域”三个方面。加涅的学习结果理论把学生的学习结果分成了态度、动作与技能、语言信息、智力技能和认知技能等几个方面。经过综合、总结，我国小学课程目标普遍分为知识与技能、过程与方法、情感态度与价值观。

4. 建立目标体系

确定了课程目标的各个板块，再根据目标的轻重缓急、先后次序与层级等，应该进一步将课程目标进行细分。以知识维度与认知过程维度的目标为例。知识维度的目标可以分为事实性知识、概念性知识、程序性知识、反省性知识等目标；认知过程维度的目标可以分为记忆目标、理解目标、运用目标、分析目标、评价目标与创造目标等。① 建立小学课程目标的树状分类图，有利于小学课程内容的整体性、全面性。仅靠大方向的目标板块，难以保证课程内容的深度与广度。

（三）小学课程内容取向的确定

根据杜威的教育理论，课程可以是经验的课程、知识的课程与活动的课程。不同课程目标决定了不同的课程内容取向。在确定了课程目标后，进一步需要以每一个课程分支目标为中心，分析确定采取何种取向的课程内容来推动目标的实现。同一个目标可以有多种取向的课程内容，而同一课程内容也能同时支撑不同的课程目标。

知识性的课程目标通常主要直接采取知识的课程，通过教科书来予以实现。教科书是科学、生活知识的主要载体，是在对材料进行筛选后的科学知识的综合归纳和分析总结，具有全面性、系统性。但随着人本主义影响力的提升，教科书也不单纯展示前人的知识经验总结，而通常会添加许多与生活紧密联系的实例。因为经验性的课程对于知识、技能、情感等目标的达成都是至关重要的。经研究发现，只有与个体经验相结合的课程内容才利于学习者将其转化为自己的东西，并灵活应用。单纯的理论学习忽视了学习者的情感与需要，是不易于学习者对课程内容的内化的。至于技能目标的实现，通常是依靠活动性的课程内容的。派纳认为：“课程不再是一个事物，也不仅是一个过程。它成为一个动词，一种行动，一种社会实践，一种私人的意义，一种公民的希望。课程不只是我们劳作的场所，也是我们劳作的成果，在转变我们的同时也转变自身。”②选择活动性的课程取向是必要的。亲身体验的知识才能使学生学习得更牢靠。更何况，技能性的知识不依靠实践操作，只是纸上谈兵。《基础教育课程改革纲要（试行）》也指出，应该“改变课程实施过于强调接受学习、死记硬背、机械训练的现状，提倡学生主动参与、乐于探究、勤

---

①［美］L. W·安德森. 学习、教学和评估的分类学：布鲁姆教育目标分类学（修订版）［M］. 皮连生译. 上海：华东师范大学出版社，2008：35—76.

②W. F. Pinar, W. M. Reynolds, P. Slattery, P. M. Taubman. Understanding Curriculum[M]. New York: Peter Lang Publishing, 1995: 848.

于动手，培养学生搜集和处理信息的能力、获取新知识的能力、分析和解决问题的能力以及交流合作的能力。”可见，无论是经验的课程、知识的课程还是活动的课程，都应该作为小学课程内容的一部分，且根据学科特性及学生、社会需要的分析，选择最利于目标达成的课程取向或课程取向组合。

（四）小学课程内容的确定

课程价值观的确定为小学课程内容的选择提供归宿与起点，解决了课程内容应该最终起到什么作用的问题；课程目标的确定是课程价值观的具体化，可以更有效地帮助课程内容的筛选；课程内容的取向解决了课程内容的形式问题，即以什么样的课程内容来实现课程目标；而最后一步，就是实际的选择。

进行课程内容选择的前提，是已经划定了课程的类型——学科课程还是活动课程。对于学科课程，首先，应该选择该学科的基本概念与原理。概念是逻辑思维最基本的单元，是学科课程内容必不可少的组成部分，没有基本概念，就无法组成学科课程知识体系，且学科课程仅仅只能停留在对事实的感性描述上，缺乏总结性、科学性。原理是在学科基本概念的基础上，通过命题或判断揭示学科内在规律和知识理论的基本方法。① 每一件事物都有其特殊个性，其发生的场景、时间、起因都会有所不同，但原理却是蕴藏在事物深处稳定不变的。从而，基本概念与原理是学科课程内容必须呈现的。其次，是基本事实。学科的基本事实是课程内容的基本材料，如果说概念与原理是学科的骨架，事实则是其血肉。课程必须选择必要的现象或事实才能使学习者理解与掌握学科概念与原理，将其与实际生活发生关联，从而引发自主学习与实践创新。充分的事实材料肯定更能有助于小学生的理解，但课程内容的空间有限。应尽可能采取简约性的原则，选取相对而言最有价值的或精炼的材料作为课程内容。而在对活动课程内容进行选择的时候，应该遵循条件性原则，即活动实现的条件，包括学生能力的条件及现实环境的条件。小学活动课程内容的选择，一定要考虑小学生当前的能力水平，选择他们力所能及的且比较感兴趣又有助于课程目标实现的内容。最后，活动课程虽然是动态的，且突发状况不能预测，但活动课程内容并不是零散的生活技巧的组合，不是杂乱无章的、随意的，而应该内含一定的逻辑性，由一定课程目标引导，体系化、结构化的内容。活动课程还可以分为验证型的活动和探究型的活动。验证型的活动是对理论知识的还原，而探究性的活动课程是对原理的发现。但不论哪种类型，活动的课程内容都应该明确活动的目标、活动的基本环节以及活动的意义。

在选定了课程内容以后，并不代表课程内容选择工作的完成，还需要进行进一步的实验、评估与修正。任何事物都是在实践中不停经历检验，进而逐步完善的。小学生是祖国的未来，小学课程内容的选择是不容忽视的，任何一个板块的内容都应该是经过专家设计、长时间实践检验，逐步保持稳定并适合持续使用的。

---

①周兴国，段兆兵．课程与教学论[M]．合肥：中国科学技术大学出版社，2012：107．

|第二节|
小学课程内容的组织

课程内容的选择只是在课程资源库中划定了即将被纳入课程的材料，要进入课堂，这些材料还需要进一步地组织，即课程内容的组织，有时也称为课程组织。自泰勒以来，课程内容的组织就被看作是课程实施计划的一个非常重要的阶段。

美国学者斯基尔贝克认为："课程组织是指构成教育系统或学校课程的要素得到安排、联系和排序的方式。这些要素包含诸如教学计划和方案、学习材料、学校器材和设备、教学力量的专业知识，以及评价和考试机构的要求等一系列因素。"

美国学者麦克尼尔认为："课程组织是指学习机会的序列化、顺序化和整合化，以便达到预期的结果，或让学习者从提供的各种机会中获得其他方面的益处。"

我国学者李子健、黄显华认为："一般而言，课程组织是指学习经验的排列、次序和统整。"

黄政杰认为："课程组织是指将课程的各种要素或成分妥善加以安排，使其力量彼此和谐，对学生的学习效果产生最大的积累作用。"

张华认为："所谓课程组织，就是在一定教育价值观的指导下，将所选出的各种课程要素妥善地组织成课程结构，使各种课程要素在动态运行的课程结构中产生合力，以有效地实现课程目标。"①

尽管各学者的表述有所不同，但意见基本一致。归纳而言，课程内容组织就是遵循一定原则、采用科学的方法对课程要素的妥善安排，其作用是使零碎的材料得到合理统整及具备教育意义，其目的是使课程内容更易被学生所吸收，进而将学生的学习效果最大化。

一、小学课程内容的组织原则

小学课程内容的组织原则是在对小学课程中的原理、观点、事实、经验、态度等进行组织时所需要遵行的准则。许多学者都将课程内容的组织原则分为连续性、顺序性、均衡性、整合性等，由于外部知识体系与内部认知结构之间的内在联系是稳定的，以及学生学习的心理机制是类似的，因此，小学课程内容的组织原则除了更偏重从小学的角度加以考虑，同样适用以下原则。

1. 连续性原则

小学课程内容组织的连续性是指在水平方向上，对课程要素进行直线式地称述，并在之后的学习阶段中不断重复，以使学生持续巩固加深印象，并推动更深一步地学习。例如，一年级的学生学习了加减法，但在二年级到六年级的学习中还是不停地遇到加减运算，也正是由于对加减运算的娴熟运用，学生对后来学习的乘除运算接受起来不算太

① 钟启泉. 课程论[M]. 北京：教育科学出版社，2007：165.

困难。从小学生的注意力来看，具有被动性、无目的性。一次性课程内容在他们头脑中的停留时间非常短暂，一旦出现新兴事物，在之前的课程内容还没来得及在头脑中编码储存起来之前，他们的注意力就迅速转移，因此，之前学习的内容将会是白驹过隙。此外，从他们的记忆力来看，小学生的记忆力的精确度较低，容易在学习中分心，他们的记忆表现出很大的无意性、不稳定性，对近似的东西比较容易混淆，特别是低年级的学生。从而，小学生的学习在很大程度上取决于刺激物的强度，需要依靠机械地、不断重复地练习来内化课程内容。随着他们年龄的增大及大脑的不断成熟，小学生的认知能力得到发展，无意注意及记忆才逐渐转化为了有意，因此，小学课程内容的组织需要针对小学生的认知特点，采用连续性原则。课程内容组织的连续性可以为小学生持续提供学习相关课程内容的机会，形成累积效应，有助于学生进行更深层次的学习、处理更具难度的材料、理解更有广度的概念。它可以应用于不同取向的课程内容——知识的课程、活动的课程、经验的课程。因为，学生对不同内容的学习方法都具有相似性。需要注意的是，课程内容的连续性强调同一课程要素在后面阶段的学习中的重复出现，但这并不代表对同一要素单独地、反复地学习，而是将其安插于其他新的学习要素中，在复习旧的内容的基础上再学习新知识。这些被重复出现的课程要素还能在新知识体系中起到一个挂钩的作用，推动旧的知识结构向新的转化。

2.顺序性原则

小学课程内容呈现的对象是小学生，小学生的生理、心理都处于发展阶段，可塑性极强。尽管期望儿童尽可能更多地掌握社会生活所需的知识，但根据心理专家研究，儿童的发展是遵循顺序性的，它不会因为外在环境、呈现方式、学习行为的变化而改变。将大学的知识放到小学，或让深层次的知识先于基础知识进行学习，这无疑会造成小学生的认知冲突，产生思维混乱，即使得到及时纠正，也会对小学生今后的学习与发展造成影响。他们的心理发展过程是从感知到思维发展，从外部语言到内部语言，从无意到有意、从整体到细微，从模糊到精确，从实物支撑到逻辑思考，从他控到自控。例如，儿童需要先依次学会爬与走，才能学会跑；要先学加减才学得会乘除；要先练习组词，才知道如何造句。因此，在进行课程组织时，应该考虑这样三个问题：首先，需要根据什么来组织内容的顺序；其次，什么内容应该在前，什么内容应该在后；最后，在什么阶段呈现何种程度的什么内容。一般而言，课程内容的组织顺序，可以参考以下几种惯例：

(1)由简入繁，由易到难，由浅而深；

(2)由具体到半抽象，再到抽象；

(3)由熟悉到陌生，由已知到未知；

(4)从整体到部分，从粗到细；

(5)从古至今，从上至下。

3.均衡性原则

在推行素质教育以来，我国就一直以培养德、智、体、美全面发展的学生为教育目标，实现这一目标，首先需要课程内容的组织遵循均衡性原则。所谓均衡性是指，在进行课程内容组织时，恰当安排各类课程、课程内部各知识板块的比例，不过分偏重，也不完全均等，而是根据小学生心理、生理特征及该部分内容对学生发展的贡献进行科学的划分，维持每个板块内容之间的平衡，以此保证学生发展的均衡。均衡发展下的儿童并不擅长于某一方面的知识技能，而是在各个方面的水平都相当。换而言之，我们培养的是“全人”，而不是“专才”。小学教育属于基础教育的重点范畴，是中等教育、高等教育的奠基工程。《中国教育改革和发展纲要》就明确告诉我们基础教育的价值所在：基础教育的基本目标是提高整个中华民族的素质，它的对象和着眼点是全体人民，而不是一部分人，更不是少数人；它的功能是为提高全民族的素质奠定基础，它强调的是基本素质的培养，而不是专业或某些专门人才的培养。因此，小学课程内容体系也应该服从这一价值目标。

课程内容组织的均衡首先包括不同课程类别间的均衡，如学科课程与活动课程。《基础教育课程改革纲要(试行)》提道：“小学阶段以综合课程为主。小学低年级开设品德与生活、语文、数学、体育、艺术(或音乐、美术)等课程；小学中高年级开设品德与社会、语文、数学、科学、外语、综合实践活动、体育、艺术(或音乐、美术)等课程……从小学至高中设置综合实践活动并作为必修课程……”国家关于各门课程比例，还进行了科学的划分，在进行课程内容组织时，应严格参照国家课程政策。此外，均衡性原则还适用于每门课程内部的各板块之间。课程内容应该体现出重点内容与次重点部分，让教师与学生能够明显辨别出哪些部分需要引起特别注意，哪些部分只要求了解。对于小学生来说，并不是任何的基础知识都适合在特定的时刻学习，它要么会限于学科内部的逻辑顺序，要么会限于小学生的接受能力。

4. 整合性原则

课程内容组织的整合性是指课程各要素之间的水平联系，即打破各学科体系之间严格的界限，寻求各种内容之间的内在联系，使整个小学课程内容成为一个有机的整体，而不是几个相互独立的板块。尽管由于各科课程内容的内在逻辑性，课程通常为分科课程，但这并不阻碍课程内容的整合。分科与整合是相对独立，却是绝对联系的。分科课程强调的是知识的整体结构，注重的是领域深度。但小学生的思维是发散的，小学生是极具想象力的群体，想要将其限制在人为划定的固定领域是不现实的，课程内容的整合性恰能解决这一问题。整合的课程内容不仅能适应小学生的发散性思维，还能拓宽他们的眼界，使他们能够更全面地、联系地来看待这个变化的世界。哲学原理告诉我们，事物与事物之间是相互联系的，即知识与知识之间，学生的经验与经验之间，都是不能够人为地将其分裂开的。在选定的课程内容中，总会出现那么一些需要小学生掌握的，却又不能完全归类为某一科的边缘性知识，以整合的视角来看，这些边缘性知识恰巧是使领域与领域之间自然发生关系的完美桥梁。小学生的逻辑、抽象思维本身就受到限制，有了这类知识，能够轻而易举地使小学生的思维产生过度与迁移，避免了他们在学习分科知识时由于其独立性而产生困扰。

课程组织的整合性可以深入课程的多个层面。首先，同一学科相邻知识的整合，例如代数与几何。其次，不同领域之间的整合，例如物理与化学、美术与音乐、品德与生活等。再者，文化与文化之间的整合，对于一个多民族的国家，不同民族文化的整合是维系国家稳定和谐的必要手段。最后，儿童与社会之间的整合，正如后现代主义所强调，教育应该将儿童放在一个主体地位，使其与外界充分接触，融入社会，只有这样才能实现人的真正的全面发展。

二、小学课程内容的组织方法

关于小学课程内容的组织方法，各学者基本达成一致意见，主要有以下几种：纵向组织与横向组织相结合；直线式组织与螺旋式组织相结合；逻辑顺序组织与心理顺序组织相结合；渐进式组织与跨越式组织相结合。

1. 纵向组织与横向组织相结合

纵向组织是指课程各领域内部的要素的组织方法，是按照从基础到纵深的顺序对选择出来的小学课程内容进行排列。《学记》曾言"不陵节而施"，意为课程内容不能超越学生所能接受的限度。因此，在进行课程内容组织时，首先应该明确该年龄阶段小学生的接受限度，将适应其当前接受水平的知识安排在课程的前面，再以此内容水平为起点，往后逐步加深，遵循小步子的原则。一小步一小步逐步深入的材料是更容易为小学生所接受的。任何两个小步子之间的难度的增加应该比较细小，这才能适应小学生较为初级的接受能力，使他们的学习更为顺利，以这种方法进行组织的课程内容是能够引导小学生成功获取复杂的知识，并在头脑中形成比较完整的该领域的学习路径。

根据整合性原则可见，纵向组织的方法必须与横向组织的方法灵活地结合。横向组织是解决各领域课程内容间极端分化的有效方法。在进行课程内容组织时，可以重点挑选出那些边缘性知识和综合性知识，将其同时放在不同学科的适合的地方进行点缀，使两个学科间自然地相互呼应，形成联系。这些综合性知识就如同小学课程内容网络中的一个节点，有了一个个的节点，学生头脑中才能逐步形成一张完整的、包罗万象的网络，从人体的构造就能看出，纵向组织与横向组织的结合不仅是知识内部的要求，更是大自然的选择。这样组织起来的课程内容才能利于学生用整体的观点来分析今后更复杂、更有深度的问题。

2. 直线式组织与螺旋式组织相结合

两点成线，且直线是无限延伸的。所谓直线式的组织方法是把某一科目课程所有的要素不重复地串联起来。直线式组织方法的优点在于简单明了，能够较为完整地洞悉该领域的课程逻辑，避免由于不必要的重复引起学生思维的混乱。小学生的思维体系本身就缺乏稳定性、整体性，在注意力集中于某一点时极易由于其他知识的介入而被打扰，从而中断原本的学习顺序。但小学生的另一认知特点又决定了不能单一地采用直线式课程内容组织，必须将直线式与螺旋式进行结合。不必要的重复固然累赘，阻碍小学生的学习，但适当的情景或知识重现却是挽救小学生注意力不集中的有效方法。相对而言，小学生的注意力难以完全集中于课堂，因此，课堂效率也相对较低，如若完全采用直线式的组织方法，一旦开小差，就会错过新知识的摄入，容易使小学生的知识体系产生漏洞，长此以往，上层建筑必然容易坍塌，使小学生头脑中的知识体系出现混沌。因此，在进行小学课程内容组织时，应间歇地采用螺旋式方法，使某些重要的、小学生掌握起来较为困难或容易遗忘的内容在需要的地方以恰当的方式予以重现。根据艾宾浩斯遗忘曲线，人们对于知识的遗忘是从学习后就立即开始的，且速度先快后慢，但经过一段时间有规律的复习后，记忆就会逐步稳定。这一理论为小学课程内容组织的螺旋式提供了科学依据。旧知识的重复不仅有利于巩固基础，更是对学习新知识的铺垫，建立在已有的经验上的学习才能成为有效的学习。

3. 逻辑顺序组织与心理顺序组织相结合

逻辑顺序是指对某一科目课程内容进行组织时，严格遵照其领域的内在联系来组织课程内容，包括因果关系、层第关系、主次关系、总分关系、并列关系等。知识各部分之间的关系错综复杂，按照一定的顺序进行排列才能显得有条不紊。可以按照从个别到一般、从具体到抽象、从现象到本质、从部分到整体等的顺序进行排列。但事物的矛盾性又在于，逻辑的内容又不一定能够适应小学生的心理发展水平，因为小学生的思维本身就是缺乏逻辑性的。从而，到底是采用心理顺序来进行组织，还是采用逻辑顺序来进行组织，成为一个争论点。美国的布鲁纳曾指出，任何学科都能以某种形式交给任何年龄阶段的任何人。暂不论这一理论的现实性，更重要的是我们从中认识到学者们对于学科基本逻辑结构的肯定。通过学习具有逻辑结构的课程内容可以使学生了解到自然界和人类社会的发展过程。通过本质与规律的认识才能促进与激发学生的创造性思维。但违背了学生认知特点的课程内容又容易使学生产生抵触情绪，且以学生为主体的理念没有得到彰显，致使学生的学习效率难以提高。由此可见，小学课程内容的组织必须参考学生的心理顺序。逻辑与心理并不是完全对立的，而是可以相互补充的。在按照学科逻辑进行课程内容组织时，参考学生当前心理水平，将超出小学生最近发展区的知识予以简化或者转换形式，以适合他们接受的形式出现或在他们认知得到发展、心理水平有所提高后再重新展开讨论。值得注意的是，每一个课程要素并不是非要均等地进行展开的，只要按照小学生的心理顺序，合理掌握好缩扩及转换，就能很好地使学科逻辑与心理顺序有效结合。

◆案例解析

在三年级教材《给予树》一文教学中，老师觉得课文较长、识字量大，有些词语与学生生活距离远，因此建议大家参考《词语手册》和《英才教程》，并在接下来的学习中，结合具体情景用生动的语言为学生解释“善良”“仁爱”“同情”“体贴”“如愿以偿”“诚挚的祝福”等词语，而对“圣诞节”“采购”“援助中心”等未做重点讲解，由学生自主查阅理解。

未曾想到在学完课文后，班上一个小女孩举起手来不好意思地说有问题要问，周围的同学就小声嘟囔着“老师都讲过了，还有什么不懂的”，言外之意好像是：“你真笨，课文都学完了还提什么问题？”而老师出于对学生学习积极性及心理发展的考虑，微笑着示意小女孩提出自己的问题，小女孩也大胆站起来说：“老师，什么叫‘援助中心’？我不懂。”

老师立马意识到，教材中并未对此做出过多解释，《词语手册》《英才教程》等工具书的注解也较抽象，小学生是难以理解的，且“援助中心”“圣诞节”等跟生活虽有联系，但我国孩子对其感知还较少。

老师就此引导学生们回忆、思考：“同学们，你们平时看见过慈善赞助机构吗？”

“我知道!”小元高兴地说,“就是里面有一些工作人员,放着一些挂着许多卡片的‘给予树’,然后大家去捐款,或者摘下上面的卡片,根据上面的要求给卡片上的人一些帮助……”

“我看见过,上次在南门河广场,妈妈带我去参加潜江市万人助学活动。仅一小时,市民就将要接受捐助的一万个农村学生给‘抢’光了。那时候的广场就像一个‘援助中心’。”最后,很多学生都表示懂了,之后老师也鼓励大家向那个小女孩学习,有问题要大胆提出。

[评析]

案例中,教师教学充分解析课文,并考虑学生认知特点、心理发展规律进行课堂教学。当学生主动提出的问题出乎原课堂预设时,教师能尊重学生,认真倾听,在学生提出问题后,结合具体现实情况对症下药,讲解词语意思帮助学生理解,真正做到取材现实,回归生活,有效帮助学生理解课程内容。

本章小结

课程内容是课程论的一个有机构成部分,它是课程目标实现的主要途径,是课程评价和课程设计的主要依据和参照。课程内容与课程论其他部分之间是紧密相连、相互促进、不可分割的。本章主要介绍了小学课程内容设计方面的相关内容,包括小学课程内容的选择与组织的原则和方法。

复习与思考

1. 如何理解课程资源与课程内容的不同?
2. 小学课程内容选择的原则有哪些?
3. 小学课程内容选择的程序有哪些?
4. 小学课程内容组织的方法有哪些?

第七章
小学课堂教学主体

◆**本章重点**

①教学主体理论

②小学教师的角色、素养和专业发展

③小学生身心发展特点和小学生学校教育

④师生交往的内涵、特点和小学师生交往的特殊性

⑤教学中师生冲突的形式、特征及原因

⑥小学师生共识达成的路径

在小学教学活动中，人是最为基本的要素，是小学教学活动得以开展的根本保障。学的活动、教的活动和师生交往活动构成了小学教学得以进行的活动体系。小学学生学的活动和小学教师教的活动是认识论意义上的主客体关系，具有复杂性。主客体关系的争论使得师生冲突在师生交往中成为必然现象。为了使小学教学活动得以有效地进行，有必要对小学教师、小学学生的角色予以把握，对师生交往特征以及师生冲突予以明晰，以期实现师生交往共识。

|第一节|

小学教学主体概论

教师和学生是教学活动得以开展的基础，二者是相互依存的。但是在教学主体理论中存在着教师和学生谁是教学的主体之争，典型的有“单主体论”“双主体论”和“主导主体论”之争。在小学教学活动中，小学教师是道德的模范者、知识的传播者和心理辅导的工作者，这对小学教师的道德素养、专业素养和能力素养都提出了要求，并对小学教师专业发展提供了可能性。小学生在身心发展和道德发展上具有一般特征，小学教育的开展需要依据规律并有针对性地开展。

一、教学主体理论

主体与客体是相对应产生的，没有主体就没有客体，没有客体也没有主体的存在。在教学活动中，教学主体无疑存在于教师或学生之中，但教师和学生不等同于教师主体和学生主体，只有发挥着主观能动性作用的教师和学生才有可能成为教师主体或学生主体。关于教学主体的争论问题，主要是争议师生在教学活动中的地位与作用、权利与义务，争议教师权威还是学生主动性在教学活动中的重要作用。在教育界主要存在着“单主体论”“双主体论”“主导主体论”三大争议。

(一)单主体论

简单地说，单主体论也就是承认教学主体只存在一个主体。单主体论包括“教师主体论”和“学生主体论”两大针锋相对的派别，分别是以赫尔巴特为代表的“教师中心说”和以杜威为代表的“学生中心说”两大阵营。

“教师主体论”认为教师是教学主体，学生是客体。教学活动是教师有目的、有计划、有组织地培养人的社会活动，教师是社会的代言人，是受过专业训练、有专门的文化知识和专业的教学技能，教学活动是教师进行社会实践完成社会使命的过程。相对应地，学生是受教育者，是被教师改造和发展的对象，作为被改造、被教授、被影响的对象，对教师必定保持着一种被动的状态，自然也就是教学过程的客体。所以，教学主体只能是教师，学生是客体，作为教学主体的教师通过教材作用于作为客体的学生。在教育史上认同这一观点的有荀况“师云亦云”，韩愈“尊师重道，闻道有先后”，柳宗元“不师如之何，吾何以成”，黄宗羲“学生必须‘重师弟子之礼’”，赫尔巴特“教师是教育实施的舵手”，凯洛夫“老师讲，学生听”等。

“学生主体论”认为学生是教学主体。这种观点是根据马克思主义哲学的内外因关系进行分析的，其中，内因是事物变化的根本，外因通过内因发生作用。教学的最终着落点是学生的学，所以学生是教学活动的内因。在教学过程中，学习者认识的对象是教材(教学内容)，必然成为客体。学生的自身特征，包括学生智商、学习者动机、学习经验和学习者学习条件等，是学习的内因，对教学过程起着决定性的作用。教学的认识活动离不开教师的指导,学生主体的活动及主体自身的发展是在教师指导和帮助下完成的,将教学过程视为学生理解、吸引教师所教授的教学内容的过程,但教师只是对这个过程提供帮助,那么教师是作为中介而存在的,必然不可能成为教学主体。所以,学生是教学主体,教材是客体,作为主体的学生在教师的帮助下实现对教学内容(客体)的理解,实现教学活动的有效完成。在教育史上认同这一观点的有孔子"不愤不启,不悱不发",陶行知"怎样学就须怎样教;学得多,教得多;学得少,教得少;学得快,教得快;学得慢,教得慢",亚里士多德的和谐教育以及夸美纽斯、卢梭、杜威等。

随着教学认识活动的深入研究,"单主体论"引起了很大的争议。首先,"教师主体论"将教师视为教学活动的唯一主体,过分强调了教师在教学活动中对学生的作用,忽视了学生在学习活动中的作用,磨灭了学生的主动积极性,在教学实践上容易使学生课堂活动积极性受到打击,导致学生厌学情绪和对抗心理的出现。其次,对"学生主体说"的批评主要来自三方面。第一,将内因和外因、主体和客体两对不同范畴的概念混淆,用"内因=主体"和"外因=客体"理解教学主体是一种歪曲的理解。第二,这种观点将课堂教学活动中学生的作用和学生自主学习的自发作用相混淆。课堂教学活动是有目的、有计划和有组织进行的,是在人与人、人与物相互作用的条件下开展的,学生在课堂教学情境下进行的学习不等同于学生自主进行的学习。第三,课堂教学活动是一种文化传承活动,在这种活动中不能忽略教师对学生文化接受的作用,绝对地将教师边缘化并不有利于学生的文化吸收。最后,"单主体论"的理论基础是不彻底的认识论①,在哲学上,一般认识论的主体是人,在教学活动中教师和学生都是人,教师和学生理应都成为主体。如此看来,单主体论是片面地单向认识教师和学生在教学过程中的地位,单纯地将"教学视为教师的教的活动"或"学生的学的活动"等同于教学活动本身,这种理解是片面的,不具说服力的。

(二)双主体论

单主体论将教师或学生作为教学的唯一主体来讨论是一种不彻底的哲学认识论。双主体论从哲学认识论出发,认为人理应成为活动的主体,自然是客体,主客体是一一对应的关系,作为人的教师和学生理应都是教学过程的主体,两个主体同时并存。这种观点认为教师是教的主体,学生是学的主体,既肯定了教师在教学过程中的作用,又承认学生的主体地位,是一种折中的认识。

但是,双主体论也引起了一些争议,对双主体论的批评有四:其一,对"主体"概念的模糊。双主体论认为在教学过程中存在两个主体,实质上等于没有主体。其二,没有阐述清楚教师主体和学生主体的差异。教师和学生作为教学过程的两个主体,他们之间是什么关系、对教学有什么作用,教师主体和学生主体之间存在什么差异,教师主体和学生主体存在什么特殊性,双主体论没有做出明确的回答。其三,将教学过程简单地分为教师的教和学生的学,脱离了教学本质。教学活动是指向教师的教和学生的学的双边活动,但不是两个彼此分离的过程:教师的教以学生的学为基础,学生的学以教师的教为条件,二者是共同参与并相互影响着教学活动。其四,理论基础的简单代替。教学认识论

---

①李森.现代教学论纲要[M].北京:人民教育出版社,2005:139.

是在探讨教师和学生在教学过程中的辩证关系，双主体论将哲学认识论等同于教学认识论，用具有高度概括性的哲学认识论来指导具有个性的教学认识活动，不能展现教学活动的独特个性。

（三）主导主体论

这种观点被目前教育界认可。简单地说，主导主体论认为教师是主导，学生是主体。教学作为学生个体的认识活动，学生的学习活动是首要的活动，主要目的是学习和掌握人类文明积累的知识经验，并通过自身的主动性将其转化为个人的知识体系，具有自身的自我意识和主动性，所以学生是教学活动的主体；教学作为一种社会活动，教师教授活动是次要的活动，教师作为社会的代言人，有着专业的知识和技能，主要目的是引导学生的学习活动，规定学生的认识方向，帮助学生实现知识的个体性，而学生作为被培养和被教育的对象是在成长中的、未完成身心发展的个体，必须在教师的指导下才能符合社会的规范、合乎教学规律。所以教师是教学活动的主导。王策三先生在其《教学论稿》中明确指出："学生是教师主导下的主体，教师主导和学生主体是辩证统一的。学，是在教之下的学；教师为学而教。"①

虽然主导主体论一则将指向个体的"主体"和指向属性的"主导"相提并论，二则将教师主导地位与主导作用的发挥混为一谈，但是主导主体论认识到了教师教授活动和学生学习活动的差异，其中教师发挥着引导学生进行个体活动的作用，学生是在教师的引导下进行的个体认识；主导主体论认识到了教师作为社会的代言人，其主导作用是学生获得知识和发展身心的有利条件，只有在教师主导下进行的学习活动才能更有效地实现学生个体的认识活动；主导主体论认识到了学生学习的主动性很大程度上帮助了教师有效教学的达成，只有充分调动学生学习的积极主动性才能真正实现教学的应有效能。主导主体论没有片面强调教师或学生单方面的作用，符合教学的基本规律。小学生正处于接受知识熏陶的时期，受个人身心发展（智力发展不完全）和个人经验（知识经验浅薄、社会经验不足）的限制，在实现由教到学的过程中更需要教师的引导，在这一层面上看待教师的主导作用是非常有必要的。但是强调教师教的主导作用并不是否定学生的主体地位：首先，教师的教必须发挥学生的主动积极性作用才可以被学生所吸收，最终着眼点是学生主动地学；其次，教学目标的达成体现在学生的学习效果上，教师的教只是作为向导为学生提高学习机会以期实现自我成长的达成；最后，教师教的方法必须适应学生学的特点，以学生最简单、最容易的接受方式和学习方式为导向。基于以上分析，主导主体论是符合教学规律的。

二、小学教师

教师是教学活动的组织者和发动者，引导和影响着学生的学，在教学效果的达成上有着不可替代的作用。为了实现有效的教学，教师应该明确定位自己的角色，具备基本的教学素养，实现自身专业发展。

---

①王策三．教学论稿（第二版）[M]．北京：人民教育出版社，2012：374－375．

(一)教师角色

教师角色是教师对自己职业期望和职业职责确定之上在教学活动中表现的特征，小学教师是道德的模范者、知识的传播者和心理辅导的工作者。

1. 道德的模范者，培养学生的良好习惯

教师作为社会的代言人，具有较高的政治觉悟和社会主义意识，代表国家意识向学生传达社会的道德规范和要求，培养学生良好的学习习惯和生活习惯。小学生处在社会个性化的关键时期，具有很强的可塑性，这就为教师传播道德，培养学生习惯提供了可能性。休斯曼斯认为小学教师可以靠着自身特殊的感化力改革学生。在小学生的世界里，小学教师是一个全能型的人物，具有高尚的道德品格，是学生学习和模仿的榜样，这在很大程度上为教师弘扬社会道德、培养学生良好习惯提供了心理场域。作为学生的榜样，教师的模范作用是通过教师的行为和言语表现出来的，所以教师在课堂教学活动和日常生活中一定要注意自己的言行举止，大到教学目标的设定，小到穿着打扮都要符合社会道德的要求，更要在学生学习遇到困难时鼓励学生积极面对和大胆地尝试，培养学生良好生活的习惯。

2. 知识的传播者，发展学生的创造力

教学活动是学校教育的核心，只有通过课堂教学活动、课外实践活动等方式相结合才能较好、较便捷地将人类文明传递给学生。对于教师而言，传播知识是教师价值的体现；对于社会发展而言，教师对知识的传播在人类发展上起着承上启下、延续社会财富的作用。教师对知识的传播是人类发展的推动者，是学生成长的奠基石。但是，教师在对知识的传播过程中，不是简单地将知识作为粮食给予学生，而是要教会学生如何学习、如何高效地学习，在知识的传播上注重学生对知识的感知力，关注学生的学习方法，发展学生的思维，注重学生的创造力，所谓“授人以鱼，不如授之以渔”。另一方面，教师密切关注学生的背景，根据学生的基本习惯和未来发展，进行有差别的知识传递，帮助学生实现最优发展。有的学生从小接受艺术的熏陶，具有敏锐的鉴赏力和美的感知力，那么教师提供的知识传递应该是符合这一类学生未来发展的艺术能力方面的知识；有的学生从小动手能力超强，对物体构造和空间布局具有敏锐的洞察力，那么教师的知识传递应该注重技能的养成和动手习惯的保持，让学生在技能创造或创新上寻找自我价值。总之，教师是人类知识的传播者，但在传播的过程中应该有差别地发展学生，给学生创造力的发展提供切实可行的帮助。

3. 心理辅导的工作者，促进儿童身心健康发展

教师每天面对的是一群正在发展着的鲜活的学生，每个学生都有着自己的家庭背景、学习偏好，在学习过程中难免会遇到身心发展障碍，教师应该根据学生的需要对学生进行心理辅导。比如，随着社会的发展，进城务工的农民工越来越多，留守儿童和进城务工子女的心理问题值得关注，那么教师应该熟悉这些学生的家庭背景，适时适当地给予关心和帮助，教会留守儿童如何面对孤独，教会农民工子女如何与同学交往；随着家庭离婚率的增高，单亲家庭日益壮大，单亲孩子越来越多，学生难免在面对父母感情或家庭矛盾时会出现焦虑或情感不适，这时候教师应该察言观色，掌握学生的学籍情况，教会学生爱父母，体谅父母的感情和自我调节的方法。

(二)小学教师素养

小学教师需要经过严格的培养与培训，具有良好的职业道德，掌握系统的专业知识和专业技能。教师素质在结构上至少应包括职业理想、知识水平、教育观念、教学监控能力以及教学行为与策略。①《小学教师专业标准(试行)》(以下简称《专业标准》)(表 7-1)明确了一名合格小学教师的道德坐标、知识坐标与能力坐标，它是我国教师专业化进程中的重要里程碑。②

表 7-1 小学教师专业标准(试行)

维度	领域	基本要求
专业理念与师德	(一)职业理解与认识	1.贯彻党和国家教育方针政策，遵守教育法律法规。 2.理解小学教育工作的意义，热爱小学教育事业，具有职业理想和敬业精神。 3.认同小学教师的专业性和独特性，注重自身专业发展。 4.具有良好职业道德修养，为人师表。 5.具有团队合作精神，积极开展协作与交流。
	(二)对小学生的态度与行为	6.关爱小学生，重视小学生身心健康，将保护小学生生命安全放在首位。 7.尊重小学生独立人格，维护小学生合法权益，平等对待每一个小学生。不讽刺、挖苦、歧视小学生，不体罚或变相体罚小学生。 8.信任小学生，尊重个体差异，主动了解和满足有益于小学生身心发展的不同需求。 9.积极创造条件，让小学生拥有快乐的学校生活。
	(三)教育教学的态度与行为	10.树立育人为本、德育为先的理念，将小学生的知识学习、能力发展与品德养成相结合，重视小学生全面发展。 11.尊重教育规律和小学生身心发展规律，为每一个小学生提供适合的教育。 12.引导小学生体验学习乐趣，保护小学生的求知欲和好奇心，培养小学生的广泛兴趣、动手能力和探究精神。 13.引导小学生学会学习，养成良好学习习惯。
	(四)个人修养与行为	14.富有爱心、责任心、耐心和细心。 15.乐观向上、热情开朗、有亲和力。 16.善于自我调节情绪，保持平和心态。 17.勤于学习，不断进取。 18.衣着整洁得体，语言规范健康，举止文明礼貌。

①林崇德，申继亮，辛涛.教师素质的构成及其培养途径[J].中国教育学刊，1996(6):16.
②顾明远.《小学教师专业标准》说明[J].中国教育报，2011(12):1.

续表

专业知识	(五)小学生发展知识	19. 了解关于小学生生存、发展和保护的有关法律法规及政策规定。 20. 了解不同年龄及有特殊需要的小学生身心发展特点和规律,掌握保护和促进小学生身心健康发展的策略与方法。 21. 了解不同年龄小学生学习的特点,掌握小学生良好行为习惯养成的知识。 22. 了解幼小和小初衔接阶段小学生的心理特点,掌握帮助小学生顺利过渡的方法。 23. 了解对小学生进行青春期和性健康教育的知识和方法。 24. 了解小学生安全防护的知识,掌握针对小学生可能出现的各种侵犯与伤害行为的预防与应对方法。
	(六)学科知识	25. 适应小学综合性教学的要求,了解多学科知识。 26. 掌握所教学科知识体系、基本思想与方法。 27. 了解所教学科与社会实践的联系,了解与其他学科的联系。
	(七)教育教学知识	28. 掌握小学教育教学基本理论。 29. 掌握小学生品行养成的特点和规律。 30. 掌握不同年龄小学生的认知规律。 31. 掌握所教学科的课程标准和教学知识。
	(八)通识性知识	32. 具有相应的自然科学和人文社会科学知识。 33. 了解中国教育基本情况。 34. 具有相应的艺术欣赏与表现知识。 35. 具有适应教育内容、教学手段和方法现代化的信息技术知识。
专业能力	(九)教育教学设计	36. 合理制定小学生个体与集体的教育教学计划。 37. 合理利用教学资源,科学编写教学方案。 38. 合理设计丰富多彩的班队活动。
	(十)组织与实施	39. 建立良好的师生关系,帮助小学生建立良好的同伴关系。 40. 创设适宜的教学情境,根据小学生的反应及时调整教学活动。 41. 调动小学生学习积极性,结合小学生已有的知识和经验激发学习兴趣。 42. 发挥小学生主体性,灵活运用启发式、探究式、讨论式、参与式等教学方式。 43. 将现代教育技术手段渗透运用到教学中。 44. 较好使用口头语言、肢体语言与书面语言,使用普通话教学,规范书写钢笔字、粉笔字、毛笔字。 45. 妥善应对突发事件。 46. 鉴别小学生行为和思想动向,用科学的方法防止和有效矫正不良行为。

续表

专业能力	(十一)激励与评价	47. 对小学生日常表现进行观察与判断,发现和赏识每一个小学生的点滴进步。 48. 灵活使用多元评价方式,给予小学生恰当的评价和指导。 49. 引导小学生进行积极的自我评价。 50. 利用评价结果不断改进教育教学工作。
	(十二)沟通与合作	51. 使用符合小学生特点的语言进行教育教学工作。 52. 善于倾听,和蔼可亲,与小学生进行有效沟通。 53. 与同事合作交流,分享经验和资源,共同发展。 54. 与家长进行有效沟通合作,共同促进小学生发展。 55. 协助小学与社区建立合作互助的良好关系。
	(十三)反思与发展	56. 主动收集分析相关信息,不断进行反思,改进教育教学工作。 57. 针对教育教学工作中的现实需要与问题,进行探索和研究。 58. 制定专业发展规划,不断提高自身专业素质。

1. 教师道德素养

小学教师道德素养最根本体现在教师的职业道德素养上。职业道德是教师在教育教学活动中必须履行的行为规范和道德准则,包括教师的自我要求、自我评价和自我培养。小学教师面对的是正处于道德品质发展的初始阶段的小学生,需要教师的帮助与引导,要求小学教师热爱教育、无私奉献,热爱学生、诲人不倦,团结协作、互勉共进,严于律己、以诚相待。小学教师这个职业是"太阳底下最光辉的职业",没有爱就没有小学教育,热爱教育事业和热爱小学生是这个职业道德最基本的要求;在教学中要注重团结协作,包括师师之间、师生之间的通力合作,以合作求进步;在课余生活中,小学教师应该以身作则,严于律己,真诚对待别人。

2. 教师知识素养

一个小学教师的最佳知识结构是形成他的教育教学能力的基础。① 林崇德先生认为教师知识素养包括教师的本体性知识、实践性知识和条件性知识。教师的本体性知识是教师所执教科目的学科知识、学科体系,是教师从事教学工作的基础。有研究指出,小学数学教师本体性知识的缺失可以通过充实职前教育数学课程的内容、改进职前教育数学课程的教学方法和加强职后培训的针对性等方法进行弥补。② 实践性知识是指教师在面临教学目标时所具有的具体情境的知识以及处理突发事件的知识。在具体的教学情境中,不同教师的实践性知识是不同的,具有典型的情境性和经验性,是教师自身的教学经验和人生经验的积累。条件性知识是指教师为了完成教学任务所具备的教育学和心理学方面的知识,包括掌握小学教育教学基本理论、小学生品行养成的特点和规律、不同年龄小学生的认知规律和所教学科的课程标准和教学知识。这类知识在新课改中被

①王焕.从小学教师应具有的素质谈中师的课程设置[J].课程·教材·教法,1987(9):10.

②曹培英.新课程背景下小学数学教师本体性知识的缺失及其对策研究[J].课程·教材·教法,2006(6):44—45.

广大教师所接受。从一定程度上来讲，教师教学就是教师运用心理学理论，找准适合小学生心理接受力的方法，对自己所执教的学科做出教育学的解释，将所教学科的知识传递给学生，帮助学生成长。

3.教师专业能力素养

教师专业能力是指教师在教学活动开始之初到教学活动结束之后这一过程对自己引导下进行的教学活动的设计、实施和评价的能力，具体而言包括教师教学设计能力、组织与实施能力、激励与评价能力、沟通与合作能力、反思与发展能力(具体见表 7-1)。教师教学设计能力是教师对教学目标、教学内容、教学任务、教学对象把握的能力，是教师预测和策划课堂教学开展的能力；组织与实施能力是教师从理想的课程设计走向实际的课堂实施，要求教师了解学生学情，掌握学生学习方法，调动学生积极参与课堂活动的兴趣，将学生注意和学生投入扣在课堂教学，有效应对课堂突发事件的教学机智；激励与评价能力是教师及时反馈学生，以物质或精神奖励激励学生，鼓励学生积极投入学习；沟通与合作能力是教师以身体语言或言语关注学生，以自身反应感染学生，注重师生之间交流的积极性和敏感性，以师生合作实现有效教学；反思与发展的能力是教师在课堂教学之后对教学情况进行回顾，包括对优点的肯定和不足的检讨与完善，是教师分析自己课堂教学以期实现自身教学能力的提高和学生的成长进行的他评和自评。

(三)小学教师专业发展

小学教师专业发展是指小学教师作为教学人员，要经历一个由不成熟到相对成熟的专业人员的发展历程。也就是小学教师在整个小学生涯中，通过专业训练，习得教育专业知识技能，表现专业道德，逐步提高自身从教素质，成为一个良好教育专业工作者的专业成长过程，是小学教师谋求自身最大限度的自我发展与关注学生的整体发展相结合的过程。这是将小学教师作为专业人员来谈小学教师专业发展。

◆学术争鸣

凯兹认为，小学教师专业发展需经历那么几个阶段，即求生期、强化期、求新期、成熟期；①

本纳认为，教师专业发展需要经历：新手、高级新手、胜任者、精熟者和专家五个阶段；②

西丝·富勒认为，小学教师专业发展具体包括四个阶段：教学前关注、早期生存关注、教学情景关注、关注学生；③

叶澜教授认为，小学教师专业发展需要经历五个具体阶段，即“非关注”阶段、“虚拟

①[美]丽莲·凯兹.与幼儿教师对话：迈向专业成长之路[M].廖凤瑞译.南京：南京师范大学出版社，2004:206.

②郑晓梅，黄晓赟，邢敏材等.对我国小学教师专业标准的思考[J].江苏技术师范学院学报，2010(4):47.

③肖丽萍.国内外教师专业发展研究述评[J].中国教育学刊，2002(10):58.

关注"阶段、"生存关注"阶段、"任务关注"阶段、"自我更新"阶段；①

也有一些学者认为，结合教师能力或素养发展，小学教师专业发展需要具体经历：专业知识的发展、专业技能的发展、专业情意的发展三个具体阶段。②

小学教师专业发展要求小学教师专业认知、专业认同、专业自尊和专业调节的自我专业发展意识。③ 具体而言，小学教师专业发展需要创设良好环境，提供支持性条件；加强小学教师的教育基本理论学习，尤其是与实践相结合的体验式学习；着重提高小学教师的教育研究能力。④ 总的来说，小学教师专业发展途径存在两类学习中：一则新教师入职前的发展，包括师范生教育和入职辅导；二则教师的在职培训，包括教师发展学校、校本培训、反思性教学、教师行动研究、校外专业支援与合作。值得指出的是，行动研究只是一种进行研究工作的方式，而非一种方法。小学教师行动研究也称为研究性教学，是小学教师行动与小学教师研究的有机结合，是将小学教师置身于教学实践中通过个案研究、写反思日记等形式进行的再思考和再回顾，有利于小学教师在反思中成长。这种教学改变了小学教师的生活方式，使小学教师由技术型走向学术型，由简单教学走向研究教学，关注小学教师由经验教学到理论探讨的自觉性。小学教师行动研究有两个基本理念：一则在小学教学的实践中学习；二则在小学教师作为实践者成为研究者。比如李吉林老师在长久的语文教学中对情景教学的反思与思考开创了我国经典的"情景教学法"。

三、小学学生

小学学生首先是作为一个人而存在，而非器皿或工具，他享有着人应该具有的一切权利。作为小学阶段的学生，首先就是小学生人格尊严受到尊重的权利。其次，小学生是身心、品德处于发展中的人，每一阶段都有着自己的年龄特征，每一身心发展也有关键期的存在，教学应该是在遵循这些规律之下开展的活动，违背这些规律势必阻碍教学进程、影响小学生的身心发展。最后，每个小学生都有着自身的个性，差异性成就了小学生的自身特点，教学活动应该以学生差异为基础，在了解学生基本信息的前提下开展有针对性的、有差异的教学。

(一)小学生身心发展特点

因生长环境和遗传作用的差异，小学生的身体发展、认知发展和人格发展表现出个体特征，但从总体来看，处于儿童期的小学生身体发展和心理发展普遍意义上具有以下共同特征。

1. 小学生的身体发展

首先，小学生身高、体重增长较平稳，女生身高、体重生长比男生大致大两年。个体身高和体重在生长过程中存在两个关键期，一为1—2岁的婴儿期，二为青春期，小学生

---

①叶澜，白益民，王枬等. 教师角色与教师发展新探[M]. 北京：教育科学出版社，2012：76.

②李诚钧，陈于青. 我国教师专业发展研究综述[J]. 课程·教材·教法，2004(14)：69.

③葛媛媛. 小学教师自我专业发展意识研究[D]. 沈阳师范大学硕士学位论文，2013：17.

④刘慧，陈惠国，夏京颖. 新课改对小学教师专业发展影响因素分析——基于北京市朝阳区小学教师的问卷调查[J]. 中国教育学刊，2009(12)：68—69.

大致为6到12岁的儿童，处于两个关键期之间，其身高和体重处于平稳增长期。其次，小学生骨骼发展较快，小关节有明显成长，但软骨组织发育未完全。成人骨骼中有机物与无机物比例是3∶7，小学生仅仅是1∶1，所以小学生的骨骼较软，富有弹性，但容易弯曲变形，在小学生的日常生活和学校生活中应该注意养成正确的坐姿、站姿，注意写字和走路的正确姿势，避免参加过重的体力活动，以免身体弯曲变形。最后，小学生神经系统发展较快。7岁儿童脑容量为1280克，12岁儿童脑容量为1400克，基本达到成人水平。5—6岁是儿童脑电波"飞跃"发展的时期，大脑的枕叶到9岁时基本上成熟，颞叶到11岁时基本成熟。另外，由于不良生活习惯，肥胖小学生和近视小学生比例增多，身体素质下降。为了加强体育锻炼，增强学生身体素质，2011年《国家政府工作报告》中明确提出保证中小学生每天1小时校园体育活动，这一目标的达成需要小学老师们对小学生进行有计划的体育锻炼，养成锻炼身体的习惯。

2. 小学生的认知发展

皮亚杰把人的身心发展分为感知运动阶段、前运算阶段、具体运算阶段和形式运算阶段，每一阶段的特征和发展成就如表7-2所示：

表7-2 皮亚杰的认知发展阶段论

阶段	特 征	发展成就
感知运动阶段 （0—2岁）	通过探索感知觉与运动之间的关系来获得动作经验。 语言和表象尚未形成。	客体永恒性。即当某一物体从儿童视野中消失时，儿童知道该物体仍然存在。 目标定向行为。能通过建立"容器玩具"图式，用常规方式处理玩具。
前运算阶段 （2—7岁）	具体形象性。 思维的不可逆性。 尚未获得物体守恒的概念。 自我中心主义。	动作图式符号化。即形成和使用字词、手势、标记、想象等符号的能力。 语言迅猛发展。
具体运算阶段 （7—11岁）	掌握了一定的逻辑运算能力，但运算还离不开具体事物的支持（运算指内部的智力或操作）。	具有守恒性和可逆性。 去自我中心主义。 进行群集运算。
形式运算阶段 （11—16岁）	思维不依赖于具体的可感知的事物，可通过假设推理来解决问题。 假设演绎推理。 青春期自我中心。	儿童思维发展已接近成人的水平。

皮亚杰的认知发展阶段论解释了人身心发展的过程，其中可以看出小学生的认知发展处于前运算阶段后期、具体运算阶段和形式运算阶段前期，小学生的身心认知发展特征可以概括为：小学生的注意力由无意注意向有意注意发展，带有明显的兴趣取向，注意对象常是生动具体、直观形象的对象；小学生的观察力随着年龄的增长，观察的精确性、目的性、顺序性和判断力逐步提高，由笼统的、无目的的、零散的、不系统的观察逐步向精细的、有选择的、抗干扰的、系统的观察发展；小学生的记忆容量增大，在记忆目的性上以

无意记忆为主，在记忆对象上以具体形象记忆为主，在记忆方法上以机械记忆为主，但随着年龄的增长，小学生的记忆由无意记忆向有意记忆发展、由具体形象记忆向抽象记忆发展、由机械记忆向意义记忆发展；小学生的想象由无意想象向有意想象发展，想象需要借助于一定的实物，属于再造想象，具有具体形象性，但随着年龄的增长，小学生的再造想象有很多自我创造的成分，而且小学生的创造想象得以发展，具有独创性；小学生的思维由形象思维向抽象思维发展，但抽象思维仍要借助于具体形象的实物，形象思维向抽象思维过渡在四年级（10—11 岁）是关键期。

3. 小学生的个性发展

弗洛伊德认为：人格结构由本我、自我、超我三部分组成。其中，本我是人格的生理部分，是个性发展的动力，遵循快乐原则，力比多起重要作用；自我是人格的心理部分，其作用是调节本我和超我以达到在现实中实现，遵循现实原则；超我是人格的社会成分，是社会价值观和社会规则的代表，遵循至善原则，常常与本我发生冲突。童年时期本我、自我和超我的发展决定了未来人格的发展。其中小学生处于本我、自我和超我的发展的潜伏期（6—11 岁），是一个相对比较平静的时期，此时的儿童对性缺少兴趣，男女区别对待，“三八线”“楚河分界”出现在学校，主要精力集中在学习和学校活动上，儿童的本我处于压抑状态，超我得到发展，是力比多厚积薄发的时期，性的能量在青春期涌现。

之后，埃里克森对个性形成或发展阶段的划分继承了弗洛伊德人格发展的基本框架，更加强调自我的作用，注重社会文化因素在个性形成中的作用，他认为，个性的形成贯穿人的一生，小学阶段主要处于勤奋感对自卑感（6—11 岁）。这一阶段的学生从家庭环境走向学校，面对的是同学和教师，其主要活动是学习和同伴交往，小学生的影响对象由家长转换成教师和同学。埃里克森认为，小学生在学校生活中通过学习和活动获得教师和同学的赞许，在学校生活中获得成功的体验，对学校生活产生兴趣，能够在学习上获得快乐、在校园生活找到自我价值，这个时候就会产生勤奋感；如果小学生在学习上遇到了挫折，受到了打击，在校园生活中找不到快乐，没有自己的同伴群体，这个时候就会产生自卑感。

个性的形成与发展在人的一生中形成，又在人的一生中变化，小学时期是个性形成与发展的重要阶段。自我意识在小学生一进校（一到三年级）就有了一个发展高峰期，学校活动强化了儿童对自己的认识。随着抽象思维和逻辑能力的发展，小学五年级到六年级学生对自身的认识更加全面，能够很好地内化自己的行为，是小学生自我意识发展的又一个高峰期。在情绪方面，单纯、外露伴随精力旺盛、活泼好动是小学生情绪的总体特征，一方面表现出较高水平的认真度和自控力，另一方面在情绪上又难以稳定，易于着急、焦虑，表现出个性上的矛盾性。① 在亲社会行为方面，在小学阶段，小学生的分享和助人行为与年龄的增长呈正相关关系，在社会强化的影响下，儿童的亲社会行为呈逐渐增长的趋势。② 儿童的合作和竞争是相互联系、相辅相成的，在合作中有竞争，在竞争中合作是儿童行为的重要表现，奖励是促进团体合作的机制。在同伴交往方面，小学生同

---

①张野. 3—12 岁儿童个性结构、类型及发展特点的研究[D]. 辽宁师范大学硕士学位论文，2005：92.

②王耘，叶忠根，林崇德. 小学生心理学[M]. 杭州：浙江教育出版社，1993：281.

伴交往的数量和范围在学校环境中迅速扩展，小学生的语言能力、交往能力和责任感在同伴群体中得到发展并加速了小学生个性社会化。

（二）小学生道德发展特点

皮亚杰认为儿童的道德发展是与儿童的认知发展相呼应的，儿童认知的发展是儿童道德发展的动力。皮亚杰通过对偶故事法，揭示了儿童的道德发展经历了他律阶段到自律阶段的发展。道德的他律阶段（5－7岁），小学生的认知发展处于前运算阶段，自我中心主义对道德观念存在阻碍作用，此时的道德标准是成人制定的，是一种强制性道德，儿童以行为结果来判定道德；道德的自律阶段（8－11岁），小学生的认知发展处于具体运算阶段，掌握了一定的逻辑运算能力，处于去自我中心状态，认为道德规则不是决定的权威而是可以改变的，其判定标准不仅要看行为的结果，也要关注行为的意图，这一阶段儿童的自我意识得到发展，可以根据自己的观念、理解和情感对道德行为做出自己的判断。

科尔伯格用“道德两难法”评估儿童的道德发展水平，将道德发展分为三水平六阶段，小学学生主要处于前习俗水平和习俗水平。前习俗水平（学前—小学低中段）包括惩罚和服从定向阶段、工具性的相对主义定向阶段。惩罚和服从的定向阶段的儿童不能考虑他人的观点来看待问题，倾向于自我中心，认为别人的想法和自己一样。工具性的相对主义定向阶段的儿童对他人不同需要和观点有所理解，但还不能设身处地地站在他人的立场上看问题，以满足自己的需要为评价标准，认为他人都是为了自身的利益。习俗水平（小学中高段—青年）包括人际和谐（好孩子）的定向阶段、维护权威或秩序的道德定向阶段。人际和谐（好孩子）定向阶段的儿童可以站在他人立场考虑事情，以团体的期望和目的为价值。其道德内容是以他人期望和传统的金科玉律判断道德价值；好的行为是符合别人的需要，获得别人的赞许。维护权威或秩序的道德定向阶段的儿童站在社会维护上考虑事情，维护社会秩序比个人需要更为重要。

（三）小学生学校教育

小学生的学校教育受教育要求和学生特性的影响，其教育性质和任务都具有独特性。在教育的性质上，小学教育强调教育的基础性和义务性。所谓基础性，一则强调小学教育是整个学校教育的基础，是小学生升入中学、大学的奠基，强调小学教育是以提高学生素质而进行的普适教育，而非专门教育；二则在教育目标上强调学生对基础知识和基础技能的掌握，但是“双基”的掌握不是为了升学或是就业，而是为小学生提供最为全面的身心发展的条件，激发学生的学习兴趣，开发小学生的发展潜能，注重小学生的创新能力发展。在教育任务上，小学生的学校教育任务重点主要包括四方面：对道德品质的发展、智慧品质的发展、个性品质的发展和身体素质的发展。① 从道德品质的发展来看，皮亚杰和科尔伯格等人的道德理论说明儿童时期是道德发展的重要时期，小学道德教育应该引导学生正确认识世界，形成正确道德观念，培养一定的道德习惯；从智慧品质的发展来看，儿童时期是人智力发展的一个持续时期，无论记忆、思维和想象都在发展，那么小学阶段的学校教育应将重点放在启发小学生智慧发展，养成良好的学习习惯；从个性

---

①朱小蔓．认识小学儿童，认识小学教育[J]．中国教育学刊，2008(3)：3.

品质的发展来看，弗洛伊德和科尔伯格等心理学家证实小学阶段是儿童个性开始显露的时期，小学生的自我意识、自主性都开始萌芽，小学阶段的学校教育应该尊重小学生的个性，发现并培养小学生的独特性和独创性；从身体素质的发展来看，这是毋庸置疑的一个关键任务，儿童的身体处于迅速发展时期，小学学校教育应该培养学生良好的生活习惯和学习习惯，教给小学生保护自己的意识和能力，养成体育锻炼的习惯。

|第二节|

教学中师生的交往、冲突和共识

我国小学课堂交往基本上是师生交往占绝对优势。① 师生交往是教师和学生在教学中开展的一种活动，具有社会学、心理学和教育学上的意义，带有情感共鸣性、心理交融性和民主平等性。小学师生交往受学校文化、教师价值观和学生行为影响而出现师生冲突，寻求师生共识达成是师生良好交往建立的途径。

一、教学中的师生交往

师生交往从社会学、心理学和教育学上来看具有不同意义，具有情感共鸣性、心理交融性和民主平等性，小学师生交往具有相当程度的规范性、变化性和可塑性。

(一)师生交往内涵

从社会学来看，师生交往强调师生之间的社会交往性。教师和学生属于不同的、异质的社会阶层，双方的社会地位存在差异，在目标追求、资源享有、规格遵守等方面存在不平等的阶层属性。教师作为社会的代言人，在师生交往中掌握着权力，占有着资源，学生是教师权力的受施者，服从教师权力。具有代表性的观点是涂尔干的师生强制说和沃勒的师生支配—从属说、吴康宁的师生共生互学说。

从心理学来看，师生交往是教师和学生双方在教学活动中以情感体验为中介寻求社会需要的行为，是一种心理状态，强调师生之间的心理距离。师生心理距离越近，情感体验越愉悦，师生有效教学越能达成；相反，师生心理距离越远，情感体验越沮丧，师生有效教学越不能实现。“亲其师，信其道”就是这个道理。

从教育学来看，师生交往是教师和学生双方在教育教学活动中形成的双向动态的直接交往和联系。在教学方面，教师教的活动作用并指向于学生学的活动；在师生交往方面，教师和学生有着平等的人格地位。师生相互尊重、相互理解是交往的基础。师生交往是师生在教学活动过程中所产生的一种互动行为，强调教师对学生的爱与理解，主张师生间的对话与交流，追求构建民主、平等、和谐的师生交往。②

---

①吴永军，吴康宁，程晓樵等. 我国小学课堂交往实践构成的社会学分析[J]. 上海教育科研，1995(5)：17.

②郭华. 师生关系的社会学探讨[J]. 教育科学，2006(6)：55.

(二)师生交往特点

第一,情感共鸣性。师生交往是教师和学生建立在以感情为纽带之上,情感因素对于维护当前小学课堂师生交往有着无可替代的纽带与调节作用:有助于转变交往观念,塑造和谐师生交往关系,有助于提升小学课堂师生交往的情感融入水平,有助于促成学生的全面发展与潜能开发。①

第二,心理融合性。师生交往是在教师和学生为了完成既定的教学目标而开展的教学活动中形成,教师有教的需要,学生有学的需要,只有二者需要得以满足时,良好的师生交往才得以建立。相反地,小学教师在师生交往的过程中如果无法了解和满足交往双方的期望和需求,交往也就失去了互惠性,失去了真实性。②

第三,民主平等性。师生交往是在对人的尊重之上产生的,教师要尊重学生的独立性和主体性,理解学生发展,平等对待每个学生的差异,而学生也需要尊敬师长,尊重教师的劳动成果,只有师生双方都民主平等地对待彼此,师生交往才可以和谐。相反地,教师与学生彼此的不信任及不平等的沟通前提阻碍了师生间的沟通。③

(三)小学师生交往的特殊性

首先,小学师生交往具有相当程度的规范性。教师主导下的师生交往是按照社会的要求进行的,教师是社会的代言人,必须是受过专业知识的学习和培训,必须是教学态度严谨的工作者,而小学的课堂必须是经过雕琢的而非随意安排的,教师的行为要符合国家明文规定,甚至教师的言语、穿着都不能越过一定的界线。另外一方面,小学生是发展中的人,其身心发展不够成熟,对外界的认知和情感不够健全,面对困难的意志不够坚定,这也说明小学师生交往应该是在一定规范的情景下开展的活动,并且必须是符合小学生身心发展的,任何不规范的交往行为都会影响小学生的发展,包括师生交往的环境需要专门塑造的生动形象、师生交往的途径需要符合小学生好动的身心发展特点。这些都说明小学师生交往具有相当程度的规范性。

其次,师生交往是变化的。有研究者通过调查发现,在师生关系的冲突性维度方面,五年级与各年级的差异非常显著,是师生关系冲突最大的时期;四年级和六年级相互之间没有显著差异,冲突最低。④ 这说明师生交往不是一成不变的,而是随着小学生年龄的增长在不断发生着变化。在小学低段,小学生由于自身身心发展特点,对教师产生了一种特殊情感,将教师视为自己的师长兼朋友,对教师保持着一种信赖和敬畏之情,对于教师的要求是无条件地服从,按照教师对自己的期待进行学习,发展自己的认知、心理、品德,以教师的喜好进行自我评价和自我暗示,此时的教师具有绝对的权威,师生交往比较平稳,对课堂教学非常有益。进入小学中、高段,小学生的认知判断、道德发展进入可

①许超.关于当前小学课堂教学师生交往中的情感问题研究[D].鲁东大学硕士学位论文,2008:5—6.

②孙建凤.小学师生日常交往问题研究——以济南市某小学师生为例[D].山东师范大学硕士学位论文,2010:37.

③沙纯娟.小学师生沟通的问题与对策研究[D].辽宁师范大学硕士学位论文,2010:1.

④王耘,王晓华,张红川.3—6年级小学生师生关系:结构、类型及其发展[J].心理发展与教育,2001(3):19.

逆阶段，自我意识觉醒，个性得以张扬，小学生已经从心理上的依附教师转化为主动的反应，小学生不再视教师为真理的化身、神人的存在，而是根据自我偏好对教师做出评价。

最后，小学师生交往是可塑造的。哲学告诉我们，任何变化的事物都是可以塑造的。小学教学中的师生交往是在教师主导下的课堂人际活动，由于小学生是在发展着的学生，其身体、心理以及道德品质都处于发展中，这就为教师提高了塑造师生交往的可能性，教师可以根据小学生的身心变化特征人为地通过努力而塑造师生交往。另外，小学生比较单纯和幼稚，其说话方式和处事风格尚未形成，而且小学生在师生交往中对教师有着特殊的崇拜感，师生交往也是可以塑造的。有研究者通过观察发现教师体态语言可以改变师生交往①：6-1班，唐老师在临近上课时走进教室，同学们闹成一团，她并没有说什么，只是双手抱臂，置于胸前，斜斜地靠在门口的一张课桌边，同学们便陆续停止了喧哗。在实际的师生交往中，教师可以通过一系列的努力塑造师生交往。

二、教学中的师生冲突

师生冲突是教师和学生在交往过程中因双方地位的价值观不一、权力不等、资源分配不均造成双方主体缺失、关系疏离、交往阻隔的斗争，其实质是师生交往不和谐，情感沟通不协调，师生产生摩擦并难以解决。② 本文主要论述小学教学中师生冲突的形式、表现特征和原因。

(一)小学教学中师生冲突的形式

有研究者归纳出师生冲突的分类：从冲突产生的导引划分，有学生过错冲突和教师过错冲突；从冲突形成的过程划分，有持续性冲突和偶发性冲突；从师生冲突的目的指向不同，可分为现实性冲突和非现实性冲突；根据师生冲突的性质进行划分，有良性冲突和恶性冲突；根据师生之间的对立与对抗的程度，可以分为一般性冲突与对抗性冲突；根据师生冲突发生的时空，可分为课堂冲突与课外冲突；根据冲突参与的学生数，可以分为教师和学生个体的冲突与教师和学生群体的冲突；按照师生冲突对组织和群体的影响，可以分为建设性冲突和破坏性冲突。③ 小学教学是在课堂环境下，教师和学生共同参与进行的活动，其中学校环境是否服务于小学教学活动受学校文化的导向，教师课堂教学能否有效开展依赖于教师价值观的指导，学生学习是否高效直接受其行为的控制。根据教学得以开展的三要素，小学教学中师生冲突大致可划分为学校文化引发的师生冲突、教师价值引发的师生冲突和学生行为引发的师生冲突。

(二)学校文化引发的师生冲突的表现特征及其原因

小学师生交往实质上是教师和学生两种文化的交往，二者冲突首先表现为师生文化冲突，其表现特征可以从三方面来考量：物质文化引发的师生冲突是指教师和学生在学校资源享有、课程语言符号理解甚至是服饰文化等方面的冲突，因为小学教师是社会的代表者，受过专业文化知识学习和训练，在享有学校物质文化上存在天然的优先权；制度

---

①胡洪伟. 课堂师生交往及其策略研究[D]. 华东师范大学硕士学位论文，2003：22.

②田国秀. 师生冲突的含义、类型及特征分析[J]. 教育科学研究，2004(7)：14－15.

③王琴. 学校教育中师生冲突研究[D]. 华东师范大学硕士学位论文，2007：14－16.

文化引发的师生冲突是指小学师生在规章制度上存在的冲突，表现在日常行为规范、课程实施制度、教学评价制度和学生评优制度四方面，在小学环境里学生的日常行为规范是由学校或教师制定的，教学评价是由教师开展的，学生评优是教师选拔的，教师在具体的操作情境下因利益博弈会引起师生冲突；精神文化引发的师生冲突主要表现为师生价值认可上，表现在师生价值观、人生观、世界观和行为规范上，小学生处于“三观”形成期，但并不是没有自己的主观判断，教师在精神文化的弘扬上以成人的文化塑造学生，难免会产生二者的矛盾。

学校文化冲突是怎么产生的呢？一方面，班级授课制形式一定程度上限制了师生交往。班级授课制强化了教师权威，小学生服从教师权威，产生依赖和服从心理，容易抹灭学生个性。每一个小学生的独特个性需要不一样的发展，但在班级授课制中，教师很难顾及每一个学生的不同需要，师生交往深度较浅，无法顾及每一个学生成长的要求，师生交往在表面上是稳定的，内在是有距离感的，实质是抽象的。另一方面，师生文化角色设定冲击着师生交往。社会肯定师道尊严的文化传统、“严师出高徒”的教师观和“学海无涯苦作舟”的学习观，对学生有既定的角色界定和角色行为，比如学生应该遵守纪律、刻苦学习等。但是学生文化不可能一成不变地继承既定的固定文化，学生对于新知识和新事物有着探索的潜质，而教师的态度规定了学生活动的方向，教师的权威要求小学生在心理上产生依赖和顺从，这种教学文化结构束缚了学生的发展，无视学生自身超越的需要。

（三）教师价值引发的师生冲突的表现特征及其原因

教师价值引发的师生冲突是指教师在教学活动中由其教育观引发的师生冲突，主要表现为教师角色冲突、教师期望冲突。具体而言，教师角色冲突是指教师作为一个人和教师作为一个职业之间的矛盾。教师在为教师之前首先是人，是一个有思想、有情感的现实社会中的人，相对于人而言，教师只是其职业，小学教师不仅是老师还是家长、是子女、是朋友，教师作为人的角色得不到满足就会引发教师的角色冲突。教师期望是指教师在对学生的过去和现状了解的接触上，对学生以后的学业成就、人格特征和行为表现等所做的预测性认知。[①] 教师期望冲突是指教师对学生学业和人格发展的期望冲突。教师期望通过教学、师生交往等传递给学生，学生据此去“解密”其与教师的亲密程度，从而形成对自己的一种期望，一般会沿着教师期望的路线前行，且最后与教师的期望相吻合。[②] 一般来说，教师主体发出的期望需要与学生主体达成共识才可以开展正常师生交往，否则势必产生期望冲突。

由教师价值引发的师生冲突是怎样产生的呢？一方面，教师角色冲突，教师需要难以满足，师生交往异化。受工具理性的影响，小学教师被冠以知识传递的完美者、道德模范的标兵的头衔，但其社会地位还比较低，工资报酬还不够高，这种角色定位与经济地位难以满足教师作为一个人存在的基本需求。比如，某一些小学教师因不忍工资较低便对一些学生开课后小灶收取一定经济费用，并在班级教学中额外照顾这些学生，这肯定不

---

①张华.教师期望对小学生人格的影响研究[D].辽宁师范大学硕士学位论文，2010：2.

②蔡毅强.从教师期望到师生和谐共振：论高校师生心理契约的达成[J].福建农林大学学报(哲学社会科学版)，2011(1)：83.

是正常的师生交往。另一方面，教师期望偏颇，学生受到不公平待遇，师生交往错位。在具体的教学过程中，教师不能公正公平地给予每个学生合理的期待，教师的期望会通过课堂师生互动表现出来，教师的言语、肢体动作和眼神暗示存在差异，对优秀的学生额外照顾，对差生却是视而不见，甚至“有色对待”，学生也会做出相应的反应，比如捣乱教师课堂、不按时完成教师要求、不尊重教师，甚至是和教师发生直接的暴力冲突。师生之间存在成见，又缺少必要的沟通，就会出现隔阂，师生冲突也就容易爆发。一般而言，师生冲突发生在教师和中等生、“学困生”之间。

（四）学生行为引发的师生冲突的表现特征及其原因

学生行为引发的师生冲突是最直接的表现形式，指学生行为对正常师生交往产生的冲突。学生不密切配合教师的教学活动，在课堂上出现故意歪曲教师的语意或扰乱正常的教学秩序的尴尬局面，也会让师生交往难以继续进行。① 一般而言分为：偶发性的、情绪化地不接受教师意见或要求，这时候学生对教师的意见或要求表示不满，情绪起伏较大，看法较为主观和偏激；习惯性地故意违背教师的意见或要求，这时候学生明确拒绝上该老师的课，在同学面前对该老师以及他的课堂表示不满，甚至是愤怒，并伴有学生逃课行为，师生关系不良；语言暴力行为，这时候学生对教师进行言语威胁，口出狂言，羞辱和辱骂老师，顶撞教师；物件攻击暴力行为，此时学生故意破坏学校或班级公物，破坏同学或老师物品，抗拒心理严重；人身攻击的暴力行为，此时学生用暴力解决问题，情绪易怒，较易发生在问题儿童或不健全家庭子女身上。

学生行为引发的师生冲突是怎样产生的呢？一方面，小学生问题行为是导致师生冲突的直接原因。学生课堂上的不守纪律、讲小话、传纸条、挑衅教师等行为与课堂教学发生对抗与冲突，影响教师的课堂教学进程；小学生在课堂下的不讲卫生、欺负同学、迷恋网络、早恋等行为与学校教育相违背，冲击着教师。当教师的教育教导不能被小学生所理解、认同和接受时，小学生很容易出现敌对心理甚至是攻击行为；如果教师多次教导效果不佳也必然影响教师对这些学生的信心，此时学生的问题行为会触及教师的神经敏感处，师生交往自然不会顺利。另一方面，学生不良情绪引发学生不恰当的行为反应。小学生在大部分情况下可以信任教师共享的知识，但不能实现师生情感交流的信任，学生不良情绪客观存在于师生交往过程之中，但碍于教师权威的存在，不良情绪表现得比较隐蔽，主要表现在学习积极性不高或出现消极对抗行为。更多的时候小学生将这种不满情绪压抑在内心而不表露，师生冲突多表现为情绪、情感方面的对立或思想上产生隔阂，这严重影响了小学生的身心发展，会产生比如自卑心理、胆怯心理。

三、教学中的师生共识的达成

在小学教学过程中，师生冲突是客观存在的，它给教师教学和学生发展带来了很大的危害，但师生冲突并不能完全消除，只能在师生不断重新认识彼此关系、重新定位双方角色，尊重彼此，情感交流，平等对话的基础上，达成师生共识。在师生共识达成的过程中，需要教师、小学生和家长的共同努力，但本节主要从教师方面思考师生共识的达成。

---

① 苏春景，石红. 小学课堂教学中师生交往阻隔的生成机制及干预策略[J]. 中国特殊教育，2012(8)：88.

(一)尊重学生人格,注重情感交流

师生互学观要求教师在寻求师生共识达成时尊生、爱生,[①]尊重学生人格,将小学生当成是在发展中具有无限潜力的人来看待。只有教师充分尊重学生发展的需要,理解学生不同的学情和家庭背景,有爱心有责任地爱护小学生,公平地对待小学生的成长机会,面向全班同学的一般发展水平开展教学,针对学生的差异发展进行个别辅导,师生冲突才能尽量减少。另外,注重情感交流。在师生交往中,人与人是需要以情感交流为中介,注重经验的分享、思想的传播、情感的换位,师生只有经历这种深层次的体验、情感的投入,才可以打破师生僵硬的知识工具关系,消除师生双方的消极交往,建立持久性的、有心理互动的师生交往。师生在课堂教学中应该注重情感的传递,进行情感熏陶和人格欣赏;在课堂之下应该以平等的心态对话交流、个别接触,培养师生之间的共同爱好,建立起非正式的师生交往,以弥补课堂交往的情感欠缺。

(二)提高教师教学技巧,合理教师期望

教学是师生学校生活的主旋律,师生冲突的主要原因是学生对教师教学效果存在不满情绪。首先,教师从备课到上课需要精心的准备,在源头上避免冲突的发生:低段教师应该运用多样化的教学方式,启发学生的思考,激发学生的创造潜能,比如教师在讲解《弯弯的月亮,小小的船》时应该运用多媒体放映弯弯的月亮挂在美丽苍穹,从而带给学生直观的感受和美的冲击,发挥学生动手的能力,自己手工制作自己的月亮和自己的小船,让学生参与课堂,运用多样变化的图片启发学生的联想思维,生动形象有感情地讲解这首诗歌。高段教师不仅要重视学业,更要关注学生情感的需求,课堂上正确引导学生价值观和人生观,在课堂点滴处巧用方法弘扬中国文化精髓。其次,课堂上学生问题行为出现时,教师应该发挥教学艺术,幽默风趣有技巧地化解冲突,注重隐形的力量,巧用教学机智。最后,合理教师期望。合理赋予教师期望,鼓励学生努力付出和端正学习态度。只有教师有根有据地期望学生发展,才能调动学生内部动机,激发学生的学习兴趣,否则将适得其反。

(三)协商对话,建立有效的沟通机制

语言是师生交往的方式,师生通过语言来理解客观的教育文本,如师生也通过语言来述说各自的感悟,跨越师生心灵的鸿沟,使交往成为可能。[②] 师生共识的达成一方面需要教师包容理解学生,相对于小学生而言,教师是较为成熟的个体,包容理解学生是其基本的教学素养。其中包括,包容小学生犯错误、包容小学生的无知、包容小学生的情绪起伏,倾听小学生的心声,换位思考理解小学生文化,发挥教师人格魅力。另一方面需要师生之间协商对话。真正理解学生,就必须与学生经常对话、沟通、交流,因为"人类要达到'协同性',没有什么路好走,只有诉诸对话"。[③] 师生之间的对话应该是开放和真诚

---

①吴康宁.学生仅仅是"受教育者"吗?——兼谈师生关系观的转换[J].教育研究,2003(4):46.

②刘冬岩,陈旭远.对话与理解:师生交往语言意义的追寻[J].东北师大学报(哲学社会科学版),2003(2):120.

③靳玉乐,张家军.论理解型师生关系的建构[J].教育研究,2004(11):59.

的，是师生之间协商达成。协商的前提是教师对学生身心发展的基本状况、学情和家庭情况的全面了解；协商的基本要求是教师放下权威，消除语言霸权和行为霸权，给每个学生提供对话的机会，尤其是那些内向的、课堂参与度不高的学生；协商的目的是师生之间的对话可以引起学生的反思，达到师生共鸣。

◆案例解析

案例一：正在上课，突然，从一个男生抽屉里飞出一个纸团，学生都"哗"地叫起来。我（教师）非常生气，快步走到那个抛纸团的学生旁边，严厉地说："你为什么上课乱抛纸？你看你现在对全班纪律造成的影响。"这个学生说："纸团不是我抛的。"我更加生气："做了错事还不肯承认。我明明看见纸团是从你这儿抛出去的，还想抵赖？"这个学生被我这样一说也发起了脾气："我说不是我就不是我。"他的出言顶撞使班级更乱了，吵声引来了班主任，并将学生带出了课室。课后我才了解到，那纸团确实不是他抛的。

案例二：我（教师）恼怒地对他说："你这是什么态度，你根本不像学生，你干脆收拾东西回家。"他暴躁地跳起来对我吼道："回家就回家，有什么稀罕！"接着把书本扔到教室的垃圾桶中，然后在走廊对我吼道："你等着！"然后就疯一般地冲下教学楼，向校门口奔去。①

［案例思考］

1. 如何看待上述案例中的师生交往？

2. 如果你是老师，你会怎样处理上述案例中的师生冲突？

本章小结

学的活动、教的活动和师生交往活动构成了小学教学得以进行的活动体系。小学生学的活动和小学教师教的活动是认识论意义上的主客体关系，具有复杂性。主客体关系的争论使得师生冲突在师生交往中成为必然现象。为了使小学教学活动得以有效地进行，有必要对小学教师、小学生的角色予以把握，对师生交往特征以及师生冲突予以明晰，以期实现师生交往共识。本章对小学教学主体进行了分析，同时对教学中师生的交往、冲突与共识进行了分析。

复习与思考

1. 小学教师的角色、素养和专业发展。

2. 师生交往的内涵、特点和小学师生交往的特殊性。

3. 教学中师生冲突的形式、特征及原因。

4. 小学师生共识达成的路径。

---

①丁静．关于师生冲突中教师行为的案例研究[J]．教育研究，2004(5)：91－94．

第八章 小学课堂教学设计

◆本章重点

①小学课堂教学的基本过程

②小学课堂教学的基本结构

③小学课堂教学的基本模式

教学设计是20世纪60年代末70年代初伴随着西方教育技术的发展而流行起来的教学研究领域，而小学课堂教学设计是一项规范性和操作性都较强的行为实践活动，它需要教师从系统理论出发、从全局出发、从促进学生全面发展出发，把握课堂教学设计的理论、原则和方法，熟悉和掌握一系列的课堂教学设计的模式、操作程序和现代教育技术手段。本章主要从小学课堂教学设计的基本过程、基本结构和基本模式三个方面来进行具体阐述。

|第一节|

小学课堂教学的基本过程

教学过程是教师教、学生学的双边活动，是教学相长的过程。课堂教学的基本过程，也就是课堂教学的基本环节，是完成一项教学任务所要经过的阶段或教学流程。纵观教学论发展历史，课堂教学的基本过程在认识论上存在着差异。在春秋战国时期，孔子就对教学过程做出了论述，后人将其总结为学、思、习、行四个方面，而荀子则认为教学过程应该分为闻、见、知、行四步骤。《中庸》有云“博学之，审问之，慎思之，明辨之，笃行之”，即关于教学过程的博学、审问、慎思、明辨、笃行五环节，这是关于我国课堂教学基本过程的最具代表性的学说。在西方，柏拉图提出教学是一种回忆理念的过程，但他并没有划分具体的环节。古罗马著名学者昆体良首次将教学过程划分为模仿、接受理论的指导和练习三个环节。夸美纽斯对教学过程环节进行了系统研究，将其划分为感觉—记忆—理解—判断四个阶段。赫尔巴特在总结夸美纽斯的直观教学理论和裴斯泰洛奇的教学心理化的基础上系统阐述了教学四阶段，即明了—联想—系统—方法。随后，杜威、加涅和凯洛夫等都从自己的教育观和教学理念出发探索了教学的基本过程。我们认为，小学课堂教学的基本过程是教师和学生在时间和空间上的集合，这个集合可以按照时间发展顺序划分为准备环节、课堂教学环节和教学反思环节。

一、小学课堂教学的准备环节

准备环节是小学课堂教学过程运行前所进行的各种准备，它是教学过程顺利进行的前提和基础，只有充分的课前准备才能保证教学过程的顺利开展。其中，目标准备、内容准备、学生特征准备、教学手段准备和教学环境准备是课堂教学设计准备环节需要关注的内容。

（一）目标准备

目标准备是作为教学主体的教师和学生在行动之前必须首先决定的师生的课堂教学方向、预测课堂教学的结果，以避免课堂教学的盲目性。课堂教学目标的设计是课堂教学设计的关键，就是对课堂教学活动预期所要达到的结果的规划，它对课堂教学的发展起着调整和控制的作用，制约着课堂教学设计的方向。小学课堂教学设计的目标不再是单一的知识目标，而应是由各分目标组合而成的一个多维目标的结合体，包括学科知识目标、能力目标、过程与方法目标、情感态度与价值观目标、探究目标等。在进行课堂教学目标的设计时，我们要考虑到在确定一两个目标的前提下，力求实现多个分目标。在教学总目标和教学子目标的分析之下，明确具体的学习目的，把握学生通过学习应该掌握的知识、技能和情感体验，从学生的需求分析开始，了解学生的实际情况与期望水平之间的差距，解决“学什么”和“教什么”的问题。

(二)内容准备

内容是教学计划、教学方案和教材等的总和。对于学生而言，内容准备就是课前预习、教学活动开展之前对教学内容意义的前理解和开展课堂学习的心理准备。对于教师而言，充分的内容准备就是在理解教学计划、掌握教学方案的基础上，经过对教学内容的深入研读、反复思考达到融会贯通之后，对内容的升华和再创。它不单单是对教材的使用与处理，还应该包括教师对教学计划、教学方案和教学内容的把握之上对教材进行的重组整合、创造再生的过程，其整合创造的物化成果就是活动方案或教案。教师在进行内容准备的时候应该注意以下几点：首先，将教材内容心理化，使教材内容同学生的经验与体会建立联系，搭起教材内容通向学生生活世界的桥梁。其次，将教学内容问题化，把教学内容转变成学生分析和解决问题的过程，引导学生进行尝试、探索、调查、实验和合作等寻求问题解决。最后，将教学内容最优化。教学内容的选择必须是根据教学的目标任务、教材内容的特点以及学生的学情提炼出来的精华，在进行教学内容选择和安排的时候需要建构一定的知识背景，选择恰当的教学方法，寻求支持活动的教学媒介，使学生能以最少的时间和精力投入最大限度地吸收课堂教学内容，实现课堂教学的最优化，即有效教学的可实现性。

(三)学生特征准备

学生特征准备是在教学设计中对学生基本情况的把握，它是课堂教学设计的依据，也是课堂教学活动得以开展的依据。对学生特征的分析，首先要分析其学习的需要，目的是发现学生在学习中存在的问题，然后分析产生问题的主要原因并确定在课堂教学设计时解决该问题的方法和途径；分析现有的教学资源及约束条件，以论证解决该问题的可能性；分析问题的重要性，以确定优先解决的课堂教学设计的重点和难点。对学生特征的准备通常包括：一是学生的认识特征，包括学生的学习风格、学习策略、先行知识、语言发展水平等；二是学生的情感特征，包括学生的兴趣、爱好、需要、态度、焦虑水平等；三是学生的社会性特征，包括学生的合作与竞争倾向、同伴关系、道德发展水平等。①

(四)教学手段准备

以数字化信息网络和多媒体为核心的多种教学器具进入课堂后，明显改变了传统的课堂教学结构，因此教师在进行课堂教学设计时应该考虑教学手段准备。教学手段准备是教学过程进行的必要物质手段保障，从教室的布置、桌椅的安排、教学仪器的选择到实验用品的准备、教具的合理性等都是课堂教学顺利进行的保障。在教学手段准备时，应该考虑教学手段的特征、功能、用途和运用须知等细节，保障教学手段的使用可以促进课堂教学更加理性、更加灵活、更加有效、更加地贴近学生生活。

(五)教学环境准备

教学环境是教学目标得以达成的重要条件之一，所谓课堂教学环境可以被理解为："在一定的教学目标的指引下，课堂教学活动的主体之间(教师与学生)以及主体与客体

---

①刘森.课堂教学设计中的学生分析研究[D].首都师范大学硕士学位论文，2013(5)：34.

(课堂中的物化资源)之间相互配合、相互影响的物理场与心理场。”①从类别上来分,教学环境包括家庭环境、社会环境和学校环境等;从层次上来分,教学环境涉及自然环境、文化环境和人际环境等。好的教学环境是指在宏观上协调好家庭、学校和社会之间的影响,使之一致地促进学生的健康成长;在微观上围绕促进学生发展的目标,营造良好的教学空间和氛围,使学生能在一个健康向上的环境中接受良好的熏陶。②

二、小学课堂教学的实施环节

课堂教学的实施环节是小学课堂教学基本过程的核心部分,是教师和学生在准备环节完成之后的第二个步骤,也是最为重要的步骤。只有有效开展实施环节,保障实施环节顺利进行,才能将课堂教学设计有效地付诸实践,才能保证课堂教学的有效性,才能保证师生在课堂教学中完成既定目标,促进双方的成长。

(一)课前探究设计:引导学生进行课前准备和探究的问题与方案

根据学生的认知水平和兴趣,及时、适度地提出,虽不占一堂课时间,却可以激活一堂课或前后几堂课,并且影响以后学习的探究性问题,这就是课前设计的问题式探究性学习。这一方式从以往的课堂问题讨论法而来,区别是问题的可研究性,即不仅可以使学生在更宽阔、更深入的层面上了解和认识学习的难点、重点,而且由此可以学习到初步的知识内容和方法,懂得知识的获得是需要探究的,体验探究需要反思,感悟反思需要质疑。课前设计的问题式探究性学习是引导学生学习的最常用方式,在设计进行过程中,为学生选择和提供“乐之”“参之”“合作”的问题及其情景是重点。

◆资料补充

有位教师在教小学语文《拔苗助长》这则寓言时,让学生仔细观察“一个农民弯腰在水里拔苗”的插图,然后提出问题:如果是水稻的秧,那么第一天在水里将它们往上拔一节,第二天会枯死吗?怎么证明?经过引导和讨论,学生决定通过3种途径来证明:a组拔植物试验。b组查资料,教师提供水稻研究的网址。c组进行社会采访(分甲、乙、丙3组采访有关方面的专家或者有实践经验的农民)。然后各组汇报结果。a组发现:在旱地,被拔过的普通青草只要根不离土,第二天只会出现叶片打蔫儿的现象;如果将青草拔了以后再浇几次水,则第二天叶片基本不会打蔫儿,不存在课文上说的“第二天跑到田里一看,禾苗都枯死了”的现象。b组查出文章出处是《孟子·公孙丑上》,原文没有具体说明是什么庄稼。c组中的甲组采访杭州郊区的一位农民,结论为水稻本来就是移植栽培的,拔一拔根本不会死;乙组采访农学院的老师,结论与甲组一致;丙组电话采访山东亲友,得知当地以旱地作物为主,水稻很少见。通过讨论,学生得出结论:课文插图疏漏,建议给编教材的出版社写一份报告。③

---

①李红恩,靳玉乐.新课程改革背景下课堂教学环境的反思与重构[J].天津市教科院学报,2010(12):11.

②李森.现代教学论[M].北京:人民教育出版社,2011:75.

③黄小莲,陈东法.对问题探究式学习的探究[J].中小学管理,2004(8):26.

(二)新课导入设计:每节新课教学导语

所谓新课教学导语,即课堂教学的开场白,是教师在正式讲课文之前,用来引入新课、启发诱导的话。教师讲授新课前,有目的、有计划地采用一定方式方法设计的简洁精炼的教学语言,引人入胜、巧妙精当,它虽然不是课堂教学的主要内容,却是与教学内容紧密相关的一个重要的教学步骤,能为一堂课的成功教学打下良好的基础。很多优秀的教师和专家都十分重视导语的设计,教学导语围绕"凝神、起兴、点题"的功用进行设计。好的导语是优秀的演奏家拨出的第一个音符,散发出神秘的魅力,引诱着听众渐入佳境,可使学生思维迅速定向,亦可激发学生的探究兴趣、求知欲,让学生主动积极地参与学习,从而增强教学效果,调动学生学习的积极性,提高课堂教学效益,使课堂教学更好地为学生的终身发展服务。导语设计得如何,往往关系到全局和教学效果的好坏。因此,如何精心设计课堂教学的导语,是摆在教师面前的一个重要课题。著名特级教师于漪老师说过:课的开始,其导入语就好比提琴家上弦,歌唱家定调。第一个音定准了,就为演奏或者歌唱奠定了良好的基础。作为教师,要在课堂上发挥主导作用,极大地调动学生学习的主观能动性和积极性,就要有恰当的导语方法和艺术。关于新课导入,可以结合教学内容和实际情况有选择性地选择,比如巧用媒介法、激情导入法、作者导入法、问题导入法、创设情境法和故事导入法等。无论哪种导课方法都需要根据教学内容,合理地采用,尽量做到生动有趣,引人入胜、言简意赅、有的放矢,尽量在实现传授知识、启迪智慧的基础上给学生审美情趣上的满足。

◆资料补充

针对小学生爱听奇闻轶事的心理特点,在导入新课中适当引入一些与教学内容有关的故事、寓言、典故、谜语、趣闻等,可以帮助学生拓展思维,丰富联想,可使他们兴致勃勃地投入到新知识的学习中去,变好奇心为浓厚的学习兴趣。例如一位教师讲"分数大小的比较"一课时,老师说:"今天我给大家带来一个故事,你们想听吗?"这时候老师打开录音机:"唐僧师徒四人去西天取经。一天,天气特别炎热。师徒四人口渴难耐,让八戒去找西瓜解渴。不一会儿,八戒抱着一个大西瓜回来了。孙悟空说:'把西瓜平均分成四份,每人一份。'八戒听了不高兴了,叫喊着说:'西瓜是我找来的,不给我六分之一,也得给我五分之一吧。'悟空乐了,赶紧切了五分之一给八戒。八戒吃完西瓜拍着肚子说:'我真傻,为什么比应得的还少呢?'"听完故事,老师说:"你们能告诉八戒这是为什么呢?"这样的导入既生动有趣,又蕴含着新知识,能激励学生积极主动地学习。①

(三)教学结构(板块)设计:整个教学设计的主体部分

板块是课堂教学结构的基本单位、课堂教学活动的载体。那么什么是课堂教学板块呢?顾名思义,课堂教学板块就是课堂教学的构造单元,也就是说,课堂教学板块是课堂教学结构的基本单位,是课堂教学活动的载体,是课堂教学目标的具体落点。课堂教学正是由一个个的板块构成,并且各个板块有机地联系在一起共同构成课堂教学的有机整体。

---

①康力军,朱茂娟.电教媒体在小学数学导课中的巧用[J].中国电化教育,2005(2):70.

设计教学板块要符合板块的判断标准，即所设计的教学板块要符合课堂教学板块的几个基本要素。首先，一个好的教学板块应该是有集中、清晰的意图或目标，整个教学板块都要紧紧围绕这个目标来进行设计，最后实现该教学板块应该实现的预期效果。如一个过渡板块，应该起到衔接过渡的作用，从而实现一个教学板块向另一个教学板块的自然过渡，不令学生产生阻塞之感。① 其次，在设计教学板块时，要让教学活动样式与课堂教学内容相适应，也就是说，什么样的教学内容要配有与之相适应的活动样式，只有这样才能达到预期的教学效果。在授课过程中，什么地方采用课堂讨论样式，什么地方采用教师讲授样式，什么地方采用学生自学样式，要根据课堂上具体的教学内容来考量。最后，在设计教学板块时，要让每个教学要素都能恰到好处地发挥自身的功能。因为教学是由教与学两方面活动来组成的，也就是说，教学是师生双方的共同活动，教学双方在活动中相互作用，失去任何一方，教学活动便不存在，所以在一个教学板块内，教学要素有没有发挥出自身的独特功能，是要被观照的，它直接关系到教学板块能不能达到预期的教学效果。在设计中还要注意下列问题：(1)突出学生主体地位；(2)从学生角度出发营造教学情境，设计问题并引导学生探究、解决问题；(3)设计师生互动方式；(4)准备一到两种针对不同群体学生的教学案例；(5)对教材内容做适当的处理，挖掘教材内在逻辑联系及育人作用；(6)课堂教学要减少统一讲解时间，增加学生的自主探究，增加学生的分组活动。

◆案例解析

《对对子》课堂教学结构设计②

一、课前展示：背诵描写春天的诗及《三字经》片段。

二、教学设计：

（一）诱发兴趣，初步体味对子的特点。

1. 故事《苏东坡改对联》。

2. 寻找《三字经》中的对子。

（二）激发动机，尝试创作对子。

1. 师生互动一字对练习。

2. 同桌两人相互出对子试试，我们比谁的对子出得有水平。

交流：哪两位来说说你们刚才出了什么对子，怎么对的？

3. 一字对可以相对可以相反，老师这儿有个绝对，想听吗？

4. 二字对练习。

5. 成语中的对子。

6. 生活中的对子。

（三）品读诗文，感受景美韵美。

（四）课堂总结设计：课堂教学的反思与升华。

---

①鲁德民. 语文课堂教学结构问题探析[D]. 华东师范大学硕士学位论文，2010：13.

②资料来源：http://www.pep.com.cn/xiaoyu/jiaoshi/jxyj_1/huodongke/201008/t20100825_734406.htm.

［评析］

课堂总结设计尽量做到周密安排、精心设计，做到简单明快、灵活多变、新鲜有趣，其意图不仅在于引导学生回忆巩固所学知识的问题及方案，更是让学生真正感受到“课已尽而意无穷”的效果。在课堂总结环节可以采用以下几种方法①：第一，归纳式总结，查漏补缺。这是一种常用的结尾方式，教师利用一节课结束前几分钟，简明扼要地对本节课内容进行归纳式总结。一方面可以引导学生回顾知识，加深对知识的掌握；另一方面进一步强调教学重点和难点，便于学生总览全课，查漏补缺，促进对知识的总体认识，从而培养学生的总结和概括能力。第二，提问式总结，承前启后。提问式总结是在学生掌握了课堂讲授内容的基础上，通过教师精心设计的启发性问题作结。其作用不仅可以使学生学到的知识得到梳理和升华，而且有利于发展学生的探究能力。第三，悬念式总结，引发欲望。无论哪一学科的总结环节都可以通过设置悬念，调动学生的好奇心，激发学生学习兴趣，尤其是前后联系密切的教学内容。通过设置悬念，促使学生主动去探究、去创新，产生学习的向往感、期待感和学习动力。第四，呼应式总结，体验成功。首尾呼应一般是在课堂教学的最后一个环节，在课末再回过头来解决课堂提出的问题。这样带着问题的学习不仅可以使结课和导课脉络贯通，体现整个教学过程的协调与完美；更能吸引学生的注意力，集中学生精力，让学生关注课堂，投入课堂，提高学生解决问题的能力。第五，游戏式总结，激发兴趣。课堂总结的一般化、形式的呆板化易使学生感到乏味。而游戏式的总结，通过一个新颖有趣、耐人寻味的课堂总结，可以使学生调节疲劳，保持学习兴趣。这种形式尤其适应于小学低段的课堂教学。

三、小学课堂教学的教学反思环节

教学反思是教师教育、教学认知活动的重要组成部分，它贯穿于教育、教学活动的始终。具体地说，教学反思指教师为了实现有效的教育、教学，在教师教学反思倾向的支持下，对已经发生或正在发生的教育、教学活动以及这些活动背后的理论、假设，进行积极、持续、周密、深入、自我调节性的思考，而且在思考过程中，能够发现、清晰表征所遇到的教育、教学问题，并积极寻求多种方法来解决问题的过程。②

（一）教学反思的价值意义

教学反思的目的不仅仅是对教师的课堂教学进行评价，更是激励教师有目的性、有针对性地不断学习、改进、提高的过程。教学反思的作用是非常明显的：首先，教学反思具有导向功能，能够促进课堂教学改革。课堂教学评价体系的建立和实施，可以充分发挥评价的导向作用，促进教师尽快转变教育思想，在课堂教学中更好地发挥教师的教育创新意识，达到改进课堂教学的目的。其次，教学反思具有激励功能，可以加强教师之间的相互交流。课堂教学评价能够有效地评析教师课堂教学的状况和优缺点，只有让教师了解了自己在课堂教学实践中的优点、亮点、特点和弱点，才能找到今后努力发展的基点

---

①郑梅红．课堂总结在小学数学教学中的应用［J］．教学与管理，2010(12)：40—41．

②申继亮，刘加霞．论教师的教学反思［J］．华东师范大学学报(教育科学版)，2004(9)：44．

和方向。同时，课堂教学评价还可以使教师在相互之间的听课、评课活动中增进了解，互相学习，在听课、评课的交流中激发内在的需要和动力。最后，教学反思是促进教师专业发展的重要途径。教学反思正好可以为广大的教师提供一个科学了解自身教学状况的窗口，使其明了自己教学中存在的不足和今后努力的方向，为教师的专业发展提供一个很好的平台。

(二)教学反思的内容

教学反思内容划分为以下五个指向。第一，课堂教学指向：思考的内容主要包括分析、评价教学活动本身的利与弊以及影响教学活动的因素，包括教学内容重点、难点的分析，教学方法、策略，教学技巧的运用等。第二，学生发展指向：分析、考虑与学生发展、能力培养相关的一些因素。具体分为三个方面：关注学生的学习成绩和各种能力的培养、关注学生学习兴趣以及学习方法的培养和关注学生健全的心理、人格发展。第三，教师发展指向：分析、考虑与教师自身发展、素质提高相关的一些因素。具体包括三个方面：关注教师自身的专业知识和专业能力、关注教师的人格魅力与自我形象和教师的待遇。第四，教育改革指向：关注考试制度的改革以及当今进行的课程改革，关注宏观教育体制的改革以及教育改革的实效性。第五，人际关系指向：包括教师如何与学生形成和谐的人际关系以及如何与学生家长相处，共同教育、培养好学生，也包括同事之间的和平相处。①

(三)教学反思的方法

第一，评价试行结果。针对教学设计方案和课堂教学实施效果，课后及时做出自我评价，并写出教学感想、心得体会。教师的教学反思应该从教学理念、教学内容、教学过程和教学效果做出自我总结性反思。但是受学校物质条件、组织环境、人际关系和教师自身理论素养、性格特点、教龄长短等因素影响，教师教学反思的现实状态与理想状态存在着一定的差别，同时也有可能受到自身教育观、知识结构、学生观、课堂教学观以及学校教学管理的影响，使部分教师的教学反思流于形式，效果不佳。

第二，修改教学设计方案。根据教学实践，对教学方案进行及时的修改、补充、完善。通过对教学成果指出不足之处以及教学机制等方面的反思，摸索出一些适合教师自己课堂教学的规律，教法上的创新，知识点上的发现，组织教学方面的新招，对解题的诸多误区进行突破等等。及时记下教学中的得失，并进行必要的归类与取舍，考虑一下再教这部分内容时应该如何做，写出“教学再设计”或“再教设计”，这样可以做到扬长避短、精益求精，把自己的教学水平提高到一个新的境界和高度。

第三，撰写教学日记。撰写教学日记是教师积极、主动地对自己的教学活动中具有反思和研究价值的各种经验所进行的持续而真实的记录和描写，并在此基础上对其进行批判性的理解和认识，从而不断更新观念、增长技能，促进自身专业发展的一种手段和方法。简言之，就是教师对自己的教学活动进行回顾与反思，进而调整自己教学行为的一种有效工具。② 在撰写教学日记时，主要记录教学成功与失败之处、课堂中的学生资源

---

①申继亮，刘加霞．论教师的教学反思[J]．华东师范大学学报(教育科学版)，2004(9)：46.

②陈惠英．教师如何写教学日记[J]．青年教师，2005(12)：9.

和优秀教师的教学经验。在撰写教学日记时应该要注意以下几点：及时记录、描述细致、分主题记录、与他人分享。

|第二节|
小学课堂教学的基本结构

广泛地讲，课堂教学结构是指教学系统的种种因素在课堂教学中的组合形式及各环节互相联系、相互配合的具体表现。通常来说，课堂教学结构是指课的组成部分，各部分的进行顺序和时间分配。课堂教学结构是针对整堂课而言。长期以来，教师在课堂教学中采用的都是接近于凯洛夫的“五环节”教学结构——组织课堂、复习旧知、传授新知、巩固新知、布置作业，即“组、复、新、固、布”。现在许多人对这种教学结构进行了猛烈的抨击，甚至认为它是传统的注入式教学的罪魁祸首。但是，课堂教学结构的基本框架没有较大的变化，因为看一个教学结构不能只看各教学环节的名称，而要看到这些名称背后所包含的内容，比如各个环节的时间分配、教学目的任务和教学方法。

一、小学课堂教学的基本结构及其理论依据

用教育学、心理学、系统论和建构主义等观点和所开展学科的特点分析一堂课堂教学的全过程，并且站在教师引导学生的角度，用事态发展性语言来叙述，课堂教学结构的基本框架应该如表 8-1 所示。

表 8-1　小学课堂教学结构的基本框架

教学环节	时间分配	目的任务
复习检查	约 5 分钟	知识和技能的准备
引入新课		创设情境，提出问题，情感预热
建构教学	约 25 分钟	启发、引导学生分析并解决问题，理解所学知识意义，建构并内化新的知识
巩固练习	约 10 分钟	应用新知，加深理解，训练技能
小结提升	约 4 分钟	回顾反思，小结提升
布置作业	约 1 分钟	进一步巩固练习，提高能力

上述教学环节及其顺序是由人的认识规律和课堂教学的特点所决定的。在掌握小学课堂教学结构时需要从教育学、心理学把握以下几点。

（一）“复习检查”和“引入新课”应该合二为一，且时间较短

根据奥苏伯尔的“认知同化”说，学习是认识结构的重新组织，是新旧知识的有意义的同化过程，因此，在学习新知识之前，引导学生复习与新知识紧密相关的某些已有知识

和技能是有必要的,所以第一个教学环节中的"复习检查"多数情况下是需要的。需要注意的是,上述基本框架将"复习检查"和"引入新课"的时间合在一起有两个意图,一个是要求复习和引入总共用时不能太多,因为我们需要把课开始后 5 分钟到 30 分钟这段课堂教学的最佳时间用于建构教学;另一个是因为引入常常也是在旧知识的基础上,二者是相互联系的,这样的引入新知才是建立在学生已有知识之上的有意义学习。

(二)从建构主义出发"构建教学"

第二个教学环节的名称,由原来的"讲授新课"改成"构建教学",其目的就是提醒教师、学生和研究人员,教学过程一定要让学生成为学习的主体,方法上要以"启发、引导学生分析并解决问题,理解所学知识意义,建构并内化新的知识"为主。"建构教学"是从建构主义出发,其课堂教学使学生沉浸于体验中,进而从事意义形成和探索、实践、想象、创造、互动、假设及个人反思,而教师需要了解学生怎样利用自己的经验、先前的知识和理解以及他们物理的和交互的环境去建构知识,在课堂教学中凸显学生中心,强化过程教学,体现相互协商,注重师生互动,共享权力与控制,致力于行动研究。①

(三)从教育心理学出发"巩固练习"也是必需的

艾宾浩斯是德国著名的心理学家,1885 年,艾宾浩斯以自己为测试对象做了一个非常著名的记忆实验,得出了关于记忆的一些科学结论。在实验中,他选用一些根本没有意义的音节作为需要记住的材料,通过对自己的记忆效果进行测试,得到了一些数据。其后,艾宾浩斯利用上述数据描绘出一条曲线(见图 8-1)。这条曲线就是赫赫有名的艾宾浩斯遗忘曲线,凭借这条曲线,艾宾浩斯成了发现记忆遗忘规律的第一人。

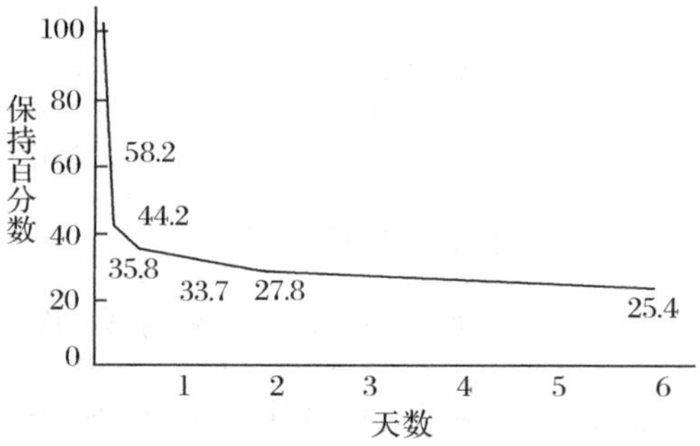

图 8-1 艾宾浩斯的遗忘曲线

遗忘曲线表明了遗忘发展的重要规律:遗忘的进程是不均衡的,在记忆的最初阶段遗忘的速度最快,遗忘的速度随着时间的推移会逐渐减慢。最后,记住了的材料经过相当长的一段时间后,几乎不再发生遗忘。这种遗忘发展的规律被人们称为记忆的"先快后慢"原则。观察这条遗忘曲线,我们可以直观地发现:背过的材料如不抓紧复习,在 20 分钟之后只剩下原来的 58.2%,因此,课堂教学必须记住的材料在学习后,要在第一时间安排第一轮复习。这就是小学课堂教学必须有"巩固练习"环节的心理学依据。

---

①刘书锋,刘学惠,郝靖.建构主义课堂解读[J].全球教育展望,2003(3):51—55.

二、几种新的小学课堂教学结构

随着教育心理学和教学论的发展，不少专家、学者和一线教师越来越感到凯洛夫的五步教学不能适应今天的教学需要，其主要弊端在于：虽然强调建构教学，但是在真正的课堂教学中始终是一种外部灌输模式，学生的学习很难真正做到主动、积极，而且在结构因素中更多地强调教师的因素，很少关注学生的因素，因而无法发挥教学的教养、教育和发展的全部功能。

(一)魏书生——"课堂教学六步法"

课堂教学六步法是一种课堂教学的创新模式，对我国的语文教学改革具有重要意义。魏书生老师以信息论和控制论为理论基础，设计了"课堂教学六步法"，即(1)定向。明确教学要求，确定本节课的学习重点、难点，学生学习方向明确。(2)自学。学生根据学习重点和难点自学教材，积极思考，力求自己解决问题，保证每位学生都能学有所得。(3)讨论。自学中未能解决的问题，力求在讨论中获得解决。(4)答疑。经过讨论仍未解决或答案有分歧的问题可由老师解答。(5)自测。学生根据"定向"的要求，或自己出题或相互出题或由教师出题，当堂对自己进行测试，并当堂评分，让学生了解自己的学习成效。(6)自结。教师在各类学生中选一二名学生总结本堂课的收获，学习的信息都能得到及时反馈。① 魏书生的"课堂教学六步法"，其基本课堂教学结构是不变的，即都有建立信息(第一、二步)——处理信息(第三、四步)——反馈信息(第五、六步)。总体是六步但并不意味着这六步在每一堂课上都是不可或缺的，它有变式。形成变式的条件是课文本身的特点和学生理解课文的难易程度。

魏书生老师的"课堂六步教学法"的优势主要在于以下几点：②首先，注重了结构的整体性。课堂教学六步法从提出教学目标、实施教学目标到实现教学目标都体现着师生之间的相互作用，而以往的语文教学较多地注重"教学手段"这一环节的师生互动，忽视了"教学目标"和"教学结果"两个环节中师生的相互作用。其次，增强了教学过程的可控性。传统教学往往是教师根据学生的反应调控教学过程，这样的信息反馈是单向的，而魏书生的教学结构不仅有教师对施教过程的调节控制，也有学生对自己学习活动的调节控制。最后，突出了发展的观点。由于"定向"和"自测"等都是以每个学生的实际水平为基点而难易程度有所不同，教学过程中重视和确保每个学生都能在原有的基础上得到发展。

(二)钱梦龙——"三主四式教学式"

钱梦龙先生的"三主四式教学式"是指在课堂教学中，坚持以学生为主体、教师为主导和训练为主线的思想原则，以"自读、教读、作业、复读"四种基本课式开展教学活动。其中，"自读"是学生感知、理解课文的一种实践形式，也是一种能力的训练；"教读"就是

---

①章华.从赫尔巴特到魏书生——浅谈我国语文教学模式的发展与进步[J].湘潭师范学院学报(社会科学版)，2004(1)：132.

②章华.从赫尔巴特到魏书生——浅谈我国语文教学模式的发展与进步[J].湘潭师范学院学报(社会科学版)，2004(1)：133.

教给学生读书之法，目的是让他们自己读书，其实质在于指点学生，让学生领悟读书之法；"作业"是要求学生运用学到的知识做一次创造性的"再实践"，这不仅是单纯地巩固知识，更是加深理解、学以致用；"复读"就是把学生学过的若干篇课文组成复读单元，帮助学生找出课文知识间的内在联系。①

钱梦龙先生的"三主四式教学式"关注的基础是学生的语言训练，方法是价值引导，目标是发展能力，以认读感知——辨体析题——定向问答——深思质疑——复述整理为基本动作，目的就是要教会学生自学，提高阅读能力。在给予学生探究学习的空间上，让学生深思质疑，探究体验，养成良好的探究学习习惯。

（三）北京景山学校——单元结构教学法

北京景山学校的单元结构教学法使教学结构突破了传统的教学程序，把"知识结构与人的认识程序结合起来"，按照知识的内在联系，把教学内容划分成若干单元进行教学，使学生获得系统完整的知识，提高独立学习能力。这种教学结构的教学步骤分为：问题——探索——证明——运用——总结五个单元。每一个单元的教学步骤分为：(1)明确要求，自学探索研究；(2)重点讲授；(3)综合训练；(4)自学小结。这样的课堂教学可以让学生自己进行探索，独立获取知识，培养他们的自学、研究的能力和解决问题的能力。

三、关于小学课堂教学结构的思考

课堂教学结构是指教学活动中，教师为帮助学生学习知识和技能而对教学目的、教学时间、教学方法、教学步骤、教学检查以及教材的组织等进行的搭配和设计。关于小学课堂教学结构，我们应该从着重思考如何美化小学课堂教学结构，依据不同的教学内容和教学目标，全面考虑学习主体，灵活运用教学方法，科学设计和运用美的教态、美的语言、美的程式和美的意境，入情入理入神地构建教学结构。就课堂教学结构的构建，特别是操作模式技巧而言，在有些问题上人们很容易取得一致的意见，但另一些问题尽管已经争论了多年却似乎始终得不出完全确定的意见。就美化小学课堂教学结构的原则，我们提出以下几点建议。

（一）围绕教学目标

课堂教学的构思与设计总是围绕着教学目标而展开的，脱离教学目标的无限制发挥只能将教学引向歧途，让课堂教学游离失所。围绕教学目标，美化课堂教学结构并也不意味着一味遵循呆板的教育教学模式。课堂教学的目标应全面体现培养目标，结合教学内容从知识、技能和情感态度三方面促进学生素质的全面发展。因此，教师在教学设计时要突破课堂教学目标的知识化，突破教材对学生教育教学的限制，突破师生交流的单向性，突破课堂教学时空的封闭性。围绕课堂教学目标，利用教育教学材料，创造途径让师生之间、生生之间互动交流，让学生生活进入课堂，让课堂教学融合学生课后活动，运用美的语言、美的程式等，使学生的生命活力在课堂上得到体现。

---

①倪文锦．语文课堂教学结构浅探[J]．教育理论与实践，1986(2)：23.

（二）立足教学内容

在教学实践活动中，学生面对的是人类集体的文明成果，这些文明成果以物化的教材形式呈现，是用严密的学科体系组织起来的人类认识与思辨的精华，是复杂的语义系统与逻辑运算规则，并被要求用这一套多变的符号系统去表达感受与解释生活现象。教师在课堂教学活动中要立足教学内容，调整课堂教学活动的节奏，掌握学生吸收知识的速度和方式，改善师生之间、生生之间的教育交往，帮助学生实现知识积累的同时，更应该着力改变学生的思维方式、体验方向和心理结构，帮助学生获得学习技能、生活技能和生存技能。因此，教师在美化课堂教学结构中，不但要科学完整地掌握教材的内容，熟悉教材的知识结构和编排体系，还应明确各部分知识间的相互关系以及学生对各部分知识的难易反映，除此之外，更应把握教材内容对学生生活、学习和生存的技能需求和情感需要。

（三）优化教学方法

美化小学课堂教学结构还需要从教学方法入手，让课堂教学在传播知识、传导技能上更简单方便、快捷易接受，这不仅是在感官上丰富课堂教学的形式，更是利用现代化信息技术提高学生的学习投入和课堂参与度，让课堂教学成为教师和学生、学生和学生之间的和谐融洽的交流对话，让课堂更加充满活力。因此，教师应该充分利用现代化的教育技术，加强直观教学，将音乐、美术和舞蹈等人文气息浓厚的元素融入信息技术中，让技术和声像活跃课堂教学，调动学生的积极性，满足学生的心理需求。

当然，美化小学课堂教学需要教师不断提高自身的教育修养和学科知识素养。其中，政治素质是教师整体素质的核心；道德素质是一种贯彻教育教学全过程的支柱因素，是激励学生的榜样源泉；知识素质是教师从教的基础，是开展教育教学活动的专业知识、广博的科学文化知识以及教育理论的综合，其教材驾驶能力、组织管理能力、应变创新能力、教研教改能力等构成了教师的能力体系；心理素质作为一种内在的因素，在很大程度上左右着教师才华的积累、才能的增长和才干的发展。①

|第三节|
小学课堂教学的基本模式

“模式”一词并不是一个本土概念，而是个舶来品，在英文中习惯用“model”表示，在中文中则被译为模型、模范。从概念本身来看，模式原指某种事物的标准形式或使人可以照着做的标准样式。1972 年，美国的乔伊斯和韦尔在其《教学模式》中将“模式”一词引入教学领域，并加以系统整理与研究，标志着教学模式正式成为教学论中独立的研究领域。

---

①黄玉春. 对课堂教学结构美的思考[J]. 宿州教育学院学报，2012(6)：60.

一、教学模式概述

教学模式既是教学理论的浓缩化和可操作化的体现，又是教学实践的概括化和理性化的提升，既具有理论的品格，又具有实践的品格，由此看来，教学模式也是教学理论与教学实践的中介，更是成为20世纪80年代以来教学论界研究的热点。

(一)教学模式的内涵

乔伊斯和韦尔认为，教学模式是构成课程和作业、选择教材、提示教师活动的一种范式或计划。① 实际上，教学模式并不是一种计划，因为计划往往显得太具体，太具操作性，从而失去了理论色彩。他们认为，教学模式是构成课程选择教材、指导在教室和其他环境中教学活动的一种计划或范型，是反映特定的教学理论并为达到一定教学目标而采取的一系列教学形式、策略的模式化的教学活动结构。

吴也显认为，教学模式是某种活动方案经过多次实践的检验和提炼，形成了相对稳定的、系统化和理论化了的结构。② 他认为，教学模式有的是直接从丰富的教学实践经验中概括和归纳出来的，也有的是在一定理论指导下先提出一种假设，经过多次实验而后形成的，所以教学模式既是理论体系的具体化又是教学经验的一种系统概括。这种观点从静态方面描述了教学模式的简约性和概括性。

甄德山认为，教学模式是在教学规律和一定的教学思想指导下进行的教学策略体系或方法论体系。③ 他认为只要共同满足以下三个条件就可以建立某一类型的教学模式：(1)教学所要达到的具体目标基本相同；(2)教学内容性质特点近似；(3)教学的主客观条件、师生双方特点、成熟程度以及教学设备等相差无几。甄德山的这种观点把教学模式看作具体可操作的工具，揭示了教学模式的实践性特征。另外，吴恒山也认为教学模式应该是可操作的教学程序或教学阶段。④

也有学者将教学模式看作是教学方法的应用。比如李如密在其学术论文中指出，教学模式是在一定教育思想指导下和丰富的教学经验基础上，为完成特定的教学目标和内容而围绕某一主题形成的稳定且简明的教学结构理论框架及其具体可操作的实践活动的方式。⑤

我们认为，教学模式是教学理论与教学实践的中介，它既是教学理论的具体化，又是教学实践经验的系统概括和总结。但是在实际教学中，由于教学目的、教学内容、学生情况、教师教学风格等诸多方面存在的差异性，决定了教学模式也是多种多样的。没有哪一种教学模式具有普遍适用性，任何教学模式的选择都需要教师视具体情况灵活选择。

---

①[美]乔伊斯.教学模式[M].荆建华，宋富钢，花清亮译.北京：中国轻工业出版社，2002：1.

②吴也显.课堂教学模式浅谈[J].教育研究与实验，1988(1)：12.

③甄德山.教学模式及其管理浅议[J].天津师大学报(社会科学版)，1984(5)：35.

④吴恒山.教学模式的理论价值及其实践意义[J].辽宁师范大学学报，1989(2)：16.

⑤李如密.关于教学模式若干理论问题的探讨[J].课程·教材·教法，1996(4)：25.

(二)教学模式的特点

虽然在具体的教学活动中没有一种教学模式可以完全适用于各种学科、各种课堂的教学,但是已有的教学模式却具有一些共同的特点。掌握这些共同的特点可以加深我们对教学模式的理论理解,也可以更为方便地指导我们开展具体的教学实践,让教学模式服务于师生的课堂教学。

1. 教学模式是一定教育思想的反应。教学模式并不等于教学方法,其范畴远远大于教学方法,它是一种包括教育思想在内的行为范畴。无论课堂教学中采用哪种教学模式都是一定教育观念产生的结构,所以,教育观不同得出的教学模式也不尽相同。

2. 教学模式是教学理论与教学实践的中介。任何教学模式都具有以下特点:既是教学经验上升为教学理论的转化环节,也是教学理论应用于教学环节的转化环节,它是反映人类认识、掌握并运用教学规律的行为模式。

3. 完整性。教学模式是由各个要素构成的有机整体,它本身有一套完整的结构与一系列的运行要求,其结构包括指导思想、主题、目标、程序、策略和内容等几大部分。

4. 可操作性。这一点是针对教学模式是教育理论和教学实践的中介而言,无论是教学经验上升为教育理论还是教育理论指导教学实践的开展,都需要明确给出操作性要求和操作性程序以及达到的目标、发挥的功能。另外,教学模式是教学规律的行为程式化,它把教育理论或教学经验中最为核心的部分用简化的形式反映出来,便于人们理解、把握和应用,每一种教学模式都规定了具体的教学行为,使教师在课堂教学中有章可循。

5. 条件性。任何一种教学模式都有其特定的目标、条件和使用范围,不可能存在一种教学模式适用任何一门学科、任何课堂教学。因为每一种教学模式的存在都是从某一种、某一类教学经验中总结得到的,适用于特定的教学问题,所以教学模式的应用是有条件限制的,并非是放之四海皆可用。

(三)教学模式结构

每一种教学模式都是完整的,是一个有机的整体。每一个部分之间都是相互作用的,任何一个部分发生了变化,就会形成不同的教学模式。因此,有必要从整体上把握教学模式的结构。

1. 指导思想。任何一种教学模式都是在一定的教学思想和教学理论指导下产生,它是具有理论个性的,在不同的教学思想和教学理论的指导下就会形成不同的教学模式。比如,程序教学模式的指导思想就是行为主义心理学,发现教学模式的指导思想就是结构主义认知心理学,暗示教学模式的指导思想就是暗示学理论和人脑功能理论。

2. 主题。在一定的教学思想和教学理论指导下产生的教学模式都具有一个属于自己的主题,主题在教学模式中起着支配作用,是整个教学模式的主线。比如,程序教学模式的主题是联结,发现教学模式的主题是问题解决,掌握学习教学模式的主题是每一种知识的可掌握性。值得指出的是,在每一种教学模式中,主题既是独立的,又与其他部分紧密相连,主题需要贯穿在教学目标之中,又需要在教学策略中得以体现。

3. 目标。教学模式是在一定的教学目标中得以成立的,教学目标在教学模式中起着重要的指引作用,它是在一定的教育思想和教学理念下,根据主题所规定的任务而设立的。比如，程序教学模式的目标就是通过对强化刺激的系统控制，让学生做出合乎需要的行为反应；暗示教学模式的目标就是充分调动学生的无意识心理活动，促进学生潜能的发展；非指导性教学模式的目标就是发展学生的人格的情感。

4. 程序。程序就是指教学模式在具体的教学实践中的应用步骤和过程，它包括教师、学生、教材、教学方法等逻辑关系之间的合理运用，它规定了教学活动的先后顺序和操作的具体步骤。每一种教学模式都有属于自己的一套特有的应用步骤和过程。比如程序教学模式的程序就是小步骤进行、呈现明显的反应、及时反馈和自定步调学习；暗示教学模式的程序就是创设情境、参与活动和总结转化；赫尔巴特的四阶段教学模式的程序就是明了、联想、系统和方法。

5. 策略。策略是教学模式得以实现的支持系统，它是为了完成一定的目标而采取的一系列途径、方法和手段。

6. 评价。评价是在一定的教育思想和教育价值观基础上运用科学的评价工具和手段对教学目标的实现程度、教师对程序的操作是否完整有序且有效、学生学习的水平做出的一种科学判断。每一种教学模式的指导思想、主题、目标、程序和策略是不同的，那么每一种教学模式的评价方法、评价内容和评价依据也是不同的。

二、当代国外主要教学模式

因其自身的教育思想和教学理念的不同、教学程序的差异和教学策略的多样性让每一种教学模式具有了个性化差异。虽然没有一种教学模式可以适用于每一节课堂教学，但是我们依旧在寻找一种尽可能完美的、可以包含多种教学模式优点、适用于更多课堂教学的课堂教学模式。

（一）程序教学模式

美国著名数学心理学家 F·斯金纳通过动物实验建立了操作行为主义的学习理论，并据此提出了程序教学论及其教学模式。所谓程序教学模式是一种使用程序教材并以个人自学形式进行的教学，其指导思想是行为主义心理学，其目标是通过对强化刺激的系统控制使学生做出合乎需要的行为反应，其基本结构是小步骤进行、呈现明显的反应、及时反馈和自定步调学习。

程序教学模式的优点：第一，学生的学习目的明确，循序渐进，能增强学习的积极性和责任心。第二，学习时手脑并用，能培养学生的自学能力。第三，自定学习步调能适应各个人的学习速度，使后进学生获得明显进步。第四，学习效果的及时反馈能加强学习的动力。第五，有关键刺激和构答引导，可以减少错误反应，提高学习效率。其缺点是：第一，斯金纳由动物实验引出的学习理论不适应人类学习中关于理解、概括、迁移等的本质特征。第二，教学工作的机械化不能培养学生学习的灵活性、综合性和创造性。第三，夸大了人机的对话关系，会削弱师生间的思想、品德和感情的交融关系。第四，编制序列项目或衍导课本的劳动是繁重的、艰巨的。

(二)发现教学模式

发现教学模式是由美国心理学家、教育家布鲁纳倡导的，其指导思想是结构主义认知心理学——通过让学生学习学科知识的基本结构，促进学生的认知结构不断地重组和改造，使学生智力获得发展。这种模式的目标是以解决问题为中心，教给学生解决问题的各种策略，着眼于学生创造性思维能力的培养。其基本结构是：(1)创设问题情境。目的是激发学生学习的兴趣和动机，使学生形成探索解决问题的愿景，引导学生进行积极思考。(2)提出假设。教师应尽量在诱发性的问题情境中引导学生通过分析、综合、比较、类推等方法不断产生假设，并围绕假设进行推理，引导学生将已有的各种碎片式的知识加以整合，逐步形成有结构的概念。(3)验证假设。教师引导学生进一步收集资料，收集资料时主要把握类似的事例和相似理论等，用它们来检验已获得的概念的正确与否，对提出的假设进行论证。最重要的是，教师还需要对学生假设中的不完整和相互矛盾的内容进行纠正，帮助学生去粗取精、去伪存真、由此及彼、由表及里，得到最佳答案。(4)应用假设解决问题。引导学生动手解决具体问题，在不断解决具体问题过程中，培养学生自己解决问题的能力。

发现式教学模式的优点：(1)让学生自主地去发现问题、解决问题时可以提高儿童智慧的潜力。(2)整个教学过程是在学生自主发现问题、解决问题的前提下进行的，它可以使学习的外部动机向内部动机转化。(3)学生知识的习得是通过手脑并用、主动获得的，相对于传统的讲授法而言，它有助于所学知识保持记忆。(4)这种教学模式的最大特点就是它是一种让学生学会发现的探究法。需要指出的是，发现式教学模式在一定教学条件下(包括教学内容适合运用这种模式，学生思维活跃，能力较强，对所学内容有一定知识储备等)是一个有效的教学模式，它对发展学生归纳思维、直觉思维和迁移能力，使学生牢固掌握知识，形成科学探究精神和习惯是有价值的。但是，发现学习也有缺点，主要是运用此法费时费力，学习进度较慢，而且远非每一授课对象都可能和必须用发现法来学习，它对教学内容、教学对象和教学已有条件都有很高的要求。

(三)掌握学习教学模式

掌握学习教学模式是美国布卢姆所倡导的，这种模式的指导思想是掌握学习理论——只要给学生足够的时间和适当的帮助，充分发挥学生的学习潜力和学习的积极性，几乎所有的学生对学习内容都可以达到掌握的程度(通常可以达到80%～90%)。这种教学模式的目标要求教师要为掌握而教，学生要为掌握而学，使每一个学生都能学好，达到掌握的程度。其基本结构：(1)教学准备。开始教学前，教师要了解学生的实际情况，包括学生的知识水平、认识能力和心理状态，对学生进行鼓励，教给学生进行掌握学习的方法，让学生保持一种良好的内部心理状态。(2)制订目标。根据课程要求和学生的知识结构、能力水平制订课程的总目标、单元目标和课时目标，目标应该具体明确并告知学生学习的目标和达到目标的方法、程度等。(3)进行课堂教学。根据指定的教学方案进行课堂教学，但是在教学时应该告诉每一个学生这一节课的目标和学习方法，并在课堂中随时对学生的课堂行为和学习情况进行评价，及时调整教学安排和教学进程，在课堂教学结束时还应该对课堂进行总结，告知学生课下努力的方向。(4)进行形成性测验。一个单元教学完成后应该立刻对学生进行测验,其目的是了解学生对教学目标的掌握程度,值得注意的是,测验试卷应该是提前准备好的形成性试卷,不能随意命题,更不能进行排队排名,只需要告知学生是否达到标准的程度就可以了。(5)开展矫正活动。根据测验暴露出来的问题进行第二次教学,这次教学是有针对性地对学生的错误知识进行的矫正。(6)再测验。矫正活动完成之后对经过矫正活动的学生进行再测验。在整个掌握学习过程中,矫正和再测验两个步骤是最重要的,而各个步骤的效率和质量是决定掌握学习成败的关键。

掌握学习教学模式的优点:(1)注重学生发展,坚持以学生为本,注重人性关怀。强调教师对每一个学生的发展功能,主张评价的目的不是要对学生进行分级或给予成绩,而是要了解学生是否已掌握所学内容,帮助学生解决疑难问题。(2)强调教学评价与教学环节的有机融合。① 在整个教学过程中,反馈—矫正的运用就是教学评价和教学环节的紧密结合的保证。(3)方便操作。掌握学习教学模式不从根本上改变学校和班级的组织形式,在普通的班级里就可以实施。(4)关注发展缓慢的学生,注重全人发展。这种教学模式在测验—矫正—再测验的环节中关注成绩较差或成绩一般的学生,这对发展缓慢的学生而言无疑是一种教学福利。它唯一缺点就是教师的工作量增大,无论是课前的学生评估、形成性试卷的编制,还是教学活动之后的矫正活动,都要求教师投入大量的时间和精力,这可能会给教师工作量造成很大影响。

(四)非指导性教学模式

非指导性教学模式由美国人本主义心理学家卡尔.罗杰斯提出,以人本主义教育理论为指导思想,以发展学生的人格和情感为目标,否定“以知识为中心”和“以教师为中心”的传统教学模式,强调教学要以学生个人为中心,教师在激发学生内在动机和需要的基础上,通过建立良好的人际关系和宽松融洽的课堂气氛促进学生学习,而非“教”学生学习。这种教学模式的基本结构:(1)确定帮助的情境,鼓励学生自由表达情感。教师的任务在于建立一个积极、接纳、无威胁的学习环境,促进学生的自我指导。② (2)学生提出问题,探索问题。鼓励学生自己来界定问题,教师要接受学生的情感,必要时加以澄清。(3)学生行动解决问题,形成见识。让学生讨论问题,自由地发表看法,教师给学生提供帮助。(4)计划和抉择。由学生计划初步的决定,教师帮助学生澄清这些决定。(5)整合。学生获得较深刻的见识,并做出较为积极的行动,教师对此要予以支持。

非指导性教学模式的优点③:主张教学活动以学生为中心展开,努力促进学生自主学习、自我实现,这有助于培养学生独立性、自主性和创造性;重视教学过程中的情感投入和良好人际关系的建立,让学生置身于被关心、理解、信任的情境中,身心愉快地学习;注重人的潜能和个性发展,强调让学生独自或与他人合作制订自己的学习计划,按自己的兴趣选择学习方向和程序,以培养他们的自由意识和责任心以及“自我实现”的能力;重视学生独立探索,强调运用有意义的、重要的、亲身体验的方式进行有意义经验的学

①王会娟.布卢姆掌握学习理论研究[D].哈尔滨师范大学硕士学位论文,2011:56.

②张熙.罗杰斯的“非指导性”的教学模式和主导主体思想[J].教育研究,1996(2):63.

③周忠生,田宗友.罗杰斯的“非指导性教学”模式评述[J].外国中小学教育,2002(6):46.

习。这种模式的缺点:(1)强调教师对学生真诚、理解,但是夸大了教师态度对学生学习和发展的作用,忽视了教师的知识结构、教学技巧等对学生学习的作用。(2)强调以学生为中心,注重情感和兴趣的发展具有一定的合理性,如果单纯将教师视为一个推动者就忽视了教师在课堂教学中的主导作用。(3)将师生关系类比为心理治疗的治疗者和来访者之间的关系,显然二者存在本质的差别。(4)将课堂教学视为学生内在成长潜能的自由发展,忽视了纪律约束、教学评价等作用。

除了以上介绍的四种教学模式外,常用的教学模式还有暗示教学模式、范例教学模式、开放课堂模式、支架式教学模式、随机通达教学模式等,这些教学模式在课堂教学中已得到了广泛的运用。

三、当代我国小学课堂教学的基本模式

教学模式是在一定的教学思想的指导下,围绕着教学活动的某一主题形成的相对稳定的、系统化和理论化的教学范型。随着社会对人才素质的提高,我国的课堂教学模式也在发生着变化。下面主要介绍三种我国当代较为常用的课堂教学模式。

(一)传递—接受教学模式

传递—接受教学模式是指教师主要通过口头语言传递或示范操作,使学生接受、掌握系统知识与技能的一种教学模式,主要用于系统知识、技能的讲授和学习。[①] 其指导思想是赫尔巴特的四段教学法,其目标是使学生掌握系统知识,促进其发展,为未来生活做准备。就其教学结构而言,分为激发学习动机、复习旧课、讲授新课、巩固运用和检查五步。由教师通过直观演示、口头讲解、文字阅读等手段传递现成的信息,学生则是通过观察感知、理解教材、练习巩固、领会运用,最后由教师检查或学生自我检查。

传递—接受教学模式的优点:(1)能充分发挥教师的主导作用。整个教学过程是在教师的控制下,根据学生已有知识和认识规律的特点进行的操作。(2)教学效率高。这种教学模式可以适用于大规模的班级教学,能在单位时间内对全班学生进行教学,提高了教学效率。(3)有利于学生简单方便地掌握知识。这种教学模式是在系统知识结构下进行的知识传递,它能让学生在较短时间内掌握系统知识。但是,这种较为传统的教学模式的缺点也很多。比如,过分强调教师的主导作用,以教师的讲授为主,而学生活动较少,忽视学生在课堂上的参与作用,不利于积极性、主动性的调动;其教学内容是以书本知识为主,容易造成课堂教学与学生生活脱节;这种模式较适合班级授课制,强调集体教学,忽视有针对性地对学生进行的个别指导;采用这种教学模式对知识点的性质要求较高,一般适用于系统的知识内容,而对于操作性或技能型的知识内容体系效用不高。

(二)自学—辅导教学模式

自学—辅导教学模式是针对传统传递—接受式课堂教学的一项改革,致力于发挥学生的主体作用,培养学生的自学能力。这种教学模式的指导思想是教师主导、学生主体的教学观,其目标是让学生主动参与学习,独立掌握系统知识,获得自学的方法,提高自学能力。其基本结构试图改变教师讲、学生听、学生学习的被动课堂教学局面,以一种新

---

①傅涛.试析几种主要教学模式[J].甘肃教育学院学报(社会科学版),2000(1):98.

的思路来完成课堂教学:(1)提出要求,呈现自学内容。教师只是根据学生的学习水平和知识结构需要在课堂教学开始之初提出课堂学习要求,并呈现自学内容。(2)学生自学,教师在课堂上巡回观察,及时进行个别指导。(3)学生讨论交流,教师启发答疑,这点是针对学生在自学中遇到的共同问题而言。(4)练习运用,完成各种作业、实验操作、改错等。(5)及时评价。在学生自学、学生讨论和联系过程中都需要教师及时的评价。(6)系统小结。教师在以上五步都结束之后,系统总结知识点。

这种模式的优点在于:(1)学生能在课堂上充分活动,通过各种感官的积极参与,发挥学生学习的主动性、积极性和创造性,有利于学生更好地掌握知识和发展能力,特别是学习能力。(2)既做到面向全体教学,又便于照顾学生的个别差异,有利于因材施教和学生自学能力的培养以及良好学习习惯的形成。但是,这种教学模式需要学生具有自学的能力,对于新手教师而言不容易把握课堂的节奏。

(三)问题探究教学模式

问题—探究教学模式并不是一种单一的教学模式,它集认知主义、人本主义和建构主义教学论的思想为一体,以皮亚杰的认知发展理论、布鲁纳的发现学习理论、建构主义学习理论和人本主义的学习理论为指导思想,其目标重在训练学生通过收集事实来建立理论的科学思维能力。其基本结构包括以下五步:(1)提出问题,形成假设。教师在利用现代信息技术或其他方式创设情境之后,学生进入学习情景,教师向学生呈现待探究的学习课题,同时提供解决问题所需的信息资料、实验仪器。(2)收集资料,分析整理。根据已有的知识、经验或收集的信息做出比较合理的猜想、假设和探究方案设计。(3)验证假设,形成解释。(4)组织结论,展示交流。(5)评价结果,反思探究过程。

问题—探究教学模式的优点在于以培养学生创造性的学习认识活动能力为目的,确立了以学生为本的教育新理念,学生不再是被动的接受者,而是主动的参与者和探究者。整个学习过程应是学生在教师的引导下“自主探究”的过程,激励学生主动参与,充分挖掘学生的潜能,引导学生“自主探究”获得新知。从学科领域或现实生活中选择和确定探究主题,通过学生自主、独立地发现问题、实验、操作、推理、调查、搜集与处理信息、表达与交流等探究活动,获得知识、技能、情感与态度的自主发展。以探究的方式来解决问题,注重学生的手脑并用,致力于学生的全面发展。但是,问题—探究教学模式的不足在于用于学习材料的时间较多,学生在自主探究的过程中比较耗时耗力,在培养技能技巧上的效果不大。

(四)基于计算机网络的新型教学模式

科学技术的发展,使计算机网络技术日益成熟,中小学计算机网络教室的应用逐渐普及,为教育教学的改革和发展提供了一个很好的平台。班级授课形式的课堂教学是实施素质教育的主要阵地,教学模式是进行课堂教学活动的必要形式,并且直接关系到课堂教学效率的高低和效果的好坏。随着网络的普及和技术手段的不断丰富,越来越多的人开始关注用技术支持下的学习,iPad进课堂、电子书包等一批技术支持学习的方式逐渐走进了中小学课堂,由此带来了课堂上师生之间交互方式的变化、学习内容的变化甚至是学习方式的变化。

在众多新型学习方式中，“翻转课堂”一次又一次得到升温，并且迅速成为全球教育界关注的热点，越来越多的会议、论坛、文章、讲座、比赛都会提及“翻转课堂”。“翻转课堂”是信息时代一种新的教学实践模式，近年来美国一些中小学在课堂教学中实施了“翻转教学”，采用的以学生为中心，以信息化资源为支持，改变了传统的课内课外、课前课后学习活动与任务的教学模式，对学生的个别化学习以及教师的专业发展起到了积极的促进作用。“翻转课堂”教学顺利有效的实施，需要教师在充分理解“翻转课堂”学习理论的基础上，周密详细地设计课前、课中以及课后的教学活动。学生学习媒介环境的不同，会直接影响“翻转课堂”整体的设计过程。可以看出，“翻转课堂”作为一种全新的教学模式，受到了广大教育研究者的关注，但是由于“翻转课堂”在我国的研究还处于起步探索阶段，相关的理论和实践研究还很欠缺，导致一线教师不能很好地把握住“翻转课堂”的内涵和实质，在进行“翻转课堂”教学设计的过程中会遇到很多困惑和问题，需要更多的理论基础和实践经验作为指导。①

本章小结

教学设计是20世纪60年代末70年代初伴随着西方教育技术的发展而流行起来的教学研究领域，而小学课堂教学设计是一项规范性和操作性都较强的行为实践活动，它需要教师从系统理论出发、从全局出发、从促进学生全面发展出发，把握课堂教学设计的理论、原则和方法，熟悉和掌握一系列的课堂教学设计的模式、操作程序和现代教育技术手段。本章主要从小学课堂教学设计的基本过程、基本结构和基本模式三个方面来进行具体阐述。

复习与思考

1. 小学课堂教学的基本过程。
2. 小学课堂教学的基本结构。
3. 小学课堂教学的基本模式。

① 资料来源：张妍. 翻转课堂教学模式用于小学信息技术课程的行动研究. [D]. 首都师范大学，2014.

第九章 小学课程评价

◆本章重点

①小学课程评价的定义、功能

②小学课程评价应遵循的原则

③小学课程评价主体、评价对象

④小学课程评价的模式

⑤小学课程评价的方法

课程评价作为整个课程体系不可或缺的一部分，对于反思课程设计、实施的有效性具有重要的现实意义，不断推动着整个教育体系的发展。课程评价经历了19世纪末开始的智力测验、人格测验等测量时期；基本成熟于20世纪40年代以目标为核心的评价时期；繁荣于20世纪60年代对目标模式的批判时期；直至现在课程评价活动越来越关注人的需求和发展，倡导和探索促进学生全面发展的评价方式。小学课程直接关系到基础教育的质量，关系到每一个小学生的未来发展的基础，小学课程评价对于发现小学课程中的问题、促进基础教育良性发展具有重要作用，作为整个课程评价活动的重要分支，小学课程评价既遵循课程评价的一般规律，又有其自身的特殊性。

|第一节|

小学课程评价概论

何为小学课程评价？由谁进行小学课程评价？小学课程评价应遵循哪些原则？小学课程评价有何功能？评价的对象有哪些？明确这些问题对于有效开展小学课程评价至关重要，因此，本节主要从小学课程评价的定义、对象、功能、主体、原则几个方面明确小学课程评价的一些基本问题。

一、小学课程评价的定义

国内外学界对课程评价的定义是异彩纷呈的，究其原因大致有两个方面：一是因为课程系统本身的复杂性导致课程评价定义的复杂性；二是由于每一位研究者都是基于自身的哲学认识论和面对课程问题的不同视角对课程评价进行定义。基于此，我们的目的并不是引导读者选择或认可某种关于小学课程的定义，而是要意识到每种关于课程评价的定义所要解决的问题，并结合自身需求进行实践。

◆学术争鸣

1. 陈侠认为，课程评价是一个客观过程，需应用科学的工具，来确认和解释教与学的内容和过程的效果，衡量其有效程度，以便为课程的改进做出有根据的决策。①

2. 江山野认为，课程评价是指研究一门课程某些方面或全部的价值过程。根据课程这一术语的不同定义方法，课程评价的焦点或目标可能包括课程需要和（或）学生需要，课程设计、教学教程、在教学中使用的教材、学生成果目标、通过课程学生取得的进步、教师有效性、学习环境、课程政策、资料分配以及教学成果等。②

3. 施良方认为，课程评价是指研究课程价值的过程，是由判断课程在改进学生学习方面的价值的那些活动构成的。③

4. 钟启泉认为，所谓课程评价，就是以一定的方法途径对课程计划、活动以及结果等有关问题的价值或特点做出判断的过程。④

5. 廖哲勋、田慧生认为，课程评价作为教育评价的重要组成部分，是通过系统调查、收集数据资料，对学校课程满足社会与个体需要的程度做出判断的活动，以此来决定是否接受、改进或排除某课程或特定教科书的过程。⑤

---

①陈侠．课程论[M]．北京：人民教育出版社，1989：330．

②江山野．简明国际教育百科全书·课程[M]．北京：教育科学出版社，1991：168．

③施良方．课程理论——课程的基础、原理与问题[M]．北京：教育科学出版社，1996：149．

④钟启泉．课程设计基础[M]．济南：山东教育出版社，2003：485．

⑤廖哲勋，田慧生．课程新论[M]．北京：教育科学出版社，2003：402．

6. 泰勒认为，评价是一个确定实际发生的行为变化的程度的过程。①

7. 英国的麦克唐纳认为，评价是接收、获得和交流信息的过程，以便对一门课程的教育决策做出指导。②

8. 美国的罗纳德·杜尔认为，课程评价是一种广泛而持久的努力，以便探究按照明确的目标所使用的教学内容和教学过程的效果。③

以上学者们从不同角度出发，对课程评价进行了定义，但要准确把握课程评价的含义，还应明确以下几点：第一，课程评价涉及价值判断，和研究者自身认识和对课程的信念有关。第二，从课程的哪一个层次出发对课程进行评价，美国学者古德莱德认为存在五种不同的课程：理想的课程、正式的课程、领悟的课程、运作的课程和经验的课程。因此，从不同层次出发会对课程评价的定义造成一定影响。第三，评价过程、结果，两者兼顾同样会影响对课程评价的定义。

那么到底什么是小学课程评价？一般而言，小学课程评价与以上学者讨论的课程评价没有本质区别，只是将课程评价问题探讨的重点集中在小学教育阶段。汪霞认为："小学课程评价是在遵循小学生身心发展规律的基础上，通过合理的方法、途径，结合所涉及的相关因素，对小学课程设计、小学课程内容、小学课程实施过程及结果等方面进行价值判断的过程。"④可见，小学课程评价在遵循课程评价一般规律的基础上，更应注意结合小学生的特征。因此，所谓小学课程评价，就是要用科学的方法，基于事实信息对小学课程促进学生学习和发展等方面进行价值判断，以便为教育实践提供决策的过程。

二、小学课程评价的主体

小学课程评价的主体涉及由谁来进行小学课程评价的问题，小学课程评价最终要促进小学生成长和发展，发现小学课程中存在的问题，因此，要从多个方面、多个角度对小学课程进行评价，这就涉及课程评价的主体的问题。美国评价学者派特于 1978 年提出了评价主体多元化的概念，他认为，应该把需要使用评价信息的各方面人员邀请到评价中来，请他们提出对评价的要求和建议，以便得到客观、全面的评价结果。因此，课程评价不应仅仅由课程决策者、课程实施者来完成，课程专家和课程的接受者同样在评价活动中发挥着不可替代的作用。

(一)课程决策者

课程决策者历来都是课程评价活动不可或缺的主体，在实际的课程评价活动中，课程决策者在监督与调控课程的实施，规范课程评价活动等方面发挥着巨大的推动作用。然而，如果小学课程评价活动由单一的决策者进行势必会造成评价结果的片面性、独断性。因此，在实际的小学课程评价活动中，课程专家、课程实施者以及课程的接受者同样也要作为评价主体参与评价活动。

---

①[美]拉尔夫·泰勒.课程与教学的基本原理[M].施良方译.瞿葆奎校.北京：人民教育出版社，1994：85.

②丛立新.课程论问题[M].北京：教育科学出版社，2000：287.

③丛立新.课程论问题[M].北京：教育科学出版社，2000：287.

④汪霞.小学课程与教学论[M].上海：华东师范大学出版社，2011：184.

(二)课程专家

课程专家作为专门研究和解决课程领域问题的人,往往掌握课程方面扎实的前沿理论知识和鲜活的实践经验,在规划课程实施、评估课程需求、诊断课程问题、预测课程发展等方面都能提供建设性的意见与建议。因此,课程专家作为小学课程评价的主体在科学、客观、有效地实施小学课程评价活动,针对小学阶段学生学习的特点发现小学课程中的问题,提出解决课程问题的可行性策略等方面发挥着不可替代的作用。

(三)课程实施者

教师作为课程的实施者,对课程实施各个阶段的优点与不足较为清楚,能够基于课程实施的实际情况对课程的设计和实施提供建议。此外,教师在参与课程评价的活动中,通过与课程决策者和课程专家的交流,不但能够促进自身专业的发展,而且对于解决自己遇到的教育问题,积极反思和改善其自身的教育实践具有卓越的促进意义。

(四)课程接受者

过去,评价主体由上而下依次是政府部门评价学校,学校评价教师,教师评价学生,而学生被排斥在评价主体之外。这样就形成了学生依附教师,教师依附学校,学校依附政府部门的评价关系。[①] 这对于小学生积极主动地学习知识,发挥自身的主观能动性是十分不利的。小学生作为课程内容的接受者,对课程的可接受性、难易程度等有最直接、最全面的感受。因此,让小学生参与课程评价,听取他们对课程的感受,使他们由被动的课程接受者和评价对象转变为主动地参与课程实施与评价的评价主体,有助于推动课程评价活动科学、有效地开展。

三、小学课程评价的原则

明确小学课程评价的原则对于约束和引导评价主体的评价行为,保证课程评价活动的有效进行,具有重要意义。一般而言,小学课程评价应遵循客观性、科学性、有效性、发展性、学习化等原则。

(一)客观性原则

客观性原则要求评价结论要建立在对小学课程的实际情况进行认真考察、收集相关信息的基础上,尊重客观事实,不以评价主体本身的价值准则、态度倾向、兴趣偏好等进行主观臆断,保证评价的可信度。

(二)科学性原则

科学性原则是指评价活动要遵循小学生身心发展的一般规律和小学教育阶段的特点。这就要求评价主体在进行课程评价活动的过程中从目标的制订、方法的选择、结果陈述等方面注意考虑小学生学习的实际情况。

(三)有效性原则

有效性原则要求评价主体对小学课程的政策、设计、实施等有全面、清晰的了解,形成对小学课程问题的客观认识,并能结合自身实践经验,为小学课程问题的解决提供合理、可行的决策,推动小学课程在学生发展过程中有效发挥奠基性作用。

---

① 王本陆.中国教育改革三十年——课程与教学卷[M].北京:北京师范大学出版社,2009:178.

（四）发展性原则

发展性原则是指课程评价活动要有益于或侧重于小学生的全面发展和小学课程内容的可持续发展。这就要求评价主体在进行小学课程评价的过程中，考虑如何评价才能促进小学生和小学课程的发展。

（五）学习化原则

学习化原则要求评价主体在进行评价活动的过程中，将促进小学生的学习与发展纳入衡量当前课程合理性的标准之中，关注学生和教师等学习主体的学习过程与结果以及其他非学习活动对小学生学习的影响。

四、小学课程评价的功能

克龙巴赫曾经指出，一般而言，课程评价主要有三种功能：(1)课程改进。判定哪种教材和教法是适当的，需要在何处加以改进。(2)针对学生的决定。诊断学生的需要以便规划适用于他的教学，判断学生的成绩以便对学生进行选择和分组，了解学生的进步或不足。(3)行政法规。判断良好的学校体制是什么，良好的教师有什么特征。[①] 由此可见，课程评价活动不仅是评价学生的行为和结果，更重要的是如何通过对学生的评价改善课程、促进教师发展、完善学校体制，进而促进学生的发展。归结起来，小学课程的评价的功能主要有以下几点。

（一）评估需要

小学课程评价评估需要的功能是指，通过课程评价能够了解到小学生的学习与发展需要、教师的教学与提升需要和课程规划的需要，从而在一项课程计划拟定之初就为其提供依据，保障课程开发活动的有效进行。

（二）诊断问题

小学课程评价诊断问题的功能是指课程评价能够发现正在建设中的课程计划的适用性、优缺点等问题，并为其修改完善提供建议，同时，课程评价也能诊断学生遇到的问题，为进一步促进其学习提供依据。

（三）鉴别功能

小学课程评价的鉴别功能是指通过课程评价活动能够对不同课程方案从目标设置、内容安排、实施方法与效果等方面进行对比和鉴别，从整体上筛选最合适的课程方案。

（四）修订功能

通过课程评价，可以发现当前小学课程方案对教育和社会整体发展的适应性，为其修订和完善提供建议。小学课程所面对的教育外部环境和教育内部环境都是不断发展变化的，如何使小学课程与其所处环境进行良性互动，便是评价发挥的修订功能。

（五）预测功能

小学课程评价的预测功能是指通过收集和分析现行课程方案的优缺点，为下一步决策或下一个课程方案提供预测依据。

---

①钟启泉．课程设计基础[M]．山东教育出版社，2000：504．

五、小学课程评价的对象

在明确了什么是课程评价、为什么进行课程评价、谁来对课程进行评价、课程评价中应遵循哪些原则等问题后，我们还必须要知道的是课程评价到底要评价什么。这就涉及我们接下来要探讨的小学课程评价对象的问题。

（一）小学课程设计

对课程设计进行评价，是指在课程计划实施之前对课程目标、评价理念等进行考察。课程目标规定着学习者完成一门课程后能够在哪些方面得到发展，制约着课程内容的组织安排和课程实施的基本导向，课程目标的设置直接影响学生的发展和小学课程的编制与实施，因此，对其进行评价是十分必要的。课程目标在教育目的、培养目标、课程目标、教学目标这一教育目标体系中处于中间位置，既是教育目的与培养目标的细化，又是教师制订教学目标的依据。因此课程目标一方面应该体现国家、社会、学校的要求，另一方面也要为教师实施课程提供明确的方向。课程评价的理念直接影响评价活动的整体展开，正确的评价理念既要符合教育发展的目标，同时也要满足课程改革对课程评价提出的要求。我国新一轮基础教育课程改革中就明确提出发展性的评价观：改变课程评价过分强调甄别与选拔的功能；关注学生全面发展，改变评价指标单一的现象；评价方法上，要多方面地考察，而不单单是纸笔测验等等。

（二）小学课程内容

课程内容是小学生与教师之间相互作用的媒介，对小学课程内容进行评价的必要性在于课程内容的合理与否影响小学生的发展和教师的教学效果。对小学课程内容评价应注意两点：第一，现行小学课程是否符合小学生的身心发展规律，促进小学生的学习。小学生的各方面都处于不断发展的过程中，课程内容是否在他们可接受的范围内，对他们的知识技能、情感态度的发展等有至关重要的作用。第二，现行小学课程是否满足教师的教学需要，辅助教师完成教学活动。课程内容是教师完成教学目标的工具，教师通过课程内容的讲授促进学生的发展。

（三）小学课程实施

课程实施的计划、过程与结果影响评价主体对课程价值的判断。对小学课程计划的评价是指对课程的设置和编排的总体规划，由于小学生理解与投入课程内容的注意力有限，因此，如何设置课程提高小学生的学习效能，使得这一项内容对小学课程评价尤为重要；小学课程实施过程的评价主要涉及对教师的教学方法、学生的学习风格、教学组织形式、师生的交往活动和教学环境等的评价；对小学课程实施结果的评价主要是为了提供反馈和建议以便改进课程问题。

◆案例解析

[案例]①

"考、考、考,老师的法宝! 分、分、分,学生的命根!"这是我国中小学流行时间最长、影响范围最广的一首打油诗。考试成了中小学校的指挥棒,一切教育活动围着考试转。学生只要考好试,就能赢得老师的喜爱、同学的称赞、父母的奖励和美好的前程;教师只要教出好成绩,就能获得家长的追捧、职称的晋升、高额的奖金和较高的社会地位;学校只要有高升学率,就能得到上级重视、社会关心、学子青睐和经济回报。

为改变这种状况,我国新课程改革提倡和实行发展性评价,以取代现行的考试制度。这样的改革必然会与传统考试制度产生尖锐矛盾,从而将批判与完善考试制度、发展与建构评价体系的难题,摆到了理论研究与实践开发者面前。

[评析]

这是一个引人深思的案例,显然仅仅通过考试不能全面客观地反映小学生的成长进步、教师的教学情况及课程设计实施中的问题。评价结果往往受课程实施的环境、评价者的评价取向、评价对象的复杂性等因素影响,单单采用纸笔测验、考试这样的评价方式是不能准确反应教育问题的。小学阶段是学生步入正规教育的初始阶段,小学生往往有独特的精神世界和活动天地,因此小学阶段有不同于其他学段的教育需求,明确小学课程评价的基本问题对于有效开展小学课程评价、促进小学课程发展具有重要意义。

|第二节|
小学课程评价的模式

小学课程评价模式是指评价主体基于自身对课程价值的判断,对评价过程的各个要素予以安排,采用某种相对稳定的方法与程序开展小学课程评价活动的过程。目前,比较典型的评价模式有目标本位评价模式、目标游离评价模式、CIPP 评价模式、CSE 评价模式、应答模式、差距模式、教育鉴赏与教育批评模式。

一、目标本位评价模式

目标本位评价模式是泰勒针对 20 世纪初期的常模参照评价模式的弊端,在"评价原理"和"课程原理"的基础上提出的一种以目标为核心的评价模式。评价的目的在于找出课程实施的结果与预期目标之间的差距,以此作为修改、完善课程的依据。以目标为核心的评价其假设是课程目标会对学生学习和教师教学产生影响,其实质是要通过测量教学活动,衡量学生的行为向预期目标进步的程度。由于目标本位评价模式主要关注学生的行为朝预定目标的变化程度,因此,一般评价活动至少需要进行两次,一是在课程计划

① 黄甫全.现代课程与教学论学程(下)[M].北京:人民教育出版社,2006:778.

实施之前进行，二是在课程计划实施之后进行，通过对两次结果的比较，得出对学生行为变化程度的判断。

目标本位评价模式的评价步骤如下：

(1)明确课程评价目的，制订具体的评价目标；

(2)用描述学生行为和学习内容两个方面的语言界定目标；

(3)为学生的行为表现确定情境；

(4)制订或筛选评价技术；

(5)确定衡量学生行为表现的计分方式；

(6)收集有关学生行为的信息；

(7)将收集到的行为信息与其预期目标进行比较。

目标本位评价模式的优势在于使评价活动由测量时代跨进了评价时代，由单单对学生的智力、成绩等测验转向不仅评价学生的行为且要求评价主体对整个课程的设计实施等有清楚的认识；为课程计划的修改提供了有效的反馈信息；用描述学生行为的语言界定目标，可操作性强。但是由于它主要考察结果与目标之间的二元关系，容易陷入只考察最终结果的偏向，使评价活动沦为课程编制的最终环节；不是所有目标都适合用行为语言来表达，难免会有生搬硬套之嫌。

泰勒以目标为核心的评价模式为课程评价的理论与实践奠定了理论基础，在课程评价领域乃至教育领域，都是具有里程碑意义的重大事件。由于目标本位的评价模式既符合当时教育发展的需要，又能取得良好的评价效果，一直到今天在评价领域仍占有一席之地。同时，由于其只关注预期目标的作用，对不在预期目标范围内的因素缺乏考虑，只注重结果而忽视课程设计和实施的过程中其他因素的影响，从其诞生之日起目标本位的评价模式便受到各种质疑，以下评价模式也正是在对目标本位模式批判的基础上发展起来的。

二、目标游离评价模式

针对目标本位评价容易忽视非预期的效应或结果这一弊端，美国学者斯克里文1967年提出了课程评价的目标游离模式。他认为课程计划实施中的非预期性事件与预期性事件同样具有价值，真正的评价应该建立在全面收集信息的基础上，因此，评价的过程不在于判定实施结果与预期目标的达成程度，而在于评价课程实施的实际效应。

在目标游离评价模式中，斯克里文提出了建立“重要评价检查表”，它包括描述、委托人、背景及脉络、资源、功能、传递系统、消费者、需要和价值、标准、过程、成果、通则性、成本、比较、重要性、建议、报告、后设评价18个因素，并建议评价者在若干个周期内使用这个检查表。[①] 这一模式强调，评价的重点不在于“计划要做什么”，而在于“计划实际做了什么”，使评价活动脱离既定目标的影响。

目标游离评价模式注意到了非预期因素的教育价值，拓宽了评价的范围，其价值在于补充和发展了目标本位评价模式。但是，评价过程游离于任何目标以外，有盲目化倾向，而且目标游离模式并没有形成一套逻辑性的评价体系，因此，将其定位为课程评价的一条原则是更为合理的。

---

①汪霞.小学课程与教学论[M].上海:华东师范大学出版社,2011:187.

三、CIPP 评价模式

1966 年美国学者斯塔弗尔比姆针对目标本位评价模式局限于考察对目标达成程度的弊端，提出了课程评价的 CIPP 模式。C 代表背景评价（Context evaluation）、I 代表输入评价（Input evaluation）、前一个 P 代表过程评价（Process evaluation）、后一个 P 代表成果评价（Product evaluation）。这一模式强调，评价活动的重点不在于判定课程实施结果对预定目标的达成程度，而在于为课程决策提供服务，评价过程是为课程决策收集可靠信息的过程。

CIPP 模式四个方面的评价具体为：

（1）背景评价。它是指对整个课程方案实施的背景，或者说初始条件进行评价，包括：课程方案实施的环境；学生的特征及其需要；课程目标提出的合理性依据。背景评价强调考察目标反映学生学习需要的有效性，因此，评价课程目标本身与学生需求的符合度显得尤为重要。

（2）输入评价。它是指通过对人力、物力等各种实施过程中的支撑资源进行分析，帮助决策者在各种课程计划中进行选择。需要回答的问题是：有哪些课程计划？各个课程计划的优势何在？选择某项课程计划的理由何在？选定的课程计划的合理性与可行性如何？因此，输入评价的作用在于将各种课程计划进行比较，为决策者采取或放弃某种课程计划提供依据。

（3）过程评价。它是指对课程计划实施过程的跟踪与描述，包括计划实施的步骤如何？是否按照原计划实施？与原计划的偏差在哪里？需要怎么修改？目的是通过过程评价为决策者收集课程计划所存在的问题，并为如何解决这些问题提供信息。

（4）成果评价。它是指对课程计划实施的成效进行描述与判断，其内容包括：课程计划是否达成了预定的课程目标？成败之处何在？成果评价主要是要考察课程计划的可扩展性，以及课程计划有什么值得肯定的地方，有哪些需要改进的地方，以便为以后的决策提供服务。

CIPP 评价模式的优势在于以课程决策服务为核心，将评价的各个环节有机统整在一起，超越了目标本位模式的束缚，而且这一模式的突出贡献在于意识到了课程目标本身的合理性对课程评价的影响。但是，由于背景评价、输入评价、过程评价、结果评价都是寻求为课程决策提供服务，制约了评价主体作用的发挥，并且由于该模式需要各类信息的支持、丰富的经验和熟练的评价技术，所以实施起来比较困难。

四、CSE 评价模式

CSE 的英文全称是 Center for Study of Evaluation，即美国加利福尼亚大学洛杉矶分校评价研究中心，CSE 模式是该中心实践研究的成果，20 世纪 60 年代以来该中心一直致力于这种模式的研究与推广。由于 CSE 模式的核心是要为课程决策提供服务，因此，其每一阶段的活动都与特定的决策内容相关，具体包括四个阶段。

(1)需要评估

这一阶段也称为“问题选择”,是指找出通过教育,需要满足学习者哪些方面的需求,帮助学习者解决什么问题。评价者在这一阶段需要明确的是预定目标与非预定目标之间的差异,以便确定教育目标。

(2)选择计划

这一阶段也称为“计划的选择”,通过对课程计划的合理性、操作性、可行性以及人力、物力等支撑条件进行分析,同时对课程计划满足教育目标的程度等进行判断,进而从各种备选的课程方案中进行选择。

(3)形成性评价

这一阶段也称为“计划的修正”,为了保证教育目标的顺利达成,需要对课程计划实施的过程进行评价,明确其优势与劣势,为课程计划的修正提供反馈信息,并及时改进其偏离教育目标之处。

(4)总结性评价

这一阶段也称为“计划的批准或采纳”,是指对教育质量进行全面的考察与评估,对课程计划实施的成效进行价值判断。由于这一阶段主要是为课程计划的采纳与否做出决策,所以对所收集资料的信度和效度等都有较高的要求。

CSE 评价模式把形成性评价的功能与总结性评价的功能有机地结合在一起,有效地为课程计划的改革提供决策服务,评价过程贯穿于整个课程计划的改革过程,在评价活动中应用得非常广泛。

五、应答模式

20 世纪 60 年代后受社会变革等因素的影响,在教育领域中,人的需要以及人与人之间的相互影响越来越受到重视,表现出人文主义倾向,应答模式便是在这样的社会情境中诞生。斯太克在对目标本位评价模式批判的基础上,于 1973 年提出了课程评价的应答模式。

他认为,如果一项评价,(1)它牺牲某些测量上的准确性以换取对评价听取人的有用性;(2)它更关心方案的活动而不是方案的意图;(3)它更注意反映与方案有关的各方面人的意志而不仅是一部分人的意志,那么,这种评价就是回应性评价。① 应答模式与其他模式的不同之处在于:现有的评价方法多带有预定性质,即强调目的的表述和可观的测验,由方案执行人员掌握标准以及研究性的报告的应用。而应答评价则较少依赖这些正规的信息交流方式,更多地依赖自然接触。②

应答模式在实施评价时,一般有以下几个步骤:

第一,评价主体与所有同评价对象相关的人、事联系,获取有关评价对象的信息;

第二,通过对信息的分析,确定评价对象的范围;

第三,评价主体对方案的实施进行观察;

①钟启泉.课程设计基础[M].济南:山东教育出版社,2003:534.

②瞿葆奎.教育学论文集·教育评价[M].北京:人民教育出版社,1989:325.

第四，在观察中，评价主体将实际结果与预期目标相比较；

第五，评价主体对需要回应的问题做理论上的修改；

第六，评价主体制订评价方案；

第七，根据实际需求，选择搜集信息的技术与方法；

第八，对搜集来的信息资料进行加工处理、分类分析；

第九，形成有关评价结果的报告并进行判断。

应答模式关注人的需求和人与人之间的相互作用，意识到评价过程中人文因素的作用，注意评价中的多元价值，实现了课程评价由认知趋向至实践趋向的转变，标志着评价领域的发展和创新，引领了评价发展的新方向。

六、差距模式

差距评价模式是普罗沃斯基于泰勒模式的优点在1969年提出的。他认为，课程评价的最终目的是为课程开发和管理服务，因此，在一些并没有得到实施的课程计划之间进行比较是没有意义的。差距评价模式旨在比较课程实施的表现与课程计划的标准之间的差距。具体说来，这一模式包含五个阶段。

第一是设计阶段，这一阶段主要是界定课程计划的标准，并将这一标准作为评价的依据。所谓“标准”，即课程计划的实质，它包含三个成分：课程计划的目标（预期结果）、实现目标所需要的人力和物力（前提条件）、师生为达到目标所从事的活动（教学过程）。[①] 对这三个部分进行详述的过程便是对标准的界定过程，只有界定了标准，才能对课程计划实施的表现进行评定。

第二是装置阶段，这一阶段是要收集课程计划的预期目标、背景条件、实施过程等的资料，以便将已经装置的课程计划与预期课程计划之间进行比较。

第三是过程阶段，这一阶段主要是发挥过程性评价的作用，评定课程实施与预期标准之间的差别。考察导向最终目标的中间步骤的目标是否达成，同时了解背景条件、实施过程、教学结果之间的关系，以便及时调整。

第四是产出阶段，这一阶段主要是进行结果评定，将课程实施的结果与预定标准之间进行比较。与装置和过程阶段力图保证课程计划各部分得到实施不同，这一阶段是要确定课程计划各成分所起到的作用，并与课程实施的目标进行比较。

第五是成本效益分析阶段，这一阶段主要是从整体上判断课程计划的有效性，并通过与其他课程计划的比较确定该课程计划效益。

在差距模式的各个阶段中，评价主体都要比较课程实施的实际表现与预定标准之间的差距，并分析其原因，进而决定重复当前阶段、进行下一阶段或者放弃该课程计划。

差距评价模式课程计划实施过程中应然与实然之间的差距，并利用这种差距为课程评价提供依据，是一种有效的评价模式。但是，在应然与实然之间存在许多价值判断的因素，会对评价结果造成一定的影响，同时，该模式强烈的技术倾向也使评价活动失去了一定的灵活性。

---

①施良方.课程理论——课程的基础、原理与问题[M].北京：中国教育科学出版社，1996：160.

七、教育鉴赏与教育批评模式

艾斯纳在批评传统评价种种弊端的基础上，通过研究于1979年提出了系统的教育鉴赏与教育批评的评价模式。

他认为传统评价的目的是对教育活动进行预测和控制，评价者在评价活动中有完全优于评价对象的主体地位，评价对象成为被动的被控制对象，而教育追求的是平等的协商与对话；传统评价的认识论是以追求认知能力为旨趣，而真正的评价活动应该是一种为决策提供有用的信息的过程；传统评价的评价标准是一元的，忽视学生的多样性、复杂性，不利于学生的个性化发展；传统评价的方式以量化为主体，将复杂的情况精简为数字，往往不能反映真实情况；传统评价重结果而轻过程，忽视其他有教育价值的因素的影响。

所谓教育批评，就是把组成课程计划和课程活动的那些必要的、不可言喻的特质，翻译成有助于他人更深刻地理解这些计划和活动的语言。① 他认为教育批评由四个方面构成。(1)描述方面：是指对教育的有关性质，用合适的语言进行界定、描述。(2)解释方面：对教育活动的性质、构成、发生的情境等进行解释。(3)评价方面：以一定的价值观对发生的教育事件进行价值判断。(4)主题方面：为读者提供一种精炼、关键性的总结，展现评价对象的特征。

鉴赏，是一种有见识的感知行为，亦即鉴别对象的精妙、复杂及重要特质的洞察过程。② 将这种认识推广到教育上，就是艾斯纳所谓的教育鉴赏。且教育鉴赏建立在经验的基础上。

二者之间的联系是，鉴赏为批评提供材料，批评不能不包括鉴赏；二者之间的区别是，鉴赏是对所观察的事物的感受、体悟，而批评则是将鉴赏的内容用语言表达出来。

教育批评与教育鉴赏模式是将评价活动带回教育实践的一种模式，期望通过评价改进教育实践。

|第三节|
小学课程评价的方法

小学课程评价方法的实质是收集与分析评价信息的方法，一般而言小学课程评价方法主要分为量化的评价方法和质性的评价方法。由于两者的理论基础、价值取向、操作方法和评价主体的角色等不同，在实践中逐渐形成了两种不同的评价方法体系。但二者的发展都有一个共同的出发点与归宿——发挥小学课程评价评估需要、诊断问题、鉴别、修订、预测的功能，推动基础教育发展。因此，两种评价方法在实际开展小学课程评价的过程中并不是非此即彼的二元对立关系，二者之间有机的优势互补与相互融合往往会产生更好的评价效果。

---

①钟启泉.课程设计基础[M].济南：山东教育出版社，2003：569.

②钟启泉.课程设计基础[M].济南：山东教育出版社，2003：570.

一、量化评价

所谓课程的量化评价方法是指力图把复杂的教育现象简化为数量，进而通过对数量的分析与比较，推断某一评价对象的成效。[①] 量化评价诞生于 20 世纪 60 年代的西方，与当时社会普遍追求科学化的价值观相吻合，符合科学化对教育的要求，因此，一度在评价领域占据主导地位。

（一）理论基础

量化评价的理论基础是科学实证主义的方法论。实证主义源于经验主义哲学，其主要观点是：社会现象是独立存在的客观现实，不以人的主观意志为转移，在评价过程中，主体与客体是相互孤立的实体，事物内部和事物之间必定存在内在的逻辑因果关系，量化评价就是找到、确定和验证这些数量关系。[②] 在进行课程评价的过程中，量化评价就是通过实验、问卷等形式，以严谨的方式和程序对小学课程在实践中的情况进行测量、定量分析，期望通过科学的数据证明课程方案的可推广性。

（二）价值取向

在小学课程评价的价值取向方面，量化评价的取向在于追求科学事实，并以事实为依据控制和改进评价对象。追求对评价对象的特征、行为表现、程度等的数量表示，其出发点在于通过精确的计量，对评价对象进行量化，分析评价对象量的关系和特征，从而揭示其数量关系，最终对课程做出价值判断。泰勒原理中所阐述的教学与学习过程，就是被描述成可控制、可测试的实例。

（三）实施过程

相对于一次课程评价的实施过程而言，量化评价是一种终结性评价，如泰勒原理中强调评价学生行为达成预期目标的程度。量化评价的过程一般包括："提出问题、设定评价、定义变量、抽样、分析、结论等。它具有标准化程序，是自上而下、从一般到特殊的演绎过程。它先进行假设，然后使用一定的数学方法对课程特征进行量化，如用数学语言表示课程的状态、关系和过程，在此基础上，收集大量的资料进行统计和运算，抽取并推导出对课程评价有价值、有意义的数据资料，然后将事实与假设加以分析比较，并不断修改和完善假设，最终得出结论。"[③]因此，量化评价一般表现为一种演绎的过程，通过科学的思维方法和严密的数学逻辑，完成对评价对象的量的认识。

（四）评价者的角色

从实证主义的角度出发，量化评价认为教育事实是客观存在且不以人的意志为转移的。因此，强调评价主体是独立于评价活动以外的，评价主体与评价对象之间的相互作用则不纳入评价范围。在量化评价中，评价者要没有价值偏向地对有关评价对象的各种测量数据进行搜集，以便揭示评价对象与小学课程之间的数量关系。

---

①张华.课程与教学论[M].上海：上海教育出版社，2000：377.

②胡中锋，黎雪琼，刘桂秋.论新课程评价中质的评价与量的评价整合[J].课程·教材·教法，2006(2)：3—7.

③张杨.论课程评价中的量化评价与质性评价[J].宁波大学学报(教育科学版)，2004(3)：37—39.

二、质性评价

所谓课程的质性评价方法就是力图通过自然的调查，全面充分地揭示和描述评价对象的各种特质，以彰显其中的意义，促进理解。① 质性评价是在20世纪70年代以来伴随着课程理解范式的出现和对量化评价的批判基础上发展起来的，质性评价意识到了评价过程中人的主体性，体现了课程评价的发展趋势。

(一)理论基础

质性评价的理论基础是现象学、建构主义、解释主义哲学等人文主义的方法论。认为教育现象并不是客观存在的事实，主体与客体在环境中是相互作用、互相影响的，同时，质性评价反对将复杂的教育现象数字化，认为并不是所有问题都能够以可以测量的形式呈现。因此，质性评价重视评价活动中人与人的相互作用、重视评价过程而非评价结果，认为评价结果是评价主体与评价对象相互协商合作而取得的共同认识。

(二)价值取向

在评价的价值取向方面，质性评价不追求通过对评价对象的测量得出一种可以推广的方案或结论。质性评价追求对那些能够显现有关事物的内在规定性的具体特征进行细致而深刻的挖掘，其出发点则是在于把握事物质的深刻性，通过对评价对象进行广泛细致的评价，来深刻地理解被评价对象，进一步从被评价者的角度来描述问题。② 可见，质性评价重视评价活动中人的主体作用，通过对评价过程的解释形成对课程设计与实施的价值判断，从而发挥小学课程评价的功能。

(三)实施过程

相对于量化评价在整个评价活动中是一种终结性评价而言，质性评价则是一种形成性评价。质性评价重视对小学生在整个课程实施过程中的行为变化进行动态描述，评价者通过记录小学生的课堂行为、观察小学生的表现等方式收集有关小学课程评价的资料，且在收集资料的过程中评价资料。在小学课程实施的不同阶段，评价者可以根据需求及时调整收集资料的方法与内容。

(四)评价者的角色

从人文主义的角度出发，质性评价认为课程“事实”是会随着评价主体和客体以及环境之间的交互作用发生动态演变的。同时，认为教育评价是以价值为基础的，评价者的生活背景、思想理念、价值观念和方法论等方面的特点与差异都不可避免地影响着评价过程和结果。③ 可见，在质性评价中，评价者并不是独立于评价活动以外的主体，整个过程都涉及评价者与评价对象的交流与作用。

---

①张华.课程与教学论[M].上海：上海教育出版社，2000：377.

②李雁冰.课程评价论[M].上海：上海教育出版社，2002：17.

③胡中锋，黎雪琼，刘桂秋.论新课程评价中质的评价与量的评价整合[J].课程·教材·教法，2006(2)：3－7.

三、典型质性评价方法

由于量化评价往往涉及一些复杂的评价与分析技术而成为专业统计人员或专家的专利，而质性评价的发展，使得评价突破了量化的藩篱，拓宽了评价主体的范围，更好地反映评价对象的特质。典型质性评价方法是指一线教师在实践中，逐渐形成的一些自成体系的方法，这些方法虽然不具有严谨的逻辑体系，但其有效性、操作性等都经得起实践的考验，同样在评价领域中占有一席之地。这些典型的方法一般是指：档案袋评定、表现性评定、苏格拉底式研讨法等。

（一）档案袋评定

档案袋评定又称“卷宗评定”“成长记录袋评定”“历程档案评定”“作品集评定”，虽然对其的称呼有多种，但它无可争议地属于质性评价范式的一种。

最初采用档案袋方式的是艺术领域的一些画家和摄影师，他们将自己有代表性的作品收集在一起，以便向别人展示。将这种方式迁移到教育领域，档案袋评定是将学生有关的代表性作品或行为信息收录在一起，但它们的意义早已不同于画家。它是根据教育教学目标，有意识地将各种有关学生表现的作品及其他信息收集起来，通过合理的分析与解释，反映学生在学习与发展过程中的优势与不足，反映学生在达到目标过程中所付出的努力与进步，并通过学生的反思与改进激励学生取得更高的成就。[①]

档案袋评定的特点在于：第一，评价主体的多元性。在量化评价中，评价资料、数据的收集基本由评价者独自完成，评价对象很少了解关于他们自身的哪些信息需要被测量和评价，在评价活动中他们只是被动的评价客体。而在档案袋评定中，小学生可以与教师共同商定档案袋的目的、类型，共同将材料汇集到档案袋中。因此，档案袋评定可以激发小学生学习的积极性与主动性。第二，小学生成为决策主体。在量化评价中，评价的内容、标准对小学生来说是保密的，并不需要小学生的意见。在档案袋评定中，由于要了解小学生运用知识所取得的成果，因此，小学生对放入档案袋中的材料具有传统量化评价不可比拟的发言权，他们甚至成为主要的决策者。在这一过程中，小学生也要积极主动地反思、评价自己的作品与行为，有利于小学生形成反思自己、评价自己的能力。第三，评价的过程性、发展性。在量化评价中，对小学生的评定往往采用考试、测验等手段，由于一次评价的结果往往受很多因素的影响，所以量化评价并不能真实、全面地反映小学生的实际情况。而档案袋评定则是通过评定小学生在一段时间内的作品集来评定小学生，作品中收录了小学生在参与课程学习过程中产生的全部有代表性的资料，因此，对小学生的评定较为客观和真实。

---

①徐芬，赵德成.成长记录袋的基本原理与应用[M].西安：陕西师范大学出版社，2002：6.

◆案例解析①

［案例］

1. 英语档案袋建立的基本步骤

(1)向每个人介绍英语成长档案袋及制作英语档案袋的材料；

(2)明确制作英语档成长案袋的目的；

(3)介绍英语成长档案袋的特征及记录袋内容；

(4)确定英语成长档案袋评价内容和评分方法；

(5)确定要收集的内容和收集的次数、频率；

(6)制订交流计划和保存、使用计划。

2. 英语档案袋收集的材料及过程

(1)每月学生上交一次自己最满意的英语作品(如日记、游记、文章、诗歌)；

(2)根据教材安排，上交每次的英语手工作品。如 Christmas card、手抄报、New Year card 等；

(3)英语节目表演活动记录。

使用档案袋评定需要评价者有较高的理论素养和扎实的实践经验，否则势必会影响到评价的信度与效度。同时，由于档案袋评定贯穿某一评价活动始终，因此时间的安排也是评定过程中一项重要因素。

［评析］

档案袋评价突出学生作为主体性的存在，关注小学生在学习过程中的过程表现，全面综合反映学生发展的真实情况，避免以量化考核的方式僵化学生发展，赋予小学生以发展意义。

(二)表现性评定

表现性评定，又称“表现性测试”，是 20 世纪 90 年代来兴起的一种质性评价方法。表现性评定是指为测量学习者运用先前所获知识解决新问题或完成特定任务能力的一系列尝试，具体来说就是运用真实生活或模拟的评价练习引发最初的反应，由高水平评定者按照一定标准进行直接观察、评判，形式包括建构式反应题、书面报告、作文、演说、操作、实验、资料收集、作品展示。②

表现性评定认为单一的量化方式是不能有效考察小学生行为达到预期课程目标的，表现性评定并非把评价重心放在考察小学生对问题解决的结果上，而是注重评价小学生解决问题的思维方法和分析策略。表现性评定具有如下特点。

1. 真实性：表现性评定是对小学生实际解决问题的过程和结果的评价，意味着会涉及小学生面对课程及问题的主观态度、思维方式、主观能动性等。因此，表现性评定能够收集有关小学生学习的真实情况信息，有针对性地为其学习提供帮助。

---

①资料来源：卢志东的《小学生英语成长档案袋的研制与实例》。

②刘辉，金露. 表现性评价方法在小学语文课程评价中的应用[J]. 中小学教师培训，2004(4)：58—59.

2. 过程性：表现性评定贯穿于整个课程评价过程始终，注重小学生解决问题的各个环节，可及时、有效地评价小学生在学习过程中采用的策略并给出建议。

3. 人文性：在表现性评定中，对于学生的自我表现及实际操作能力是无正误、好坏之分的，只是存在程度与等级之别（可分为 A、B、C、D 或优秀、良好、中等、及格）。① 因此，表现性评定在这一层面上超越了传统评价中筛选与淘汰的过程，对于建立小学生的学习信心、维持学习动机十分有利。

表现性评定作为一种侧重评价小学生解决问题的方法、策略的评定方式，有其独特的实施办法。以下以测试站点法为例，简单介绍表现性评定的实施：站点法的形式是 6 个站点组成的一个巡回，每个学生在每个站点停留预定的时间（5 分钟），然后每个学生转到一个新的站点，再停留 5 分钟……每个站点都有一张学生怎么做的简单书面说明，要求学生使用材料与仪器设备解决问题，在一张纸上做出书面回答，从中可了解学生的行为和思维表现。监督人当面解释站点要求、监控表现和收集书面反应。②

（三）苏格拉底式研讨法

苏格拉底式研讨法是由芝加哥哲学研究所所长莫蒂默·阿德勒提出的，他认为评价最重要的是能促进学生学会有效思考并为个人观点找出依据，因此，应重视小学生在“班级参与”和“课堂讨论”中的表现，并将其作为学生学业成绩评定的一部分。显而易见，他的观点与古希腊苏格拉底的“产婆术”有共同旨归。

苏格拉底式研讨法的具体步骤如下：

第一，制订教育目标。传统评价关注对目标的达成度，将目标视为评价标准，而苏格拉底式研讨法更多关注实现这些目标的方式，如批判性思维、听说读写的技能等。

第二，选择合适的研讨材料。研讨材料的合适与否不再取决于呈现的知识量多少，而在于是否能激发与维持小学生学习动机，促进其投入到学习活动中。

第三，提出启始问题。启始问题对于整个研讨过程的展开具有重要作用，它不具有标准答案和单一的预期反应，但要在研讨过程中引发小学生的对话，教师的作用不再是约束与控制，而是引导小学生通过查阅资料得出答案。

第四，选择记录研讨过程的方式。对研讨过程的记录要客观真实，以便作为评价依据。

因此，与其说苏格拉底式研讨法是一种有效的小学课程评价方法，倒不如说它是为小学课程与教学的改革开辟道路，是把课程、教学、评价有机整合的一种尝试，同时也反映了当前质性课程评价的一种发展趋势。

---

①靳玉乐．课程论[M]．北京：人民教育出版社，2012：382.

②廖哲勋，田慧生．课程新论[M]．北京：教育科学出版社，2003：445.

◆资料补充

瑞士如何"小升初"①

近年来,瑞士"小升初"竞争相比过去日趋激烈,瑞士各界对此反映不一。

瑞士实行9年免费义务教育,儿童通过小学毕业考试后直升初中,个别未通过需留级再考。且本着因材施教的原则,初中开始分校或分班"定向培训"。一般中学强调实际知识的传授,学生日后的出路是作为学徒学习手工技艺,而"重点初中"或"重点班"进行更广泛的教育,强调自然科学和外语等,学生的学习方向是进入高中和大学。一般而言,瑞士超过三分之二甚至高达八成的初中生毕业后不上高中,而走上职业学校或徒工学校的道路。但近年,希望通过进入重点初中或重点班继续上高中的学生陡增。此外,瑞士教育强调的是基础、均衡、因材施教。从小学开始,同一年级的不同班级教学方法和进度完全不同,老师也会针对学生的学习能力和生活能力制订不同的教学方针,学生们能充分发挥个人特长和爱好,为进入初中及未来发展打好基础。

正因此,很多家长和教育界人士不赞成让孩子为升入"重点初中"而参加补习班。苏黎世一所"重点中学"的校长佐林格说,对那些依靠临阵磨枪取得考试成功的学生来说,重点初中、高中并不适合他们,因为"这些学生表现出缺乏自学能力、学习吃力的情况"。

瑞士的"小升初"给我们这样的启示:第一,面对复杂的小学课程问题,在开展评价活动中,应将哪些内容视为评价对象?我国在新课改中提出过程性评价,将小学生的平时表现纳入课程评价范围,那么要评价哪些表现?案例表明小学课程评价内容不仅包括学生的课程投入度,也应包括发展学生的"特长和爱好"。第二,小学课程评价应该发挥什么样的功能?即"开阔孩子的眼界",而不只从小学生对知识的掌握程度判断课程实施的有效性和方案的合理性。第三,小学课程评价应如何实施才能帮助进行因材施教?小学教育阶段的任务是为学生未来学习打基础,这就要求在实施课程评价过程中注意发掘其学习潜能,促进能力的多元发展。

◆案例解析②

什么是好学生、什么是好学校、什么是好的教育、分数、升学率就是唯一风向标?

在强调绿色发展的今天,教育质量评价体系也有"绿色"国标。日前,教育部印发《关于推进中小学教育质量综合评价改革的意见》,首次从国家层面阐明教育质量的科学内涵和评价要求。那么"绿色评价"关注什么,对目前的教育评价改革又有何引导?

走向"绿色",迈出第一步

6月18日,教育部召开新闻发布会,教育部基础教育二司司长郑富芝向记者介绍了这套以学生全面发展为核心的绿色评价指标体系,包括5方面21个关键性指标。

品德发展水平:行为习惯、公民素养、人格品质、理想信念。

---

①资料来源:《新华每日电讯》,2014年6月11日。

②资料来源:《光明日报》2013年6月19日,第06版。

学业发展水平：知识技能、学科思想方法、实践能力、创新意识。

身心发展水平：身体形态机能、健康生活方式、审美修养、人际沟通、情绪行为调控。

兴趣特长养成：好奇心、求知欲、爱好特长、潜能发展。

学业负担状况：学习时间、课业质量、课业难度、学习压力。

全面为学校"体检"

"教师摈除对中小学教育质量观固有的'分数''应试''填鸭''相同'关键词，真正让'综合''个性''潜能''审美''信念''创新'等关键词在脑海里扎根，是当务之急。"国家教育考试指导委员会专家组成员、上海中学原校长唐盛昌心情迫切。

如何撬开"应试教育"堡垒，引导人们正确的教育质量评价观？2010年，教育部将上海确定为国家教育体制改革试点，组织研制学业质量绿色指标，进行中小学生学业质量评价改革试点。此绿色评价的导向在于扭转当前普遍以学生学业考试成绩和升学率评价中小学教育质量的倾向，引导全社会树立科学的教育质量观，推动形成良好的育人环境。

考试招生制度将与"绿色评价"相一致

这一评价框架既为学校发展指明方向，又为学校实践探索提供了总结、提升的评价标准，但当下需考虑系列难题的解决，如评价标准的健全，有些在国家课程标准和相关政策中有明确的量化要求，像体质健康、作业时间、睡眠时间等，但有的仅作原则性要求，如学生品德发展、兴趣特长等。此外，推进素质教育其中重要一环就是要与招生考试制度协调好，郑富芝说，加快建立分类考试、综合评价、多元录取的考试招生制度，更加注重对学生综合素质和兴趣特长的考查，使评价和考试招生的要求相一致，形成推进素质教育的合力。

[评析]

品德发展水平由低到高、循序渐进；学业发展水平在关照基本知识和技能基础上强调学生创新发展；身心发展水平不仅重视孩子良好的身体素质，还要有良好的心理素质，并提升审美情趣和艺术修养；兴趣特长养成在尊重学生个体差异基础上因材施教，使学生生动活泼地发展；学业负担状况更加关注学生学习效率，保护学习兴趣和热情。整个指标框架既关注学业发展，又关注个体；既关注共同基础，又关注兴趣特长；既关注学习结果，又关注学习过程和效益，旨在真正实现"绿色发展"。

本章小结

小学课程直接关系到基础教育的质量，关系到每一个小学生的未来发展的基础，小学课程评价对于发现小学课程中的问题、促进基础教育良性发展具有重要作用，作为整个课程评价活动的重要分支，小学课程评价既遵循课程评价的一般规律，又有其自身的特殊性。本章主要阐述了小学课程评价的概论、模式与方法。概论部分主要讲述了小学课程评价的定义、主体、原则、对象和功能；第二节主要阐述了小学课程评价的目标本位评价模式、目标游离评价模式、CIPP评价模式和CSE评价模式、应答模式等；第三节主要介绍了量化评价、质性评价和典型质性评价三种方法。

复习与思考

1. 小学课程评价的定义、功能。
2. 小学课程评价应遵循的原则。
3. 小学课程评价主体、评价对象。
4. 如何认识目标游离评价模式？
5. 对 CIPP 课程评价模式进行评价。

参考文献

中文类书籍

[1]陈侠.课程论[M].北京:人民教育出版社,1989.

[2]陈旭远.课程与教学论[M].北京:高等教育出版社,2012.

[3][美]杜威.民主主义与教育[M].王承绪译,北京:人民教育出版社,1990.

[4]顾明远.教育大辞典·教育学、课程和各科教学卷[M].上海:上海教育出版社,1990.

[5]郭元祥.教育逻辑学[M].北京:教育科学出版社,2003.

[6][英]怀特海.教育的目的[M].徐汝舟译,上海三联书店,2002.

[7]黄甫全.课程与教学论[M].北京:高等教育出版社,2002.

[8]黄政杰.课程设计[M].中国台湾:台北东华书局,1991.

[9]江山野.简明国际教育百科全书·课程[M].北京:教育科学出版社,1991.

[10]江山野.简明国际教育百科全书[M].北京:教育科学出版社,1991.

[11]靳玉乐,黄清.课程研究方法论[M].重庆:西南师范大学出版社,2000.

[12]靳玉乐.课程论[M].北京:人民教育出版社,2012.

[13]靳玉乐.潜在课程论[M].南昌:江西教育出版社,1996.

[14][捷]夸美纽斯.大教学论[M].北京:人民教育出版社,1984.

[15][美]劳伦斯·阿瑟·克雷明.学校的变革[M].上海:上海教育出版社,1994.

[16][美]L·W·安德森.学习、教学和评估的分类学:布鲁姆教育目标分类学(修订版)[M].皮连生译,上海:华东师范大学出版社,2008.

[17]李森.现代教学论纲要[M].北京:人民教育出版社,2005.

[18]李子建,黄显华.课程:范式、取向和设计[M].中国香港:香港中文大学出版,1996.

[19][美]丽莲·凯兹.与幼儿教师对话:迈向专业成长之路[M].廖凤瑞译,南京:南京师范大学出版社,2004.

[20]廖哲勋.课程学[M].武汉:华中师范大学出版社,1991.

[21]欧用生.课程发展模式探讨[M].中国台湾:复文图书有限公司,1985.

[22]施良方.课程理论[M].北京:教育科学出版社,1996.

[23]施良方.课程理论——课程的基础、原理与问题[M].北京:教育科学出版社,1996.

[24][英]斯宾塞.教育论[M].胡毅译,北京:人民教育出版社,1962.

[25][美]拉尔夫·泰勒.课程与教学的基本原理[M].施良方译,瞿葆奎校.北京:人民教育出版社,1994.

[26]滕大春.外国教育通史(第三卷)[M].济南:山东教育出版社,2005.

[27]汪霞.小学课程与教学论[M].上海:华东师范大学出版社,2011.

[28]王策三.教学论稿(第二版)[M].北京:人民教育出版社,2012.

[30]王耘,叶忠根,林崇德.小学生心理学[M].杭州:浙江教育出版社,1993.

[31][美]亚瑟·K.埃利斯.课程理论及其实践范例[M].张文军译,北京:教育科学出版社,2005.

[32]叶澜,白益民,王枬等.教师角色与教师发展新探[M].北京:教育科学出版社,20012.

[33]叶澜.课程改革与课程评价[M].北京:教育科学出版社,2001.

[34]张华,钟启泉.课程与教学论[M].上海:上海教育出版社,2000.

[35]钟启泉.课程论(十二校联编)[M].北京:教育科学出版社,2007.

[36]钟启泉.现代课程论(新版)[M].上海:上海教育出版社,2003.

中文类期刊

[1]王而治.课程体系三级管理的意义、功能及其运作规范[J].课程·教材·教法,2000(5).

[2]曹培英.新课程背景下小学数学教师本体性知识的缺失及其对策研究[J].课程·教材·教法,2006(6).

[3]丁静.关于师生冲突中教师行为的案例研究[J].教育研究,2004(5).

[4]董仁忠,徐继存.东乡族自治县地方课程目标初探[J].民族教育研究,2001(4).

[5]范兆雄.课程资源系统分析[J].西北师大学报(社会科学版),2002(3).

[6]扈中平.教育目的中个人本位论与社会本位论的对立与历史统一[J].华南师范大学学报(社会科学版),2002(2).

[7]黄甫全.大课程论初探——兼论课程(论)与教学(论)的关系[J].课程·教材·教法,2000(5).

[8]季诚钧,陈于清.我国教师专业发展研究综述[J].课程·教材·教法,2004(12).

[9]靳玉乐,张家军.论理解型师生关系的建构[J].教育研究,2004(11).

[10]康力军,朱茂娟.电教媒体在小学数学导课中的巧用[J].中国电化教育,2005(2).

[11]李光树.对义务教育数学课程目标的认识[J].课程·教材·教法,2010(11).

[12]李子健,尹弘飚.反思课程与教学的关系:从理论到实践[J].全球教育展望,2005(1).

[13]刘慧,陈惠国,夏京颖.新课改对小学教师专业发展影响因素分析——基于北京市朝阳区小学教师的问卷调查[J].中国教育学刊,2009(12).

[14]刘启迪.课程目标:构成、研制与实现[J].课程·教材·教法,2004(8).

[15]刘书锋,刘学惠,郝靖.建构主义课堂解读[J].全球教育展望,2003(3).

[16]刘宇文.论社会本位思潮对教育的影响[J].高等教育研究,2005(9).

[17]田国秀.师生冲突的含义、类型及特征分析[J].教育科学研究,2004,(7).

[18]王耘,王晓华,张红川.3—6 年级小学生师生关系:结构、类型及其发展[J].心理发展与教育,2001(3).

[19]吴康宁.学生仅仅是"受教育者"吗?——兼谈师生关系观的转换[J].教育研究,2003(4).

[20]吴永军,吴康宁,程晓樵等.我国小学课堂交往时间构成的社会学分析[J].上海教育科研,1995,(5).

[21]肖丽萍.国内外教师专业发展研究述评[J].中国教育学刊,2002(10).

[22]谢翌,马云鹏,张治平.新中国真的发生了八次课程改革吗?[J].教育研究,2013(2).

[23]许洁英.国家课程、地方课程和校本课程的含义、目的及地位[J].教育研究,2008(8).

[24]于泽元.论课程变革的综合理解模式[J].天津市教科院学报,2007(4).

[25]张传燧.和而不同——课程与教学整合的实践呼唤与理论审思[J].课程教学研究,2012(2).

[26]张华."实践的课程范式"及其应用研究[J].外国教育资料,1998(5).

[27]张华.论课程目标的确定[J].外国教育资料,2000(1).

[28]张迎.以学习理论为基础的西方课程分类[J].外国教育研究,1995(3).

[29]朱小蔓.认识小学儿童,认识小学教育[J].中国教育学刊,2003(8).

外文类

[1]Bobbitt. F. The Curriculum[M]. New York:Houghton Mifflin,1918.

[2]Daniel Tanner ,Laurel Tanner. Curriculum Development:Theory into Practice[M]. New York, Macmillan,1975.

[3]Decker. F. Walker,Jonas. F. Soltis. Thinking about Education Series[M]. New York:Teachers College Press,2004.

[4]Jackson. P. W. Life in Classroom[M]. New York:Holt Rinehart and Winston,1968.

[5]L. Stenhouse. An Introduction to Curriculum Research and Development[M]. London: Heinemann,1975.

[6]Lawton. D. Curriculum Studies and Educational Planning[M]. London: Edward Arnold, 1983.

[7]Lewy. A. The International Encyclopedia of Curriculum[M]. Oxford: Pergamon Press, 1991.

[8]Pinar. W. F, Reynolds. W. M, Slattery. P, Taubman. P. M. Understanding Curriculum[M]. New York:Peter Lang. 1995.

[9]Robert Dreeben. On What Is Learned in School[M]. New Jersey:Addison-Wesley,1968.

[10]Tyler. R. Basic Principles of Curriculum and Instruction[M]. Chicago. IL: The University of Chicago Press. 1949.

[11]Walker. D. E. Fundamentals of curriculum[M]. New York: Harcourt Brace Jovanovich, 1990.